本书出版得到
国家重点文物保护专项补助经费资助

代 海 墓 地

辽宁省文物考古研究所　编著

文物出版社

北京·2013

封面设计：周小玮
责任印制：陆　联
责任编辑：张庆玲
责任校对：赵　宁

图书在版编目（CIP）数据

代海墓地／辽宁省文物考古研究所编著．—北京：文物出版社，2013.1

ISBN 978－7－5010－3617－2

Ⅰ.①代…　Ⅱ.①辽…　Ⅲ.①墓葬（考古）－阜新市－青铜时代　Ⅳ.①K878.8

中国版本图书馆CIP数据核字（2012）第279918号

代 海 墓 地

辽宁省文物考古研究所　编著

*

文 物 出 版 社 出 版 发 行

（北京东直门内北小街2号楼）

http：//www.wenwu.com

E-mail：web@wenwu.com

北京盛天行健艺术印刷有限公司印刷

新　华　书　店　经　销

787×1092　1/16　　印张：15.375

2013年1月第1版　2013年1月第1次印刷

ISBN 978－7－5010－3617－2　定价：260.00元

Daihai Cemetery

by

Liaoning Provincial Institute of Cultural Relics and Archaeology

Cultural Relics Press

Beijing · 2013

目　录

插图目录

图版目录

第一章 概述

一 工作缘起

2006年初冬，巴新铁路（内蒙古锡林郭勒盟西乌珠穆沁旗吉林郭勒煤田矿区巴彦乌拉站至阜新市新邱区新邱站）工程建设的信息经辽宁省文化厅转达到辽宁省文物考古研究所。鉴于铁路纵贯阜新蒙古族自治县（以下简称阜蒙县）文物遗址分布较为密集的地区，省考古所当即与建设单位接洽协商，请其提供工程图纸及协调土地征用、林地砍伐等必要的协助，并于2006年11月协同阜新市文物管理办公室、阜蒙县文物管理所对工程辽宁段进行了详细的地面踏查，在阜蒙县旧庙镇代海村西代海营子屯发现了代海墓地。

2009年春夏之交，巴新铁路建设工程开工在即，鉴于铁路横穿墓地，经报请上级文物主管部门批准，当年7月，省考古所派员对墓地进行了抢救性清理。10月底野外发掘结束。年底及2010年春、冬两季对出土的遗物进行了室内整理。

二 地理环境及历史沿革

代海营子隶属阜蒙县旧庙镇代海村，代海村南是205省道（锦州市沟帮子至赤峰市奈曼旗）。

墓地位于西代海营子屯北约0.5公里处，南距阜蒙县约36公里，东距旧庙镇7.5公里（图一）。

代海村地处一个现已干涸的河谷内，河谷内有满井村的腰满井、下满井两个屯以及代海村的西代海营子、张家湾子、四合城三个屯。

西代海营子东北1800米处有一座海拔443米的高山，当地村民称之为“北大山”，

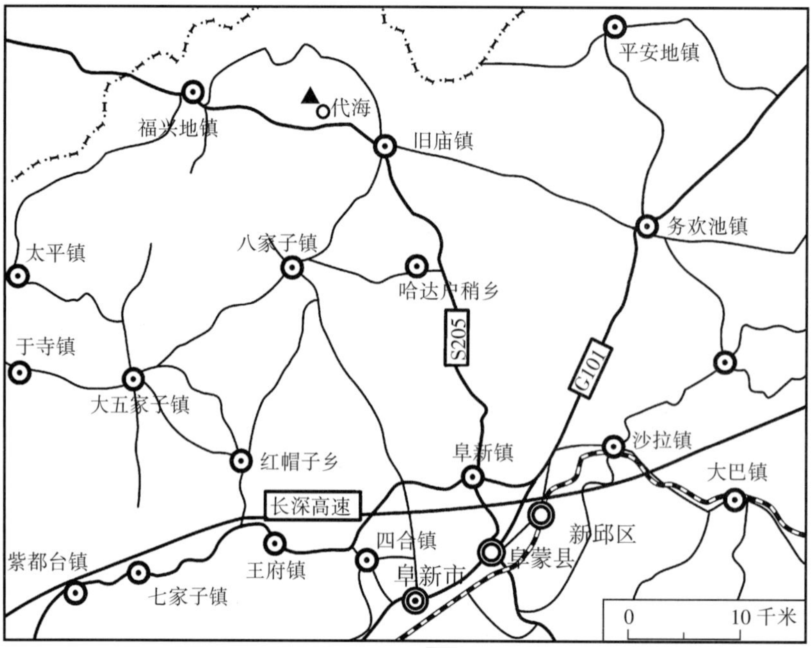

图一 代海墓地地理位置示意图

墓地即位于此山的南坡，在代海河左岸的台地上。紧贴墓地东侧有一条自东北向西南的冲积沟，当地人俗称“砬子沟”。墓地西南1700米处有一座海拔418米的圆形土山，北侧的山坡上生有成片的松树，南侧是小片耕地（图二；图版一）。

阜新蒙古族自治县俗称“蒙古贞”，位于辽宁省西北部，是阜新市辖县，地处北纬41°44′~42°34′，东经121°01′~122°26′。东与彰武、黑山、新民三县接壤；西与北票市毗邻；南与北宁、义县相连；北靠内蒙古库伦旗、奈曼旗。全县辖35个乡镇，总面积6246平方千米。

据《阜蒙县志》记载，这一带战国时属燕国北境；汉代为匈奴左地；三国时县境南部属（魏）昌黎郡（今义县），东、北两境属鲜卑地；晋时属宇文氏和慕容氏领地；隋代属辽西郡和契丹地；唐代属营州奚都督府和契丹地；辽代县境先后为懿州、成州、徽州、豪州等州县；金立国后，县境初隶懿州，后属大定府；元为辽阳行省懿州境地；明初县境西部为营州右屯卫、东部为广宁后屯卫，1401年后此地属蒙古游牧地；清康熙三十一年（1692年）于此设养息牧场，乾隆十三年（1748年）归塔子沟厅所属（今凌源），乾隆三十九年（1774年）县境属三座塔厅所辖，光绪二十九年（1903年）由朝阳析置阜新县（治所在今内蒙古奈曼旗青龙山乡境内），隶属承德府。

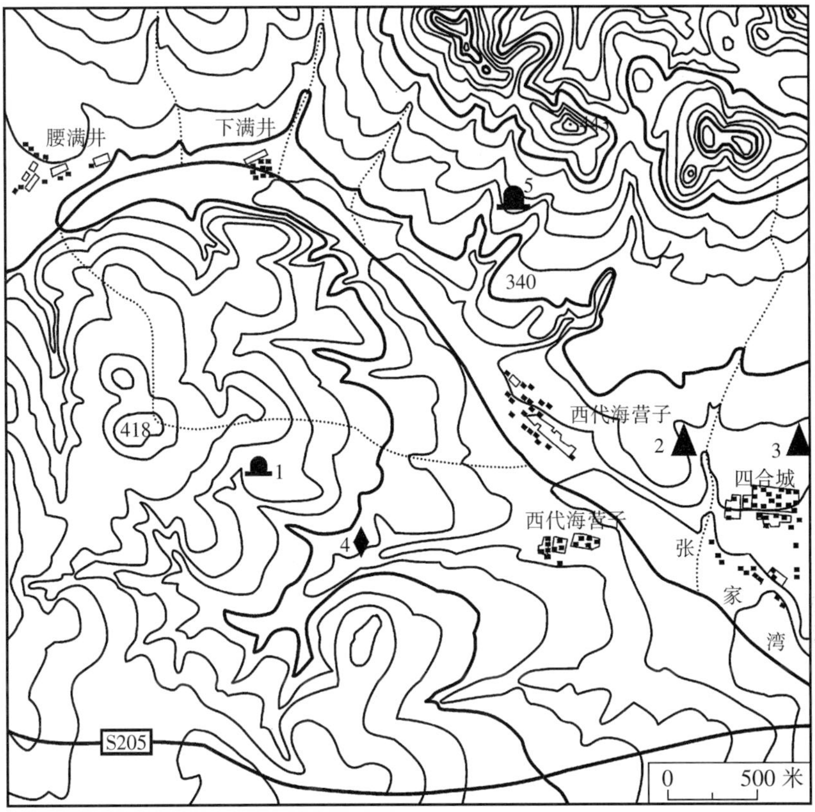

图二　代海墓地及周边遗址、墓地位置示意图

1. 西北山青铜时代墓地　2. 四合城战国时代城址　3. 马圈子战国时代城址
4. 西坡地辽代遗址　5. 代海墓地

三　考古调查发现的文化遗存

在以往及发掘间隙进行的考古调查中，考古人员在代海村附近还另发现有青铜时代、战国时代和辽代遗存共三处（图二）。

（一）青铜时代遗存——西北山墓地

近年，在西代海营子屯西北的土山上修建风力发电塔，据当地村民讲在工程施工过程中发现几处青铜时代的墓穴，墓穴较小且分布零散，所出多是夹细砂的红褐陶罐、钵等遗物，与代海墓地所出遗物相类。

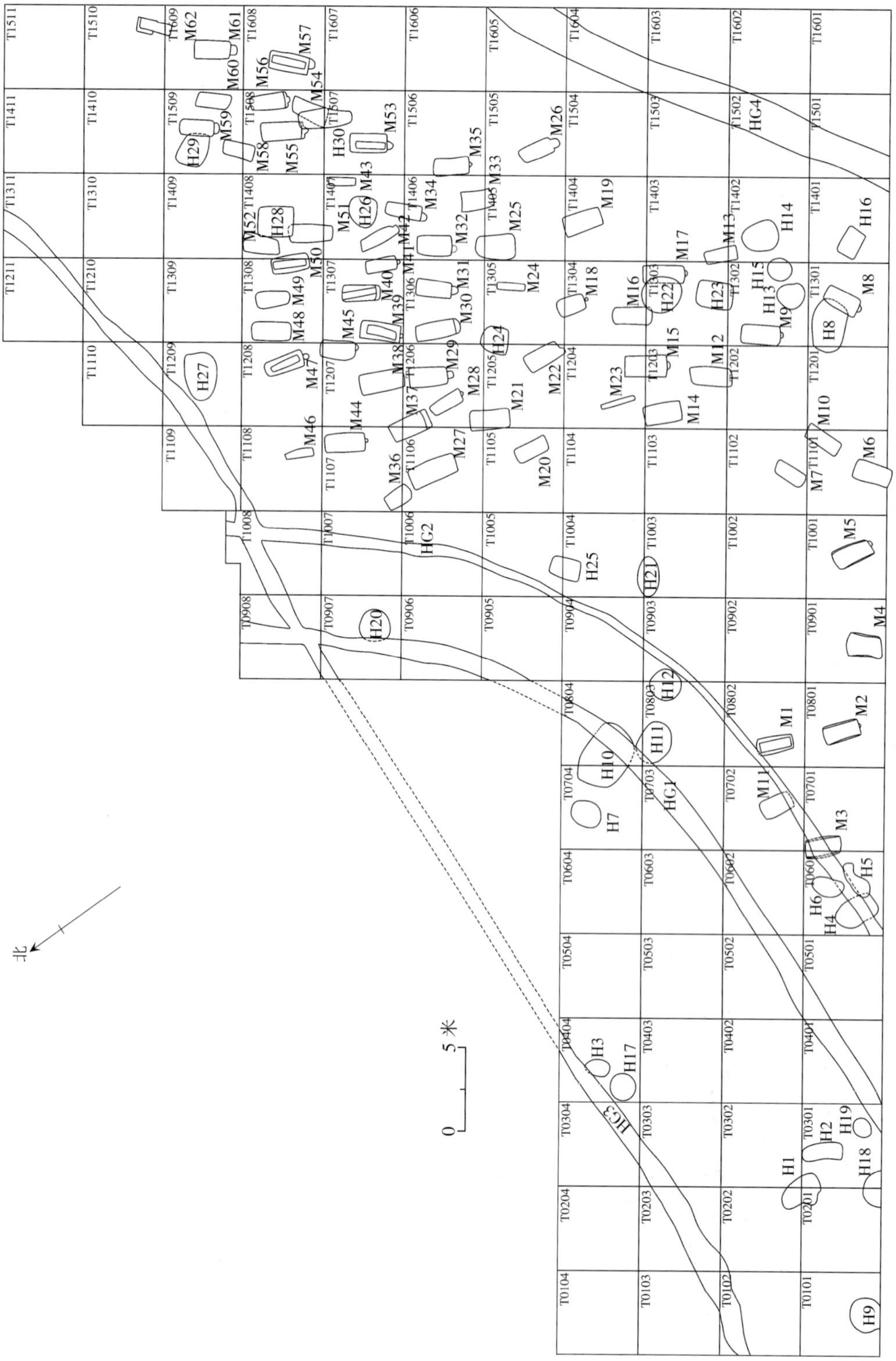

图三 代海墓地总平面图

（二）战国时代遗存——四合城城址、马圈子城址①

代海村四合城屯东北有马圈子战国时代城址，西北有四合城战国时代城址（图二）。这两座城址中曾出土筒瓦、板瓦、人面纹瓦当、兽面纹瓦当和夹砂红褐陶鼎、豆、壶、罐、甗、甑等战国遗物。

（三）辽代遗存——西坡地遗址

西代海营子屯西侧700米处的坡地上有一处面积较大的辽代遗址，遗址南部因受山洪冲击已被破坏。在台地的地表及断崖下分布有较多的辽代陶片、布纹瓦等遗物。自20世纪80年代以来，当地村民在此地发现许多瓷碗残片及石臼等遗物。

四　发掘经过

墓地中心区的地理坐标为北纬42°25′486″，东经121°31′577″，海拔349米。

发掘从2009年7月9日开始。考虑到地势及梯田，遂按地势走向以象限法布方，共布5米×5米探方111个，发掘总面积2900平方米。共发现墓葬62座，灰坑30个，灰沟4条。依据墓葬在空间上的集结状况，以及在发掘区外的勘探情况，此片墓地应已基本被完整地揭露了出来（图三）。

所有遗迹均开口于表土层下，打破生土。表土为灰褐色土，质较松软，厚0.15～0.30米。墓葬之间无叠压打破关系，仅发现灰沟与墓葬之间、灰坑与灰沟之间存在几组打破现象。

① 孙杰：《阜新地区燕北长城调查》，《辽海文物学刊》1997年第2期。

第二章　墓地研究

一　墓葬的总体特征

共发掘墓葬62座。墓葬均为东北西南走向，基本是顺地势坡度修建，墓葬有不甚明显的成排现象。墓向大多在10°～50°。

墓的平面形状多呈圆角长方形，少数为长方形。墓穴均为土坑竖穴，墓葬一般长2.10～2.40、宽0.80～1.10、墓口距地表深0.15～0.40米，少数墓葬有二层台。

62座墓中仅有两座墓是双人葬，其余都是单人葬，双人葬均为男女合葬。总计64例。包括男性28例、女性24例，另有12例辨识不清。葬式除去辨识不清的三具外（均为少年或幼儿），侧身直肢者30例、侧身屈肢者5例、仰身直肢者21例、仰身屈肢者2例、俯身直肢者3例。面向上者有两例辨识不清，其余西向的29例、东向的30例、向上的3例。

共54座墓随葬遗物，随葬遗物的数量多少不等。种类有陶器、青铜器、蚌壳制品及贝类饰品共计157件套。54座墓均随葬陶器，一般每墓2至3件，多者6件。共出土陶器143件（包括朽烂不可复原者），占出土遗物总数的91%。陶器器形以钵、罐（壶）、鬲为主。青铜器仅有二件镞和一件环，一件镞放在头颈相接处，一件镞放在胸前，环则放在头骨左侧。蚌器有蚌壳坠饰6件套、海螺坠饰1件，还有海贝。蚌壳坠饰及贝类饰品多散布在死者的上半身周围。有骨器3件，均为骨锥，放置在墓主的腰侧。

陶器多出土于两处：一处为死者趾骨下或小腿骨左右，多随葬鬲或小件钵、盂、壶、罐等；一处为墓坑开口南侧的器物坑或器物台，多出土扣合在一起的钵、罐（壶）组合。除鬲外多数器表施有一层红陶衣。

用牲现象极少，仅有七座墓出现牲骨。牲畜种类有狗和猪两种，共计10个个体，其中猪蹄3个（属二个个体）、完整狗头骨6个、狗下颌骨2个。

二　墓地结构

为防止北部地势较高处下来的雨水山洪的冲刷，在墓地西北侧有三条人工沟，其中东西向沟一条，东北西南向沟二条；墓地东侧有一条自然冲沟即砬子沟；还有一条东北西南向沟，勘探得知其向上延伸到砬子沟内。这几条沟均开口于一层下，恰好将所有墓葬围在中间，推测墓葬系被限定在这几条沟所划定的范围内。

三　墓葬分类

根据墓葬形制的差异，可将这62座墓大体分为两大类。

甲类，附加器物坑（台）或壁龛的墓。又可分为三小类。

甲A类，器物坑式，其建造过程为：在埋葬行为完成后于墓坑南侧附加一个器物坑，此类墓有28例，占整个墓葬数量的45%。有M2～M5、M8、M9、M13、M15、M17、M18、M21、M22、M25、M26、M28、M29、M31、M34、M35、M39、M41、M44、M45、M47、M53、M57、M59、M61。

甲B类，器物台式，随葬品置于墓坑南部较高的器物台上。此类墓有6例。有M30、M37、M38、M40、M55、M56。

甲C类，壁龛式，随葬品置于墓坑南壁的壁龛中。此类墓有2例。有M16、M32。

乙类，普通的土坑竖穴墓。根据遗物出土位置的差异，又可分为两小类。

乙A类，遗物分层随葬。此类墓有三座。有M27、M49、M50。

乙B类，遗物未分层随葬或无遗物，总计22座，占总数的35%。有M1、M6、M7、M10～M12、M14、M19、M20、M23、M24、M33、M36、M42、M43、M46、M48、M51、M52、M58、M60、M62。

还有一座墓南部被灰坑打破，南部是否随葬遗物不详，M54。

四　随葬品

（一）陶器

62座墓葬中共出土陶器143件（包括朽烂不可复原者），以钵、罐、壶、鬲为主，还有盂、钵、壶、罐等。

较大的器物采用泥圈盘筑、分段套接法制成，器物内壁有明显的套接痕迹。器形制作总体不规整，器壁厚薄不均，绝大多数器底稍厚于器壁。器耳一般都是后贴上去的，容易脱落。除少量鬲和钵为泥质陶外其他多数陶器为夹砂陶。绝大多数钵、罐、壶为素面红陶且多数施红陶衣，只有一件罐腹下部施弦断绳纹。

钵

32 件。大多数为尖唇，口沿内抹斜。根据整体形态的差异，可分为四型。

A 型　2 件。高台底半球形碗状，底部中央留有凸瘤。M8∶1，敞口，通体抹光（图四，1）。M45∶1，微敛口，器表施红陶衣（图四，2）。

B 型　3 件。圈足半球形碗状。标本 M3∶1，弧腹，腹部有两个桥状竖耳（已残），器表及内壁施红陶衣（图四，3）。标本 M57∶1，缓折腹，圈足（残），器表施红陶衣（图四，4）。

C 型　19 件。平底半球形碗状。标本 M30∶1（图四，7）。标本 M26∶1（图四，8）。标本 M40∶1，腹中部偏下有两个小竖桥耳，器表及内壁施红陶衣（图四，9）。

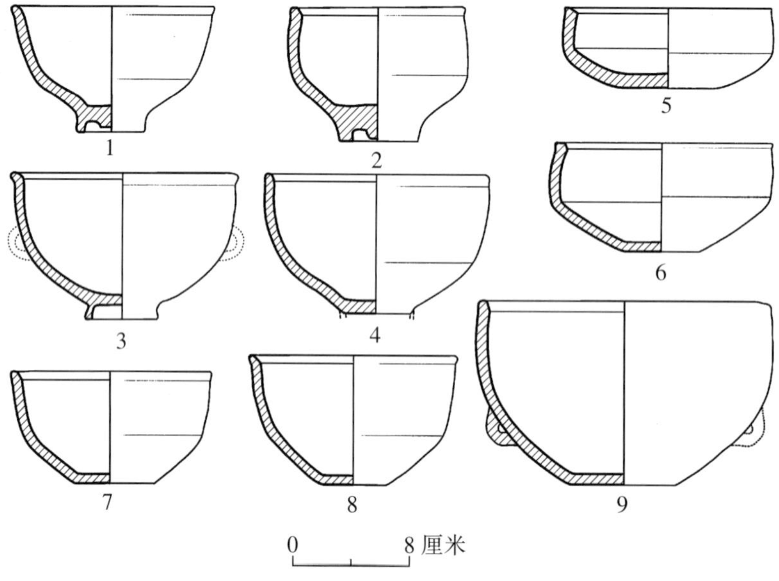

图四　陶钵

1、2. A 型（M8∶1、M45∶1）　3、4. B 型（M3∶1、M57∶1）　5、6. D 型（M9∶1、M16∶1）　7～9. C 型（M30∶1、M26∶1、M40∶1）

D 型　8 件。折腹平底盘状。标本 M9∶1（图四，5）。标本 M16∶1（图四，6）。

罐

总计 18 件，完整或复原者 14 件。根据腹部形态的差异，可分为五型。

A 型　1 件。卵形腹。M3∶2，口沿稍外卷，溜肩，平底，器表施红陶衣（图五，1）。

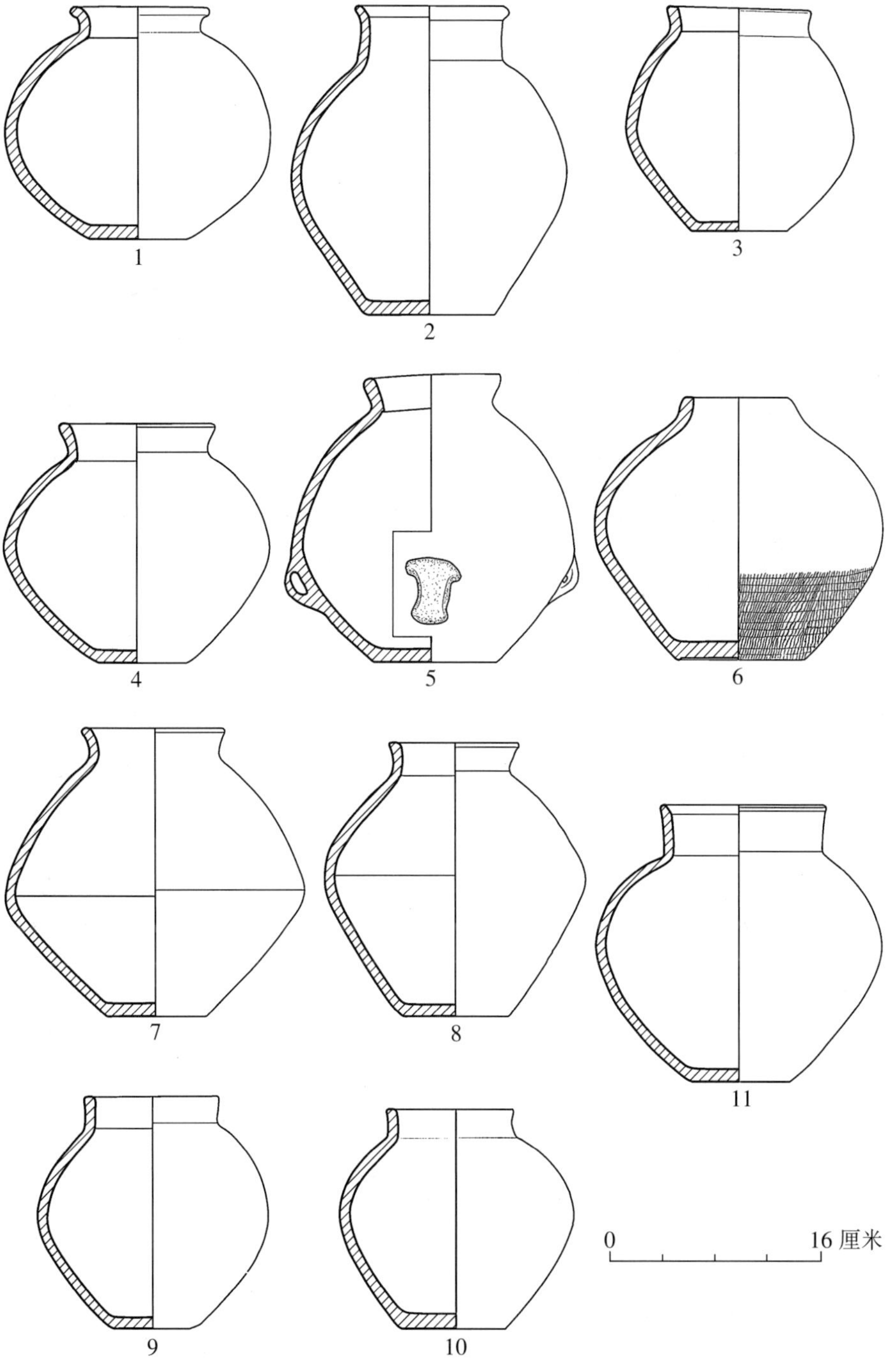

图五　陶罐

1. A 型（M3∶2）　2. B 型（M34∶2）　3. Ca 型Ⅰ式（M17∶2）　4. Ca 型Ⅱ式（M32∶2）　5. Cb 型（M56∶2）　6. 未分型（M13∶2）　7. D 型Ⅰ式（M38∶2）　8. D 型Ⅱ式（M45∶2）　9. E 型Ⅰ式（M35∶2）　10. E 型Ⅱ式（M9∶2）　11. E 型Ⅲ式（M40∶2）

B型　2件。直口弧腹罐。标本M34∶2（图五，2）。

C型　4件，侈口，球腹。分二亚型。

Ca型　2件。无耳。分二式。

Ⅰ式　1件。M17∶2，最大腹径位于中部（图五，3）。

Ⅱ式　1件。M32∶2，最大腹径稍偏上（图五，4）。

Cb型　2件。四耳。

标本M56∶2，最大腹径稍偏下，平底，腹部偏下有四个对称的竖桥耳嵌入腹壁，器表施红陶衣（图五，5）。

D型　2件。侈口，折腹。分二式。

Ⅰ式　1件。M38∶2，夹砂红陶，溜肩，平底，最大腹径位于中部（图五，7）。

Ⅱ式　1件。M45∶2，溜肩，平底，最大腹径稍偏上（图五，8）。

E型　4件。直口，鼓腹。分三式。

Ⅰ式　1件。M35∶2，圆唇，平底，器表施红陶衣（图五，9）。

Ⅱ式　1件。M9∶2，夹细砂红褐陶，方唇，直口，端肩，鼓腹，腹最大径稍偏上，平底（图五，10）。

Ⅲ式　2件。标本M40∶2，夹砂红褐陶，圆唇，口沿内抹斜，高领，鼓腹，平底，器表施红陶衣（图五，11）。

另有绳纹罐1件，M13∶2，夹砂红褐陶，方圆唇，底部稍内凹，腹部最大径近中部，腹下部施弦断绳纹（图五，6）。

各型罐的演变趋势是：领部所占通高的比例越来越大；腹部最大径由低向高发展。

壶

总计23件，完整或复原者23件，绝大多数表面施有红陶衣。根据腹部及肩部形态的差异可分为四型。

A型　9件。直领，鼓腹。分三式。

Ⅰ式　3件。标本M57∶2，圆唇，侈口，平底，腹部最大径在中部（图六，1）。

Ⅱ式　5件。标本M21∶2，尖圆唇，敛口，口沿内抹斜，平底，腹部最大径稍偏上（图六，2）。

Ⅲ式　1件。M44∶2，尖唇微外撇，口沿内抹斜，直领，端肩，平底（图六，3）。

B型　11件。直领，球腹。分三式。

Ⅰ式　2件。标本M29∶2，尖唇，高直领，溜肩，平底（图六，4）。

Ⅱ式　6件。标本M26∶2，圆唇，侈口，直领，腹部最大径在中部（图六，5）。

Ⅲ式　3件。标本M61∶2，圆唇微外撇，口沿内抹斜，高领，口微敛，最大腹径近

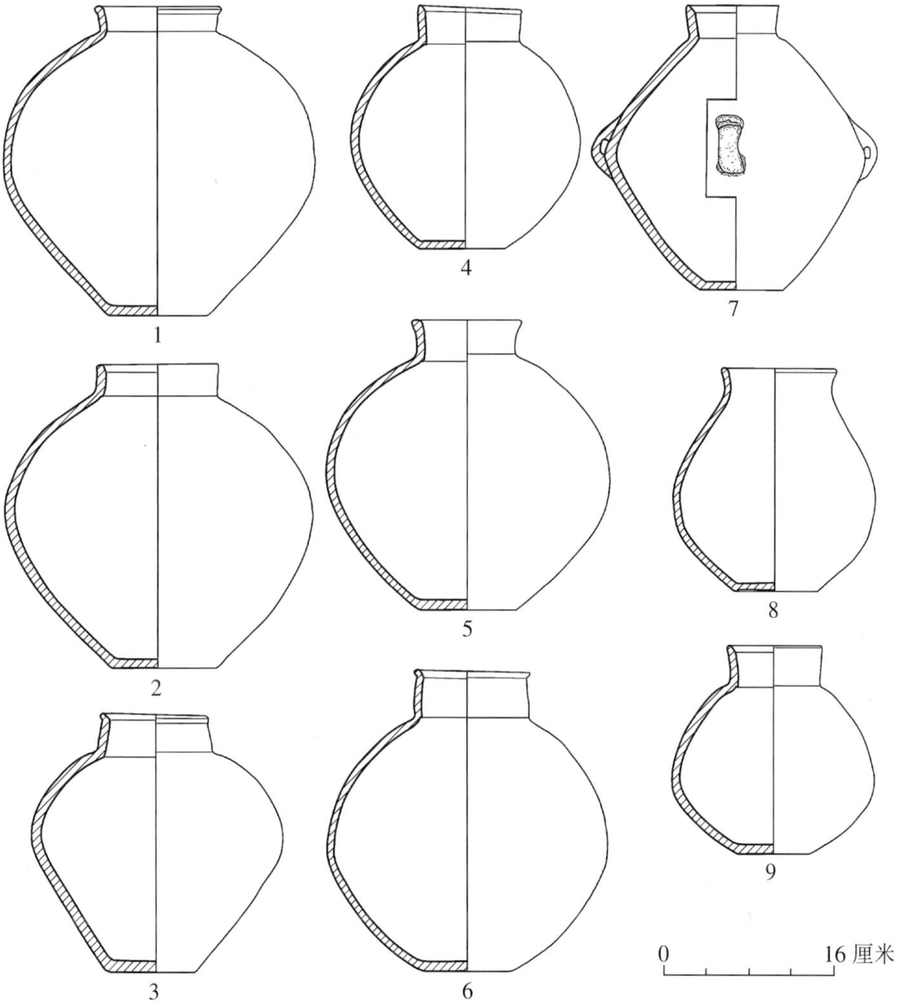

图六　陶壶

1. A 型Ⅰ式（M57∶2）　2. A 型Ⅱ式（M21∶2）　3. A 型Ⅲ式（M44∶2）
4. B 型Ⅰ式（M29∶2）　5. B 型Ⅱ式（M26∶2）　6. B 型Ⅲ式（M61∶2）
7. C 型（M30∶2）　8. D 型Ⅰ式（M39∶2）　9. D 型Ⅱ式（M49∶2）

中部，平底（图六，6）。

C 型　1 件。弧腹，四耳。M30∶2，尖唇，直领稍外撇，口沿内抹斜，缓折腹，最大腹径稍偏上，折腹处四个对称的竖桥耳嵌入腹壁，平底（图六，7）。

D 型　2 件。垂腹。分二式。

Ⅰ式　1 件。M39∶2，圆唇，微侈口，溜肩，矮领，垂腹，腹最大径偏下，底稍内凹（图六，8）。

Ⅱ式　1 件。M49∶2，圆唇，微侈口，口沿内抹斜，高领，肩稍鼓，垂腹，腹最大径偏下，平底（图六，9）。

各型壶的演变趋势是：领部在通高中所占的比例越来越大。

鬲

33 件，大多数鬲的袋足有不甚明显的刀削痕迹。根据腹部形态的差异，可分为鼓腹鬲、弧腹鬲、筒腹鬲三大类。

甲类　鼓腹鬲，19 件。根据领部、腹部形态的差异，可分为二型。

A 型　斜领鼓腹鬲，9 件。根据口沿形态的差异，可分为二亚型。

Aa 型　6 件。侈口。分三式。

Ⅰ式　2 件。圆唇，领略弧，锥状空心足，小平足跟。标本 M46∶1，夹砂黄褐陶，裆部呈钝角，足内侧有绳纹抹光，器表施红褐色陶衣（图七，1）。

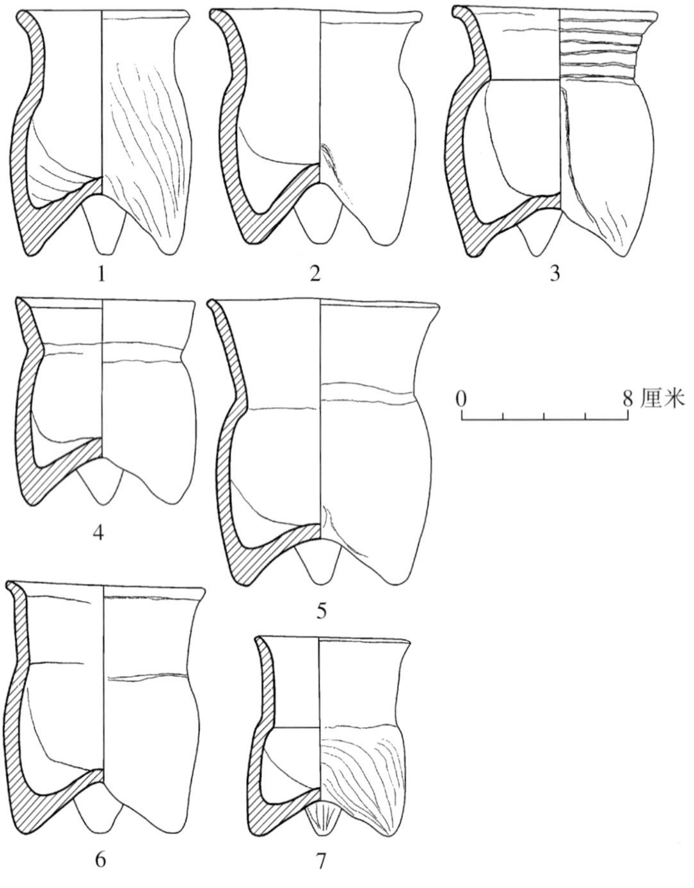

图七　甲类陶鬲

1. Aa 型Ⅰ式（M46∶1）　2. Aa 型Ⅱ式（M1∶1）　3. Aa 型Ⅲ式（M5∶3）　4. Ab 型Ⅰ式（M4∶3）　5. Ab 型Ⅱ式（M22∶5）　6. B 型Ⅰ式（M34∶3）　7. B 型Ⅱ式（M37∶3）

Ⅱ式　2件。圆唇，领略直，稍展沿，锥状空心足，小平足跟。标本M1∶1，泥质黑陶，裆部呈锐角，通体施黑陶衣（图七，2）。

Ⅲ式　2件。圆唇，领较直，展沿，袋状空心足，乳突状粗圆短足尖，小平足跟，裆部呈钝角，领部有五道不规整的凹弦纹，裆缝有明显的凹沟。M5∶3，夹砂黑褐陶（图七，3）。

侈口斜领鼓腹鬲的演变趋势：领由弧渐变直，无沿至有沿，腹由弧变鼓。

Ab型　3件。斜直口。分二式。

Ⅰ式　2件。泥质黑陶。矮领，锥状空心足略弧，小平足跟，弧裆，裆部呈钝角。标本M4∶3，尖唇（图七，4）。

Ⅱ式　1件。夹细砂黑褐陶。斜直口，高领，锥状空心足略鼓，小平足跟，裆部呈钝角，平足跟。M22∶5，圆唇（图七，5）。

斜直口斜领鼓腹鬲的演变趋势：领由短变长，腹由弧变鼓。

B型　10件。直领鼓腹鬲。分二式。

Ⅰ式　4件。圆唇，锥状空心足略弧，矮裆，裆部呈钝角，小平足跟。标本M34∶3（图七，6）。

Ⅱ式　6件。圆唇，锥状空心足略鼓，小平足跟，矮裆，裆部呈钝角。标本M37∶3（图七，7）。

直领鼓腹鬲的演变趋势：腹由弧变鼓变直。

乙类　弧腹鬲，6件。根据形体的差异，可分为二型。

A型　尊式鬲，3件。分二式。

Ⅰ式　2件。圆唇，侈口，展沿，筒腹与袋足连成一体，截面近圆形，空足下接锥状实心足根。标本M47∶3（图八，1）。

Ⅱ式　1件。M26∶4，圆唇，敞口，高领与锥状袋足连成一体，小平足跟，矮裆，裆部呈钝角（图八，2）。

尊式鬲的演变趋势：腹由长变短，由弧变鼓变直。

B型　侈口无领，3件。分二式。

Ⅰ式　2件。模制。圆唇，侈口，稍展沿，锥状空心足，高裆，裆部呈钝角，小平足跟，器表施黑陶衣。标本M29∶3（图八，3）。

Ⅱ式　1件。圆唇，敞口，展沿，锥状空心足外有明显的折收，裆部呈锐角，小平足跟，裆缝处有明显的凹沟，器表施黑陶衣。标本M53∶3（图八，4）。

侈口无领鬲的演变趋势：腹由外撇至内收。

丙类　筒腹鬲，8件。根据器耳的有无可分二型。

A型　无耳，4件。分二式。

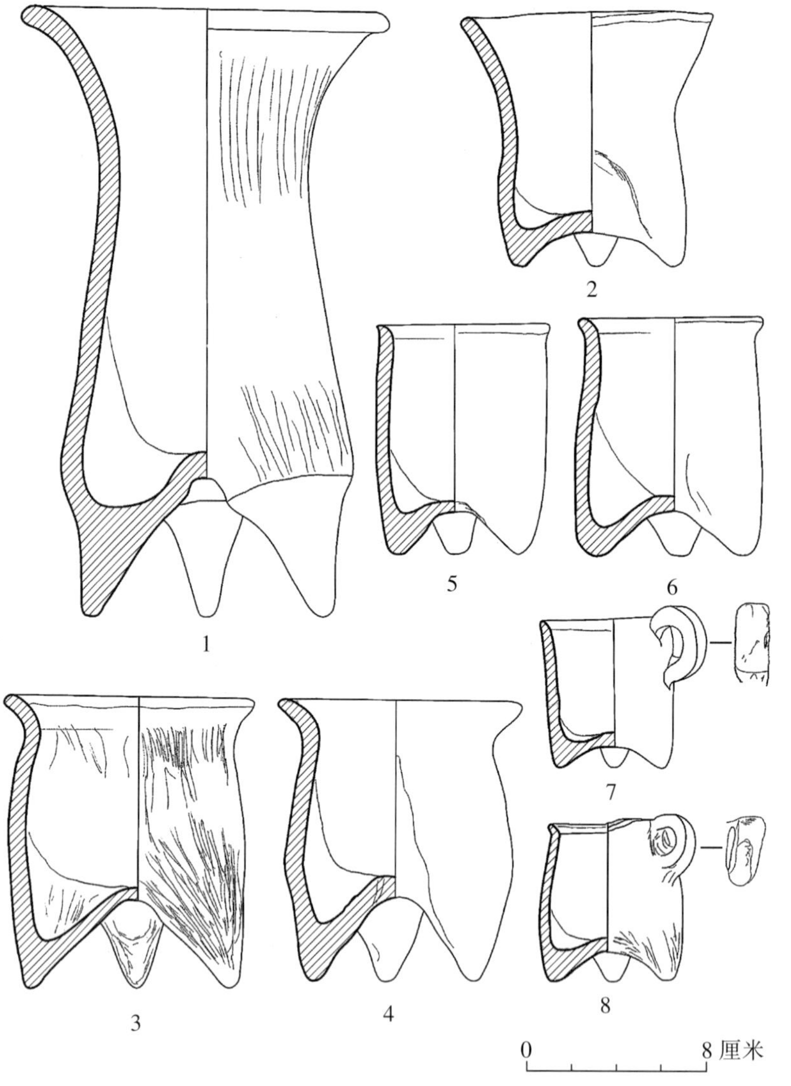

图八　乙类、丙类陶鬲

1. 乙类A型Ⅰ式（M47∶3）　2. 乙类A型Ⅱ式（M26∶4）　3. 乙类B型Ⅰ式（M29∶3）　4. 乙类B型Ⅱ式（M53∶3）　5. 丙类A型Ⅰ式（M1∶2）　6. 丙类A型Ⅱ式（M51∶1）　7. 丙类B型Ⅰ式（M23∶2）　8. 丙类B型Ⅱ式（M6∶3）

Ⅰ式　3件。腹壁较直呈筒状，矮窄裆，裆部呈钝角，小平足跟。标本M1∶2，泥质陶，口沿内抹斜且微外撇，尖圆唇，器表施黑陶衣（图八，5）。

Ⅱ式　1件。腹壁较直，空心足稍外撇，裆部呈钝角，小平足跟。M51∶1，夹细砂黑陶，圆唇（图八，6）。

B型　有耳，4件。分二式。

Ⅰ式　3件。腹壁较直呈筒状，矮窄裆，裆部呈钝角，小平足跟。标本M23∶2，夹细砂灰褐陶，尖圆唇，直口（图八，7）。

Ⅱ式　1件。腹壁较直，空心足稍外撇，裆部呈钝角，小平足跟。M6∶3，夹砂黑褐陶，尖圆唇（图八，8）。

筒腹鬲的演变趋势：腹由弧变为外撇。

还有一些陶器由于均为手制的小型器，难以具体分式，仅根据形体的差异分型。

小壶

4件。根据腹部形态的差异，可分为二型。

A型　3件。球腹。标本M21∶4，侈口，矮领，平底，器表施红陶衣（图九，1）。标本M49∶3，直口，溜肩，底稍内凹（图九，2）。

B型　1件。卵形腹。M6∶2，口沿内抹斜，平底，颈肩相接处上方饰有三个乳丁纹，乳丁纹之间分布着五至八个戳印凹坑，器表施红陶衣（图九，3）。

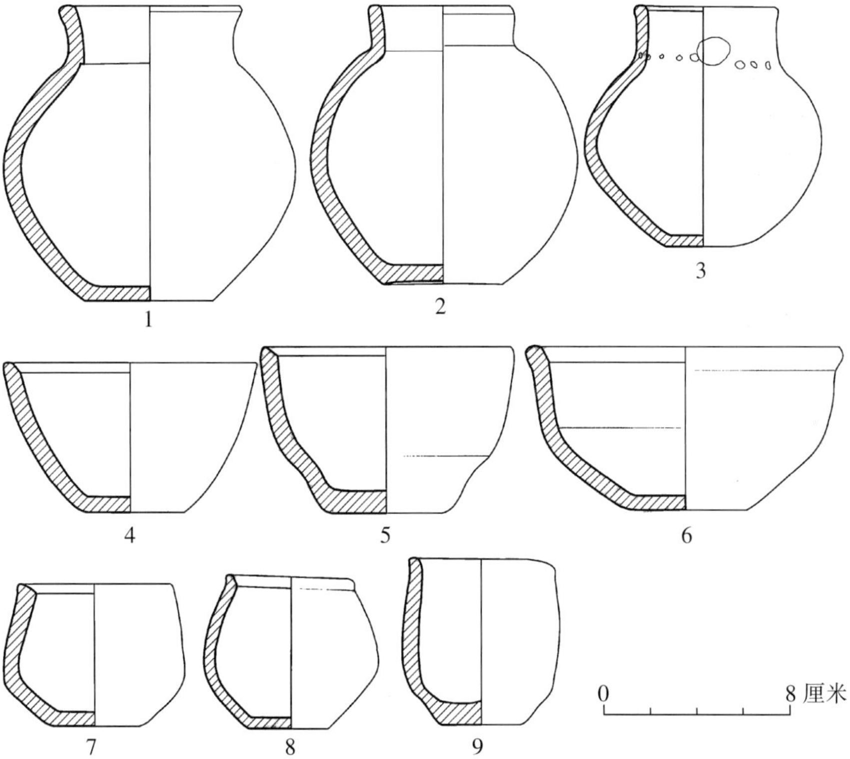

图九　陶小壶、小钵、盂

1、2. A型小壶（M21∶4、M49∶3）　3. B型小壶（M6∶2）　4、5. A型小钵（M56∶3、M57∶3）　6. B型小钵（M32∶3）　7. A型盂（M6∶1）　8. B型盂（M22∶3）　9. C型盂（M28∶4）

小钵

10件。按整体形态的差异可分为二型。

A型　8件。半球形。标本M56:3，圆唇，敞口，斜弧腹，平底（图九，4）。标本M57:3，尖唇，敞口，口沿内抹斜，弧腹近底部微折，小台底（图九，5）。

B型　2件。浅腹。标本M32:3，圆唇，侈口，口沿内抹斜，缓折腹，平底，器表及内壁施红陶衣（图九，6）。

盂

9件。按整体形态的差异可分为三型。

A型　2件。敛口，折腹。标本M6:1，尖唇，口沿内抹斜，折腹，平底，素面（图九，7）。

B型　5件。敛口，弧腹。标本M22:3，圆唇，弧腹，平底（图九，8）。

C型　2件。筒腹。标本M28:4，夹细砂红褐陶，尖唇，微侈口，筒腹，平底（图九，9）。

小罐

8件。按整体形态的差异可分五型。

A型　1件。敛口，端肩。M8:3，圆唇，鼓腹，通体抹光（图一〇，1）。

B型　1件。敛口，球腹。M26:5，尖唇，弧腹，平底（图一〇，2）。

C型　5件。单环耳罐，均敛口，口沿外侧有一个高于口沿的竖桥耳，平底。标本M30:4，圆唇，口沿内抹斜，鼓腹（图一〇，3）。标本M23:1，尖圆唇，口沿内抹斜，弧腹（图一〇，4）。

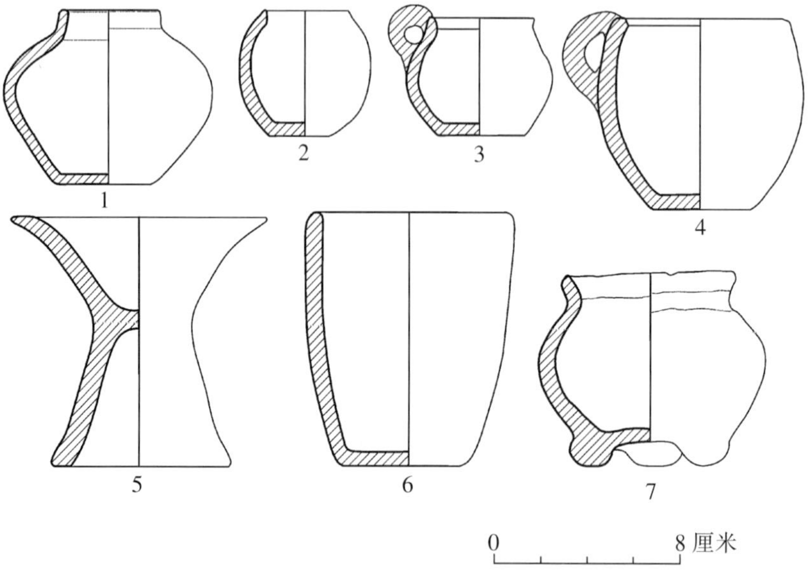

图一〇　陶小罐、豆、鼎

1. A型小罐（M8:3）　2. B型小罐（M26:5）　3、4. C型小罐（M30:4、M23:1）　5. 豆（M58:1）　6. D型小罐（M43:1）　7. 鼎（M3:3）

D 型　1 件。筒腹。M43∶1，圆唇，平底（图一〇，6）。

豆

2 件，均无明显的柄。标本 M58∶1，圆唇，展沿，盘面斜弧，下段喇叭状（图一〇，5）。

鼎

1 件。M3∶3，泥质黑陶罐形鼎，尖圆唇，侈口，鼓腹，柱状实心足（图一〇，7）。

纺轮

1 件，出土于填土中。M1∶6，夹砂灰褐陶，一面有四道戳印凹坑组成的放射纹。

（二）骨器

3 件。形制相近，均为磨制的扁体骨锥。M1∶4（图一一，1）。

（三）蚌壳坠饰

24 件。根据形体的差异可分为三型。

A 型　2 件。长方体。标本 M22∶6，一端有一个圆孔（图一一，2）。

B 型　7 件。海贝状（椭圆形）。标本 M54∶5，磨制而成，一面有一道凹槽，中间对钻一圆孔（图一一，3）。

C 型　15 枚。环形。标本 M24∶3，磨制，环状（图一一，4）。

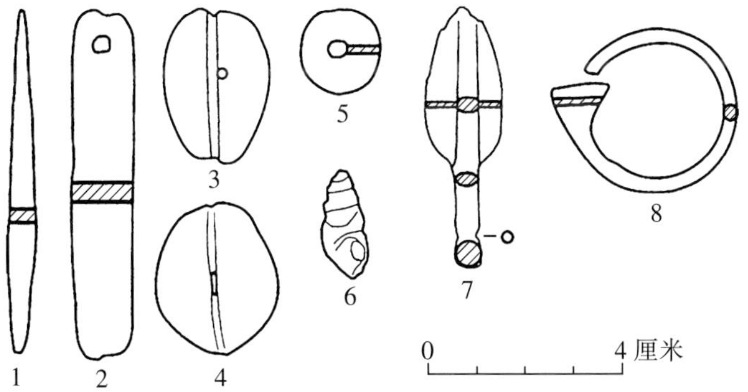

图一一　骨锥，蚌壳坠饰，海贝，海螺坠饰，铜镞、环

1. 骨锥（M1∶4）　2. A 型蚌壳坠饰（M22∶6）　3. B 型蚌壳坠饰（M54∶5）
4. C 型蚌壳坠饰（M24∶3）　5. 海贝（M49∶7）　6. 海螺坠饰（M24∶5）
7. 铜镞（M8∶4）　8. 铜环（M20∶3）

（四）海贝

15 枚。标本 M49∶7（图一一，5）。

（五）海螺坠饰

1件。M24∶5，天然海螺制成，口部钻一孔（图一一，6）。

（六）铜器

3件。

镞

2件。形制相同。桂叶状，圆铤，铤近底部有一个圆孔。M8∶4（图一一，7）。

环

1件。M20∶3，系用一段铜丝弯曲成环形，铜丝的一端成扁三角形（图一一，8）。

五 遗存分期

代海墓地的墓葬缺乏打破关系，从堆积关系或打破关系看有助于分析随葬品早晚关系的现象很少，若讨论墓葬的早晚主要还是依据对随葬陶器的形态学分析。分析随葬陶器首先要考虑的是出土数量多、分布普遍的器类，有鬲、罐、壶。其中鬲是最适合作为墓葬分期依据的。

鬲分三大类，共33件。甲类19件，分二型，其中Aa型分三式，Ab型分二式；B型分二式。乙类6件，其中A型、B型各分二式。丙类8件，其中A型、B型各分二式，以此作为区分墓葬早晚的依据，据此制为表一，并将相应的出土单位列于其后。

墓葬中有的出土鬲2件，分别是M1出甲类Aa型Ⅱ式和丙类A型Ⅰ式鬲各1件，M22出甲类Ab型Ⅱ式和甲类B型Ⅱ式鬲各1件。由此可认为甲类和丙类各亚型有一个大致同步的演变趋势。至于乙类，其Ⅱ式与甲类Ⅱ式在形制上有更多相似之处，因此可将两者置于同一阶段。

表一 代海墓地分区分期一览表

期别	早（18座）				中（24座）				晚（10座）			
器类	钵罐（壶）鬲	钵罐（壶）	鬲	其他	钵罐（壶）鬲	钵罐（壶）	鬲	其他	钵罐（壶）鬲	钵罐（壶）	鬲	其他
西区	4				2	3	1、11	48、54	5	8	6	

续表一

期别	早（18座）				中（24座）				晚（10座）			
南区		17			9、15	16	12			13		
东区	29、30、31、34、35、47、55、57、59	38、39、41、42	20、46	62	21、22、25、26、37、53、56	27、28、32、45、49	23、24		40	44、50、61	51	58
无随葬品（8座）	7、10、14、19、33、36、52、60											
随葬品朽或单件(2座)	18、43											

另外，陶罐的型式划分也印证了上述按鬲划分的早晚关系，如M35、M9、M40分别出甲类B型Ⅰ式鬲、甲类B型Ⅱ式鬲、甲类Aa型Ⅲ式鬲，罐分别是E型Ⅰ式、E型Ⅱ式、E型Ⅲ式。

总之，以上述三类鬲及罐、壶的型式划分为依据，可将墓地分为早、中、晚三期（图一二～一四）。

根据墓葬分期进一步观察墓葬的整体布局，可基本将墓地分为东、西、南三区。东区规模较大，有36座墓；南区有6座墓；西区有10座墓。早期墓大多位于各区的中部，中期墓主要位于各区的西部，晚期墓位于各区的东部。前文所述的器物台及壁龛类墓只在东区有，另两区未见。详见表一。

由上可以看出，三期墓在随葬品的选择上差别不大，仅数量有别。晚期墓中随葬成套器物（钵、罐或壶、鬲）的越来越少。

对于未出土具有明显分期断代意义的器物而仅出土小件陶器的墓，可依据出土有分期标帜物墓葬中的同类器进行对比，将其纳入墓葬分期表中（表一）。

殉牲现象在七座墓中有所体现，这七座墓中有二座（M55、M57）为早期墓，随葬狗头；四座为中期墓，M1、M9随葬猪蹄，M21、M56随葬狗头；M61为晚期墓，随葬狗头及两个狗下颌骨。

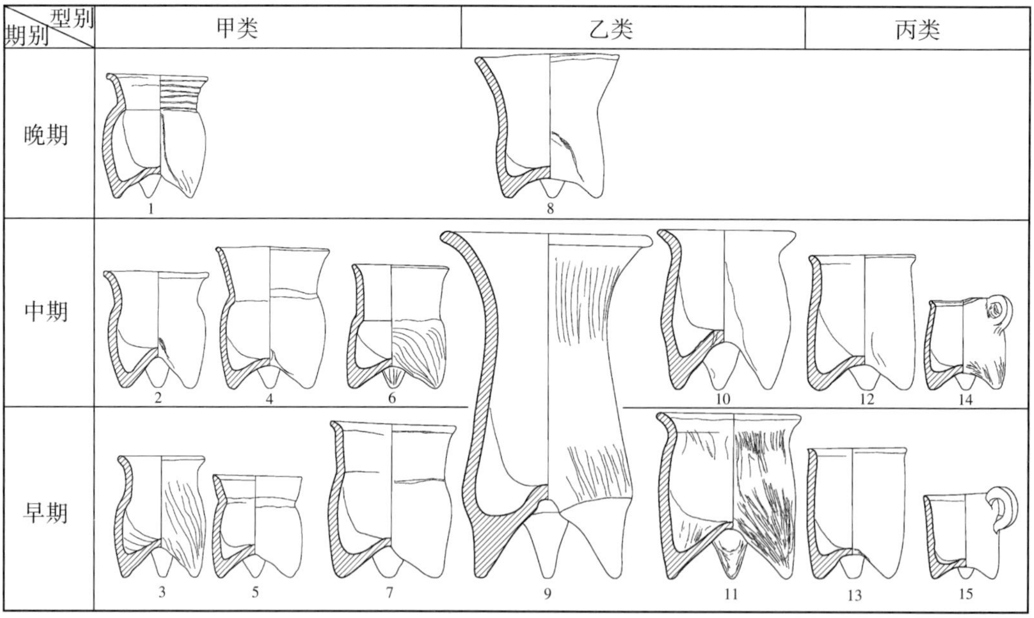

图一二　陶鬲分期图

1. 甲类 Aa 型Ⅲ式鬲（M5∶3）　2. 甲类 Aa 型Ⅱ式鬲（M1∶1）　3. 甲类 Aa 型Ⅰ式鬲（M46∶1）　4. 甲类 Ab 型Ⅱ式鬲（M22∶5）　5. 甲类 Ab 型Ⅰ式鬲（M4∶3）　6. 甲类 B 型Ⅱ式鬲（M37∶3）　7. 甲类 B 型Ⅰ式鬲（M34∶3）　8. 乙类 A 型Ⅱ式鬲（M26∶4）　9. 乙类 A 型Ⅰ式鬲（M47∶3）　10. 乙类 B 型Ⅱ式鬲（M53∶3）　11. 乙类 B 型Ⅰ式鬲（M29∶3）　12. 丙类 A 型Ⅱ式鬲（M51∶1）　13. 丙类 A 型Ⅰ式鬲（M1∶2）　14. 丙类 B 型Ⅱ式鬲（M6∶3）　15. 丙类 B 型Ⅰ式鬲（M23∶2）

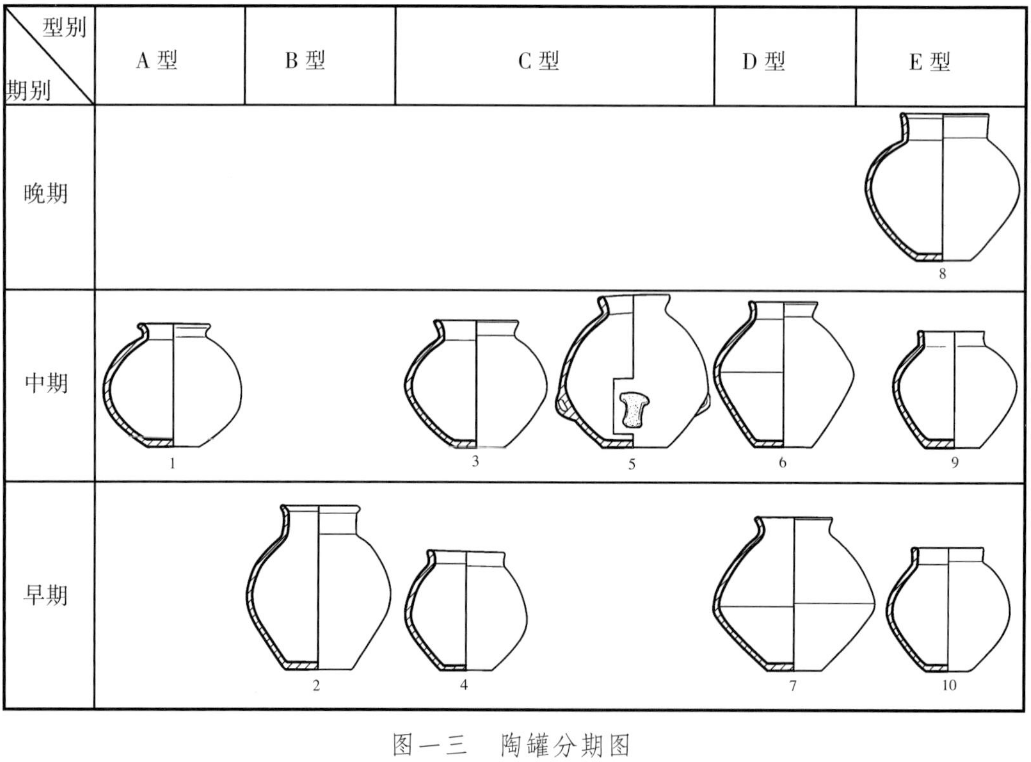

图一三　陶罐分期图

1. A 型（M3∶2）　2. B 型（M34∶2）　3. Ca 型（M32∶2）　4. Ca 型（M17∶2）　5. Cb 型（M56∶2）　6. D 型Ⅱ式（M45∶2）　7. D 型Ⅰ式（M38∶2）　8. E 型Ⅲ式（M40∶2）　9. E 型Ⅱ式（M9∶2）　10. E 型Ⅰ式（M35∶2）

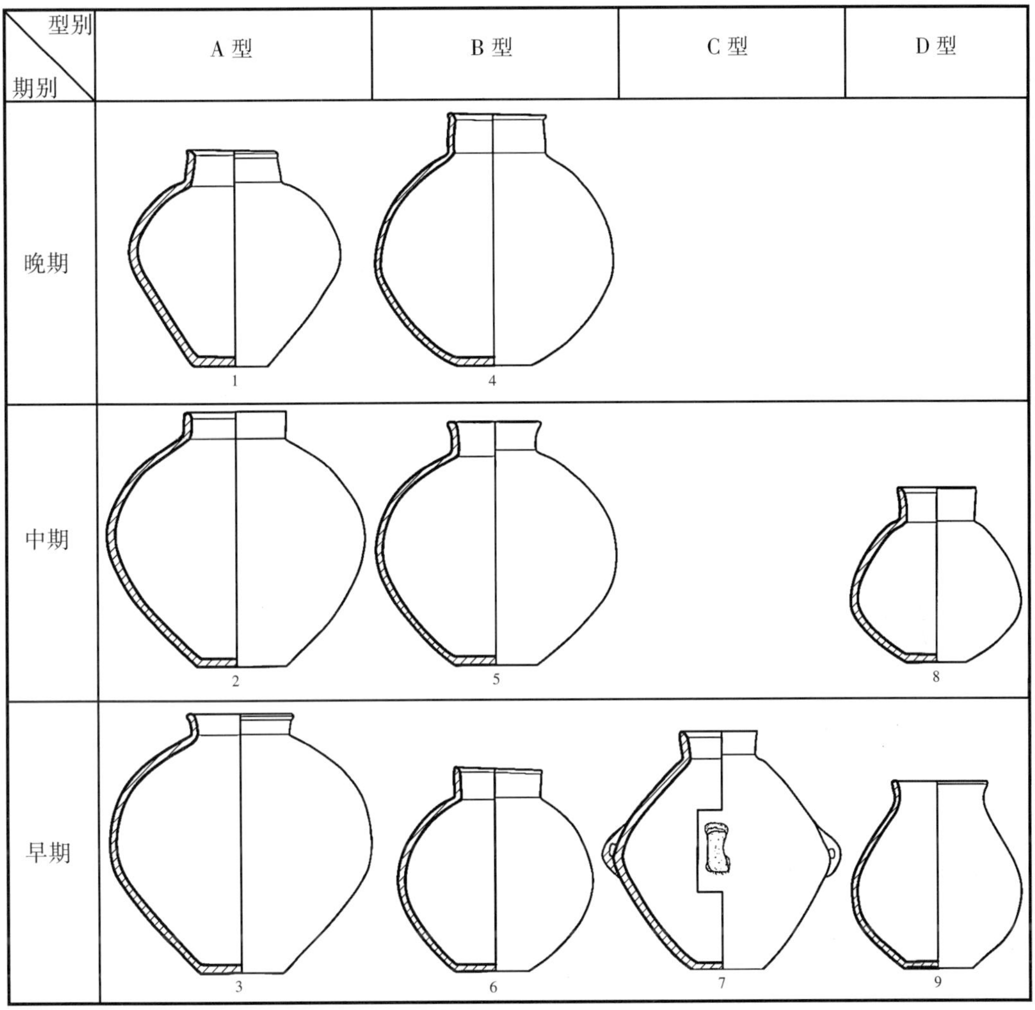

图一四　陶壶分期图

1. A 型Ⅲ式（M44:2）　2. A 型Ⅱ式（M21:2）　3. A 型Ⅰ式（M57:2）　4. B 型Ⅲ式（M61:2）　5. B 型Ⅱ式（M26:2）　6. B 型Ⅰ式（M29:2）　7. C 型（M30:2）　8. D 型Ⅱ式（M49:2）　9. D 型Ⅰ式（M39:2）

第三章　墓葬资料

M1

1. 墓葬结构

平面呈圆角长方形。墓圹长2.35、宽0.86～1.06、墓口至墓底（人骨面）深0.76米。墓底东、西两侧有熟土二层台，用以代替葬具，宽0.14～0.26、以下挖0.18米。二层台以下形成长2.35、宽0.57、深0.18米的空间。墓向24°。

2. 人骨及保存情况

墓内埋人骨2具，保存较好，男右（西）女左（东），两人背向。男30～35岁，侧俯身直肢，左腿压在右腿上，面向西；女35岁左右，侧身直肢，面向东。

3. 随葬品及出土位置

填灰土，土质疏松，含有少量的小石块和几片陶片，填土中有残纺轮1件。在男性墓主的趾骨下随葬鬲2件、钵1件。在两墓主股骨之间出土骨锥1枚，在女性墓主大腿之间也出土骨锥1枚（推测是起衣服扣的作用）（图一五；图版二，1）。

甲类Aa型Ⅱ式鬲　1件（M1∶1）。泥质陶。圆唇，侈口，高斜领略直，稍展沿，锥状空心足，小平足跟，裆部呈锐角。外施黑陶衣。高11、口径10.3厘米（图一六，1；图版二，2）。

丙类A型Ⅰ式鬲　1件。M1∶2，泥质陶。圆唇，腹壁较直呈筒状，矮窄裆，裆部呈钝角，小平足跟。通体施黑陶衣。高10厘米、口径7.6厘米（图一六，2；图版二，3）。

A型小钵　1件。M1∶3，夹细砂红陶。半球状，圆唇，敞口，弧腹，底稍内凹，底部有刻划“十”字纹，器表和内壁均施红陶衣。高5.5、口径8、底径4.3厘米（图一六，3；图版三，1）。

骨锥　2件。形制相同。扁体，磨制。M1∶4，长6.9厘米（图一六，4；图版三，

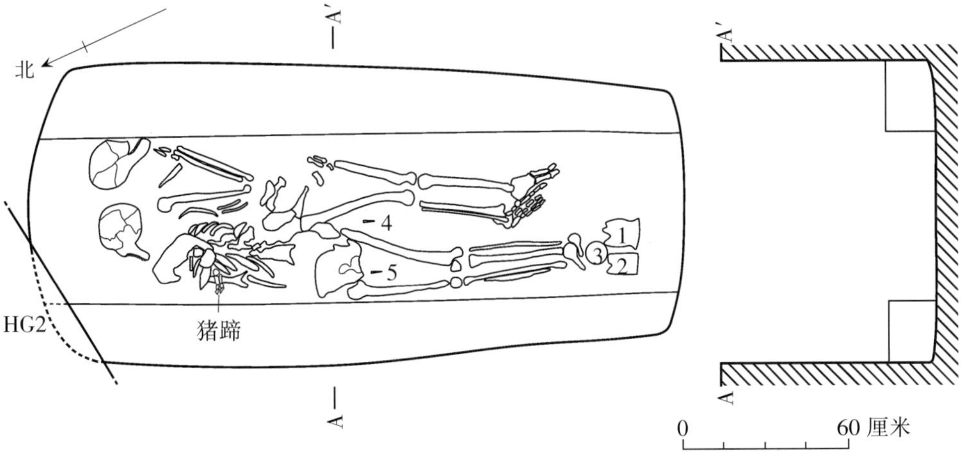

图一五　M1 平、剖面图

1、2. 陶鬲　3. 陶小钵　4、5. 骨锥

2)。M1∶5，长 5.5 厘米（图一六，5；图版三，2）。

纺轮　1 件，填土内出土。M1∶6，夹砂灰褐陶。一面有四道戳印凹坑组成的放射纹。直径 5.5、孔径 0.7、厚 1.7 厘米（图版三，3）。

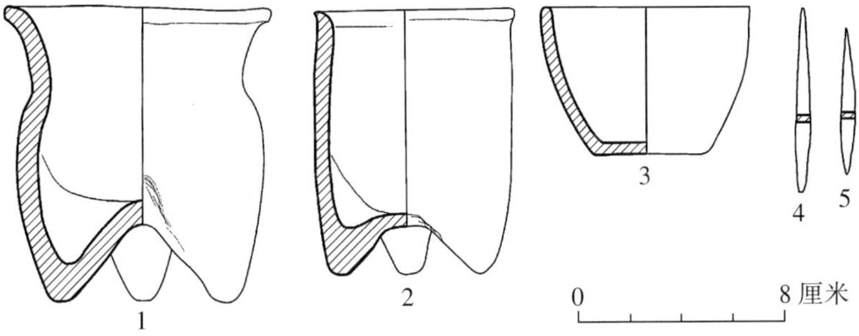

图一六　M1 出土陶鬲、小钵，骨锥

1. 甲类 Aa 型Ⅱ式鬲（M1∶1）　2. 丙类 A 型Ⅰ式鬲（M1∶2）
3. A 型小钵（M1∶3）　4、5. 骨锥（M1∶4、M1∶5）

4. 殉牲情况

男性墓主左臂上出猪蹄 2 个。

5. 期别

中期。

M2

1. 墓葬结构

平面呈圆角长方形。墓圹长 2.15、宽 0.97 ~ 1.00、墓口至墓底（人骨面）深 0.67 ~ 0.71 米。墓底东西两侧有不规整的生土二层台，最宽处 0.14、以下挖 0.09 米。墓向 20°。

2. 人骨及保存情况

单人葬，为 40 ~ 45 岁男性。人骨保存较好，面向西，仰身直肢葬。

3. 随葬品及出土位置

在墓坑南部外侧有一圆形器物坑。器物坑直径 0.36、深 0.24 米。出土钵、壶各 1 件，钵覆扣壶上。墓主的左趾骨外侧出土鬲 1 件（图一七）。

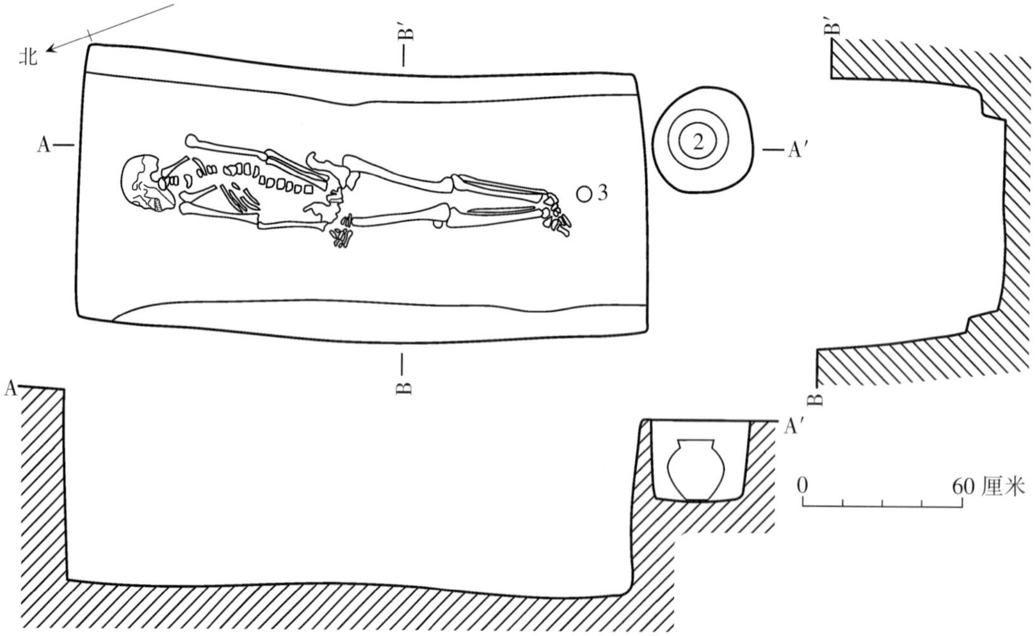

图一七 M2 平、剖面图

1. 陶钵（朽） 2. 陶壶 3. 陶鬲

钵 1 件。M2∶1，朽。

B 型Ⅱ式壶 1 件。M2∶2，夹粗砂红陶。圆唇，侈口，斜直领，球腹，底稍内凹，素面，最大腹径偏上，内壁可见明显的泥圈套接痕迹。高 22.4、口径 13、底径 6.8、最大腹径 21.3 厘米（图一八，1；图版三，4）。

甲类 Aa 型Ⅱ式鬲 1 件。M2∶3，泥质陶。圆唇，侈口，高斜领略直，稍展沿，锥

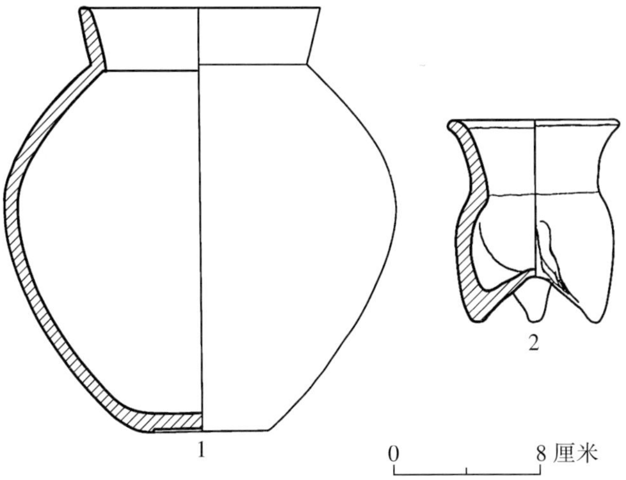

图一八 M2出土陶壶、鬲

1. B型Ⅱ式壶（M2:2） 2. 甲类Aa型Ⅱ式鬲（M2:3）

状空心足，小平足跟，裆部呈钝角，外施浅红褐色陶衣。高10.7、口径9.3厘米（图一八，2；图版三，5）。

4. 期别

中期。

M3

1. 墓葬结构

平面呈圆角长方形。墓圹长2.21、宽0.90～1.22、墓口至墓底（人骨所在面）深1.00～1.12米。墓东西两侧有不规整的生土二层台，最宽处0.14、向下挖0.42米。墓向24°。

2. 人骨及保存情况

单人葬，为20～25岁女性。人骨保存较好，面向东，侧身直肢葬，右腿压在左腿上。

3. 随葬品及出土位置

在墓坑南部外侧有一近圆形的器物坑。器物坑直径0.32、深0.30米。出土钵、罐各1件，钵覆扣罐上；墓主的左腿骨外侧出土鼎1件（图一九）。

B型钵 1件。M3:1，夹砂红褐陶。尖唇，口沿内抹斜且微外撇，弧腹，圈足，腹部有两个桥状竖耳（已残），器表及内壁施红陶衣。高9.7、口径15.7、底径5厘米（图二〇，1；图版四，1）。

A型罐 1件。M3:2，夹砂红陶。圆唇，敞口，口沿稍外卷，溜肩，卵形腹，平底，器表施红陶衣。高17、口径10.6、底径7.5、最大腹径20.1厘米（图二〇，2；

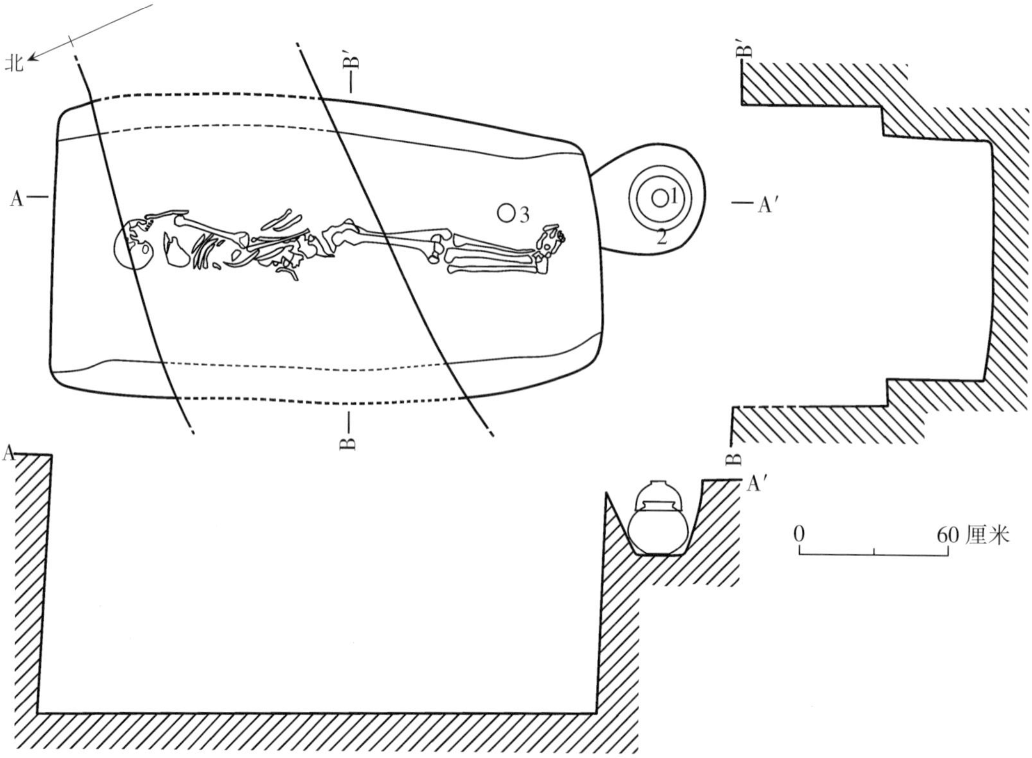

图一九 M3平、剖面图

1. 陶钵 2. 陶罐 3. 陶鼎

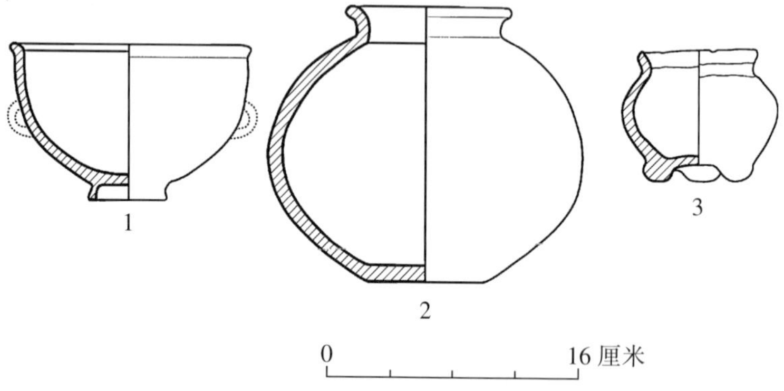

图二〇 M3出土陶钵、罐、鼎

1. B型钵（M3:1） 2. A型罐（M3:2） 3. 鼎（M3:3）

图版四，2）。

鼎 1件。M3:3，泥质黑陶罐形鼎，尖圆唇，侈口，鼓腹，柱状实心足。高8、口径7.4厘米（图二〇，3；图版四，3）。

4. 期别

中期。

M4

1. 墓葬结构

平面呈圆角长方形。墓圹长2.40、宽1.12～1.40、墓口至墓底（人骨所在面）深1.04米。墓底东西两侧有不规整的生土二层台，最宽处0.13、以下挖0.58米。墓向36°。

2. 人骨及保存情况

单人葬，为40～45岁男性。人骨保存较好，面向西，侧身直肢葬。

3. 随葬品及出土位置

在墓坑南部外侧有一近圆形的器物坑。器物坑直径0.32、深0.30米。出土钵、壶各1件，钵覆扣壶上。墓主的右趾骨下方出土鬲1件（图二一）。

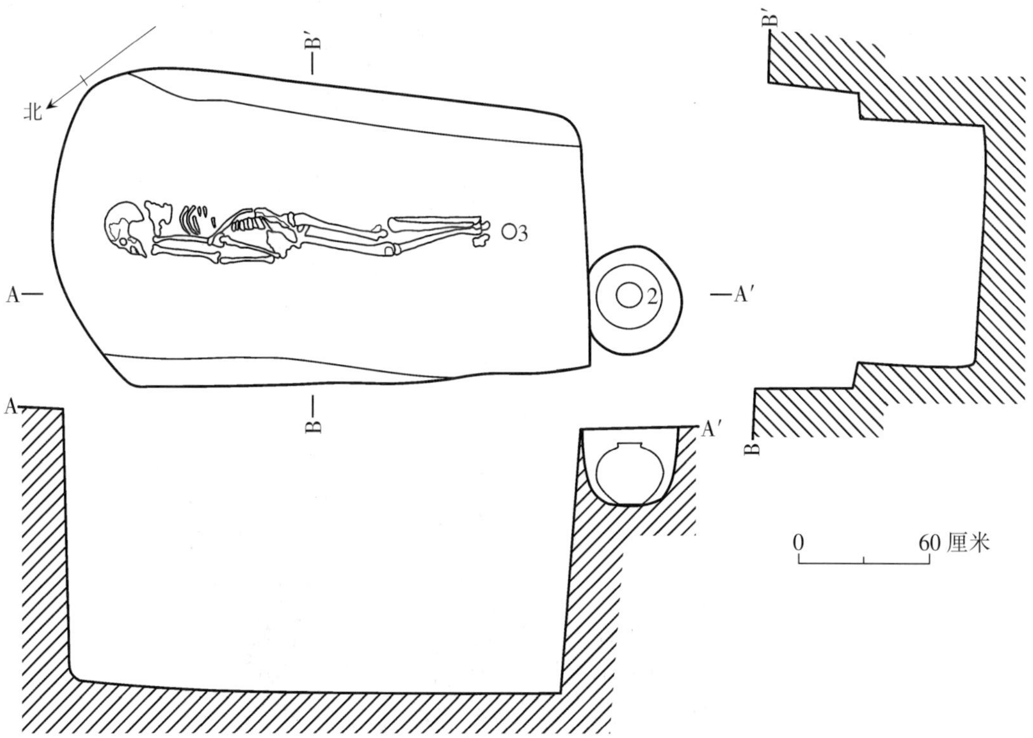

图二一　M4平、剖面图

1. 陶钵（朽）　2. 陶壶　3. 陶鬲

钵 1件。M4∶1，朽。

A型Ⅰ式壶 1件。M4∶2，夹砂红陶。圆唇，微侈口，口沿内抹斜，直领，端肩，大鼓腹，平底。高25.6、口径10.5、底径9.9厘米（图二二，1；图版四，4）。

甲类Ab型Ⅰ式鬲 1件。M4∶3，泥质黑陶。斜直口，矮领，锥状空心足略弧，小平足跟，弧裆，裆部呈钝角，通体抹光。高9.8、口径8.8厘米（图二二，2；图版四，5）。

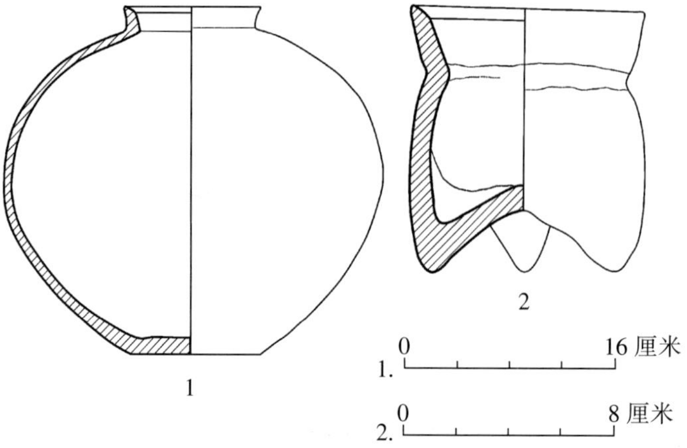

图二二 M4出土陶壶、鬲

1. A型Ⅰ式壶（M4∶2） 2. 甲类Ab型Ⅰ式鬲（M4∶3）

4. 期别

早期。

M5

1. 墓葬结构

平面呈圆角长方形。墓圹长2.36、宽1.04～1.26、墓口至墓底（人骨所在面）深0.97米。墓底东西两侧有不规整的生土二层台，最宽处0.12、以下挖0.38米。墓向13°。

2. 人骨及保存情况

单人葬，为25～30岁男性。人骨保存较好，面向西，侧身直肢葬。

3. 随葬品及出土位置

在墓坑南部外侧有一近圆形的器物坑。器物坑直径0.36、深0.35米。出土钵、罐各1件，钵覆扣罐上。墓主的右趾骨下方外侧出土鬲1件（图二三；图版五，1）。

钵 1件。M5∶1，朽。

罐 1件。M5∶2，朽。

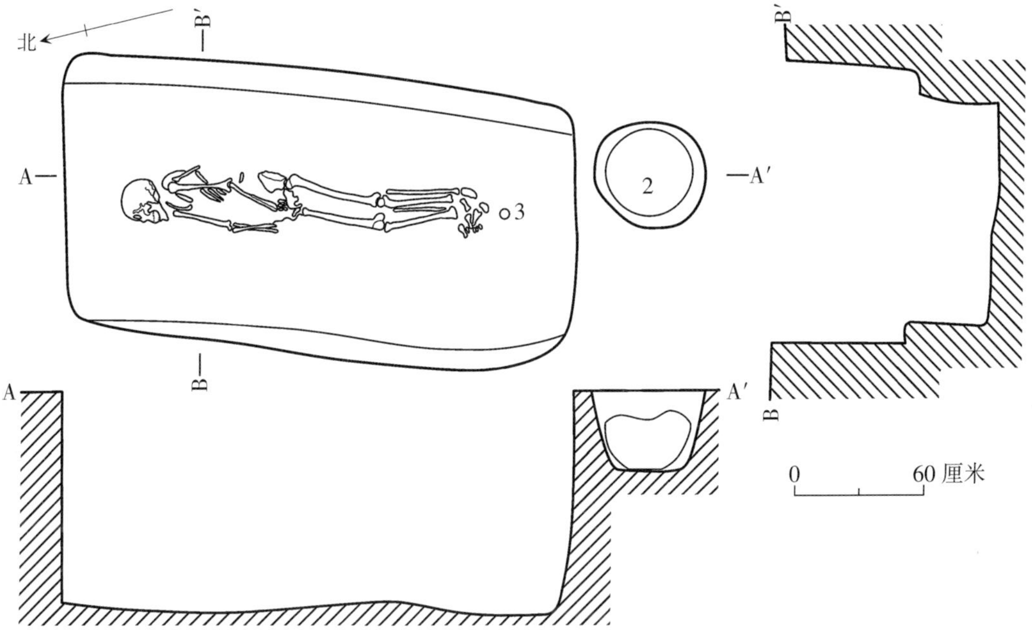

图二三　M5 平、剖面图

1. b 陶钵（朽）　2. 陶罐（口沿及罐底）　3. 陶鬲

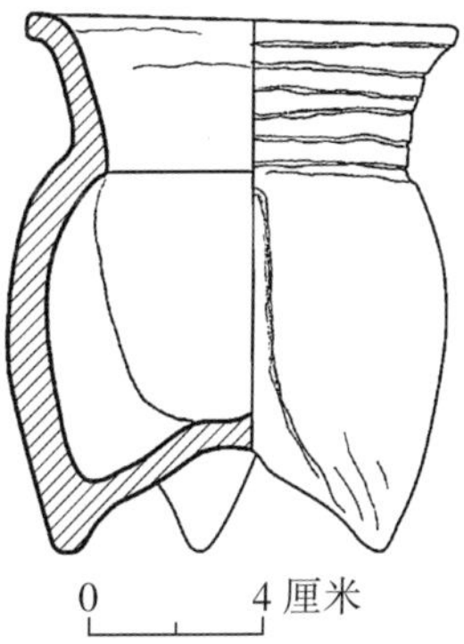

图二四　M5 出土甲类 Aa 型Ⅲ式陶鬲（M5∶3）

甲类 Aa 型Ⅲ式鬲　1 件。M5∶3，夹砂黑褐陶。圆唇，侈口，高斜领较直，展沿，袋状空心足，乳突状粗圆短足尖，小平足跟，裆部呈钝角，领部有五道不规整的凹弦纹，裆缝有明显的凹沟。高 11.5、口径 9.8 厘米（图二四；图版六，1）。

4. 期别

晚期。

M6

1. 墓葬结构

平面呈圆角长方形。墓圹长 2.41、宽 1.00 ~ 1.18、深 0.42 ~ 0.50 米。直壁，坑底高低不平。墓向 44°。

2. 人骨及保存情况

单人葬，疑为女性，成年。人骨保存较差，面向东，侧身直肢葬，右腿压在左腿上。

3. 随葬品及出土位置

在墓主的趾骨西侧出土盂 1 件，东侧出土壶、鬲各 1 件（图二五；图版五，2）。

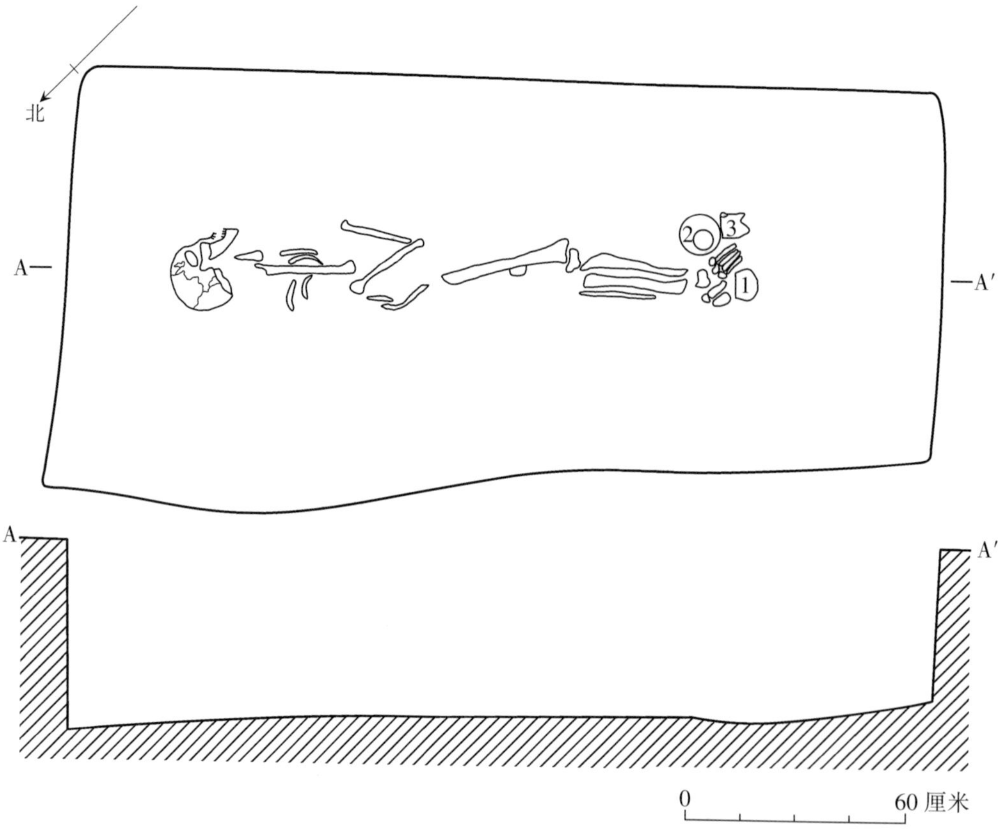

图二五　M6 平、剖面图

1. 陶盂　2. 陶壶　3. 陶鬲

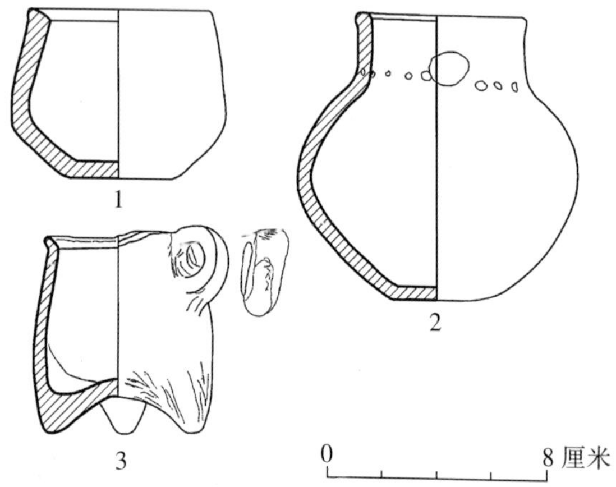

图二六　M6 出土陶盂、小壶、鬲

1. A 型盂（M6：1）　2. B 型小壶（M6：2）
3. 丙类 B 型Ⅱ式鬲（M6：3）

A 型盂　1 件。M6：1，夹砂黑陶。尖唇，敛口，口沿内抹斜，折腹，平底，素面。高 5.8、口径 6.5、底径 3.7 厘米（图二六，1；图版六，2）。

B 型小壶　1 件。M6：2，夹砂红陶。圆唇，直领，口沿内抹斜，鼓腹，平底，颈肩交接处上方饰有三个乳丁状瘤，乳丁状瘤之间分布着五至八个戳印凹坑，器表施红陶衣。高 9.8、口径 6.2、底径 4.2、最大腹径 10.1 厘米（图二六，2；图版六，3）。

丙类B型Ⅱ式鬲　1件。M6∶3，夹砂黑褐陶。尖圆唇，筒腹，空心足稍外撇，裆部呈钝角，小平足跟。高7、口径5.2厘米（图二六，3；图版六，4）。

4. 期别

晚期。

M7

1. 墓葬结构

平面呈圆角长方形。墓圹长2.00、宽0.84～0.94、深0.30～0.42米。墓向65°。

2. 人骨及保存情况

单人葬，疑为女性，15～20岁。人骨保存较差，面向东，侧身直肢葬，右腿压在左腿上（图二七）。

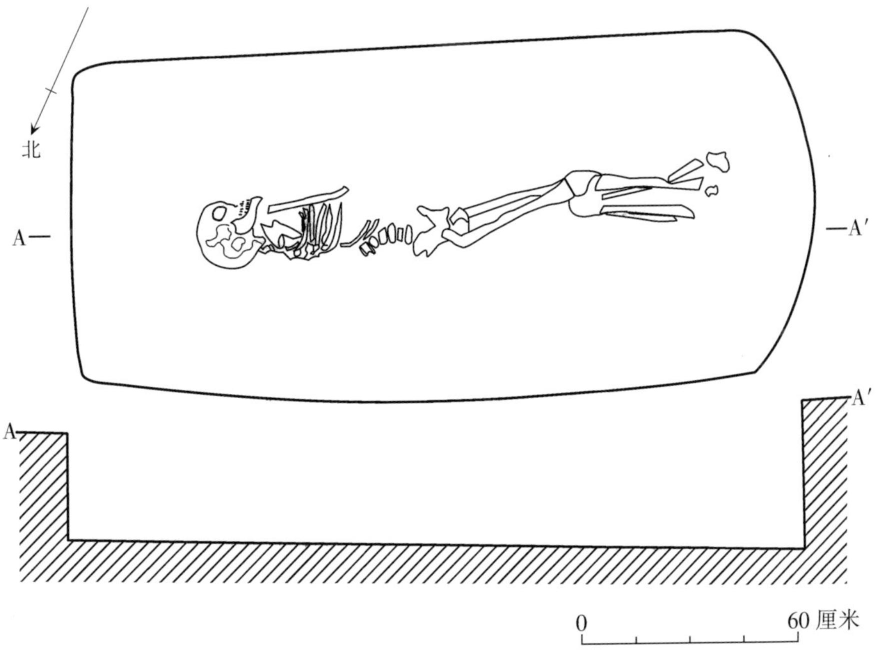

图二七　M7平、剖面图

3. 随葬品及出土位置

未出土遗物。

4. 期别

不明。

M8

1. 墓葬结构

平面呈圆角长方形。墓圹长2.10、宽1.00～1.10、深1.30～1.42米。墓向62°。

2. 人骨及保存情况

单人葬，为15～20岁女性。人骨保存较好，面向东，仰身直肢葬。

3. 随葬品及出土位置

在墓坑南部外侧紧贴墓壁有一近圆形的器物坑。器物坑直径0.38、深0.35米。出土钵、壶各1件，钵覆扣壶上；墓主的股骨之间出土罐1件；肋骨中间及下颌骨位置各出铜镞1枚（图二八；图版七，1）。

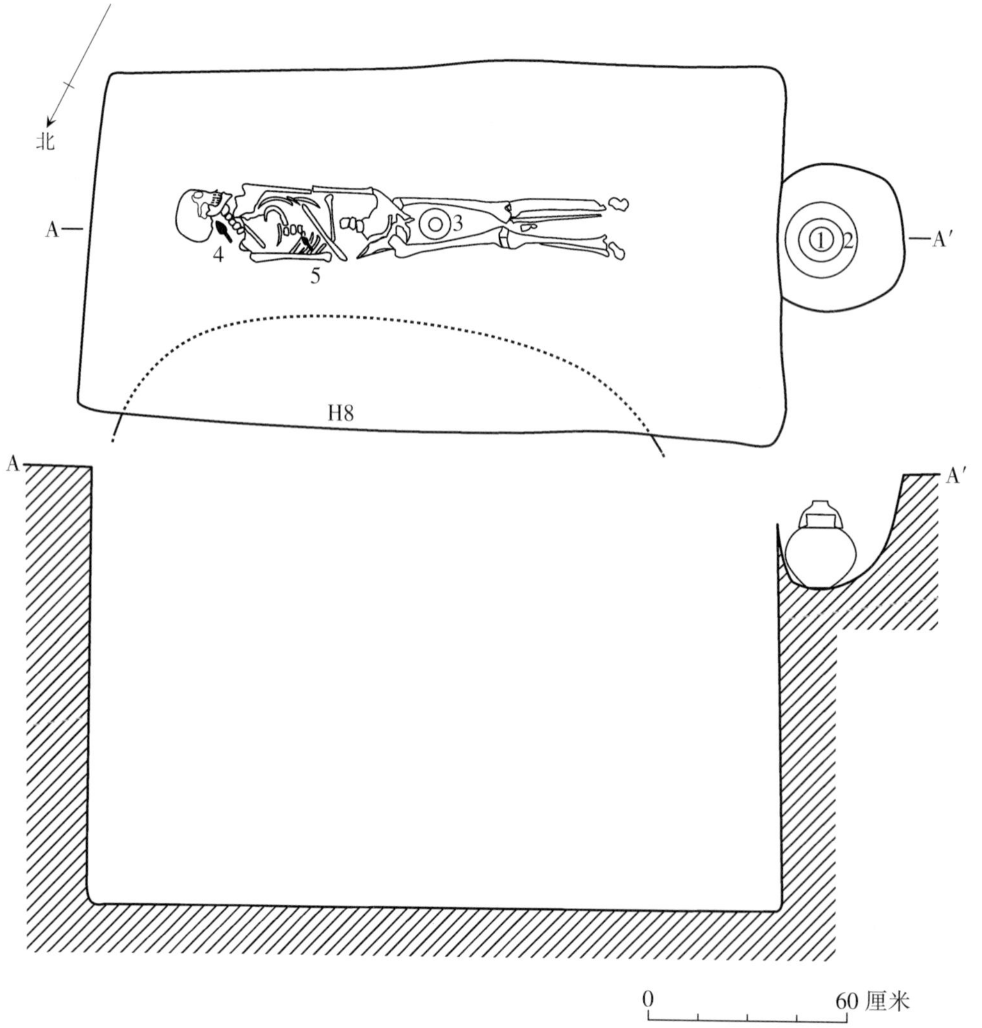

图二八　M8平、剖面图

1. 陶钵　2. 陶壶　3. 陶罐　4、5. 铜镞

A 型钵　1 件。M8∶1，夹细砂黑褐陶。尖圆唇，敞口，缓折腹，高台底类圈足，底部中央留有凸瘤，通体抹光。高 8.3、口径 13.9、底径 4.7 厘米（图二九，1；图版七，2）。

B 型Ⅲ式壶　1 件。M8∶2，夹砂灰褐陶。圆唇，高直领，球腹，平底，腹上部均匀贴附三个桥状竖耳。高 25.6、口径 10.3、底径 8、腹径 25.2 厘米（图二九，2；图版七，3）。

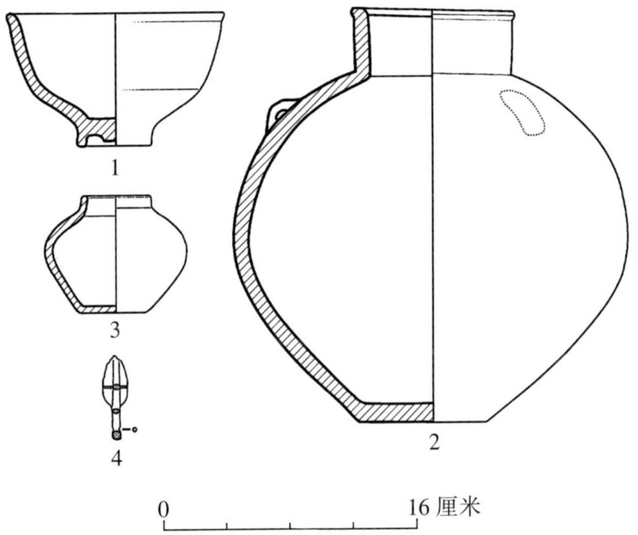

图二九　M8 出土陶钵、壶、小罐，铜镞

1. A 型陶钵（M8∶1）　2. B 型Ⅲ式陶壶（M8∶2）　3. A 型陶小罐（M8∶3）　4. 铜镞（M8∶4）

A 型小罐　1 件。M8∶3，夹砂灰褐陶。圆唇，敛口，端肩，鼓腹，通体抹光。高 7.3、口径 4.4、底径 4.1、最大腹径 9.1 厘米（图二九，3；图版七，4）。

铜镞　2 件，形制相同。桂叶状，圆铤，铤近底部有一个圆孔。M8∶4，长 5.2、铤直径 0.5 厘米（图二九，4；图版七，5）。M8∶5，长 5.3、铤直径 0.5 厘米（图版七，5）。

4. 期别

晚期。

M9

1. 墓葬结构

平面呈圆角长方形。墓圹长 2.54、宽 1.12 ~ 1.26、深 1.20 米。墓向 35°。

2. 人骨及保存情况

单人葬，为 17 ~ 20 岁男性。人骨保存较好，面向西，俯身直肢葬，左小腿压在右小腿上。

3. 随葬品及出土位置

在墓坑南部外侧紧贴墓壁有一近圆形的器物坑。器物坑直径 0.45、深 0.29 米。出土钵、罐各 1 件，钵覆扣罐上；墓主的趾骨北侧出土鬲 1 件（图三〇；图版八，1）。

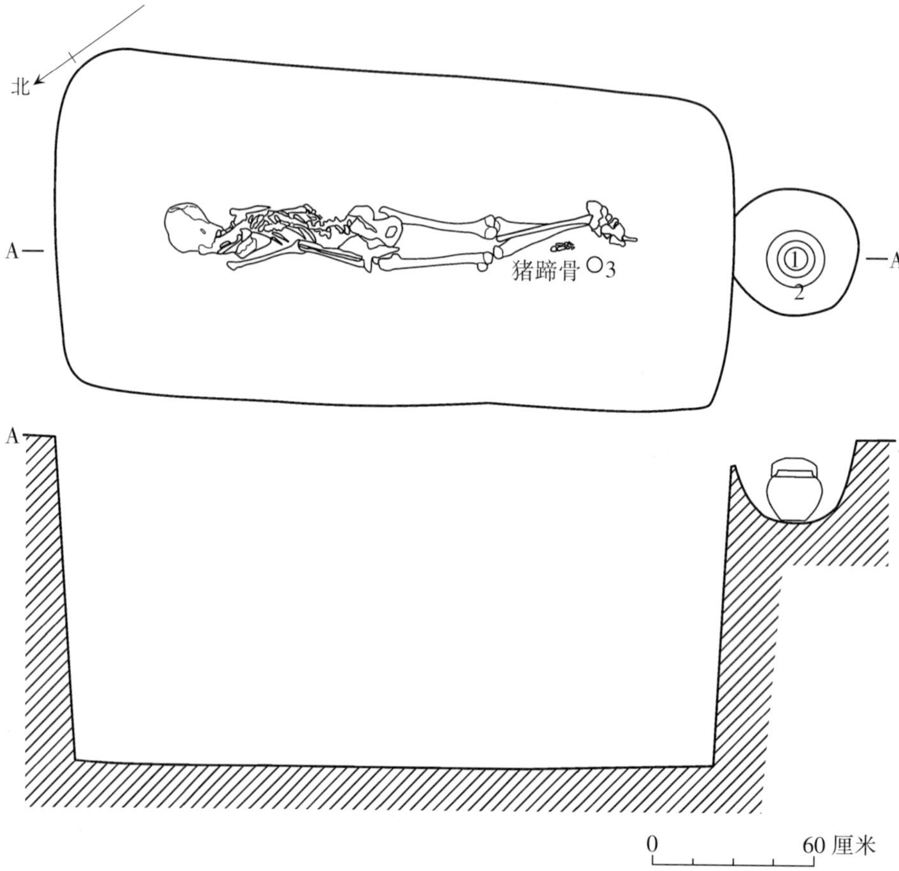

图三〇 M9 平、剖面图

1. 陶钵 2. 陶罐 3. 陶鬲

D 型钵 1 件。M9∶1，夹细砂红陶。尖唇，微敛口，口沿内抹斜，折腹，平底，器表及内壁均施红陶衣。高 5.3、口径 13.9、底径 6.3 厘米（图三一，1；图版八，2）。

E 型Ⅱ式罐 1 件。M9∶2，夹细砂红褐陶。方唇，直口，端肩，鼓腹，腹最大径稍偏上，平底。高 16.1、口径 9.4、底径 7.7、腹径 17.5 厘米（图三一，2；图版八，3）。

甲类 B 型Ⅱ式鬲 1 件。M9∶3，泥质陶。尖圆唇，口沿微外展，锥状空心足较直，

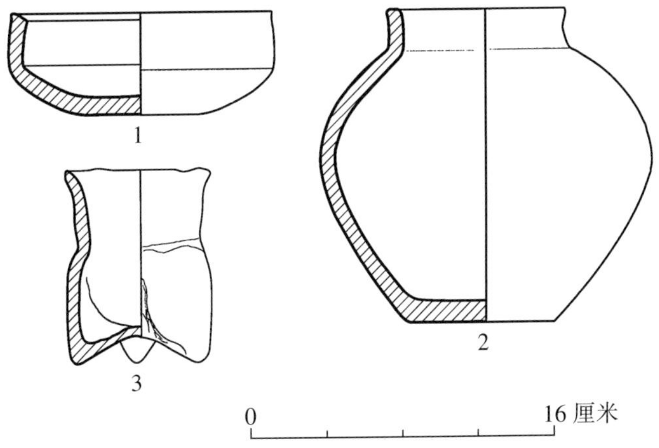

图三一　M9 出土陶钵、罐、鬲

1. D 型钵（M9:1）　2. E 型Ⅱ式罐（M9:2）　3. 甲类 B 型Ⅱ式鬲（M9:3）

小平足跟，裆部呈钝角，外施黑陶衣。高 9. 9、口径 7. 8 厘米（图三一，3；图版八，4）。

4. 殉牲情况

在墓主右腿腓骨外侧随葬猪蹄 1 个。

5. 期别

中期。

M10

1. 墓葬结构

平面呈圆角长方形。墓圹长 2. 32、宽 0. 76 ~ 1. 04、深 0. 32 米。墓向 74°。

2. 人骨及保存情况

单人葬，为 3 岁左右儿童。人骨严重朽烂，面向西，直肢葬（图三二）。

3. 随葬品及出土位置

未出土遗物。

4. 期别

不明。

M11

1. 墓葬结构

平面呈圆角长方形。墓圹长 2. 10、宽 1. 10、深 0. 50 米。墓向 11°。

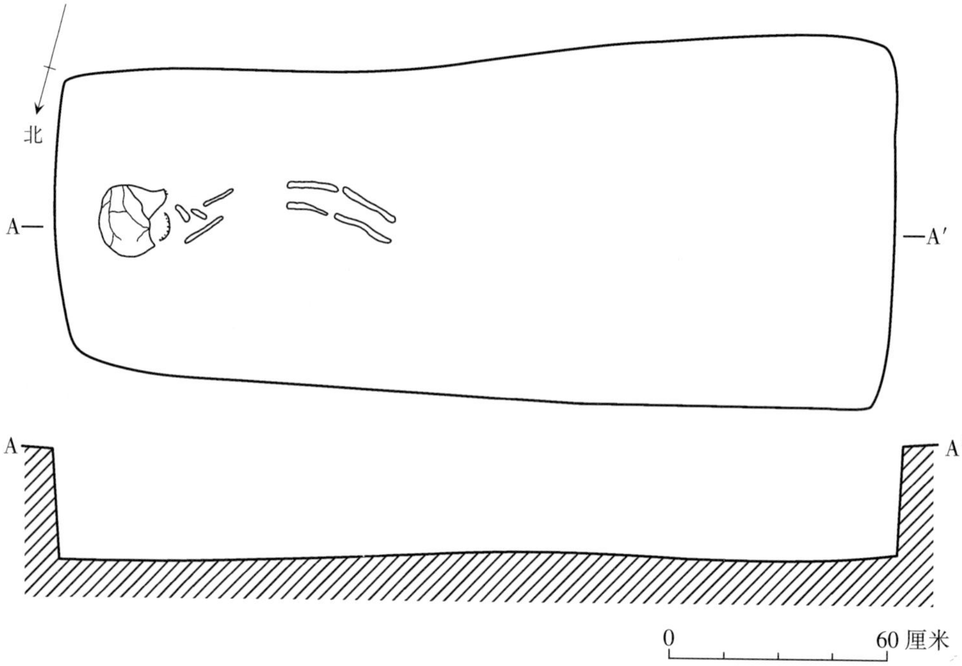

图三二 M10平、剖面图

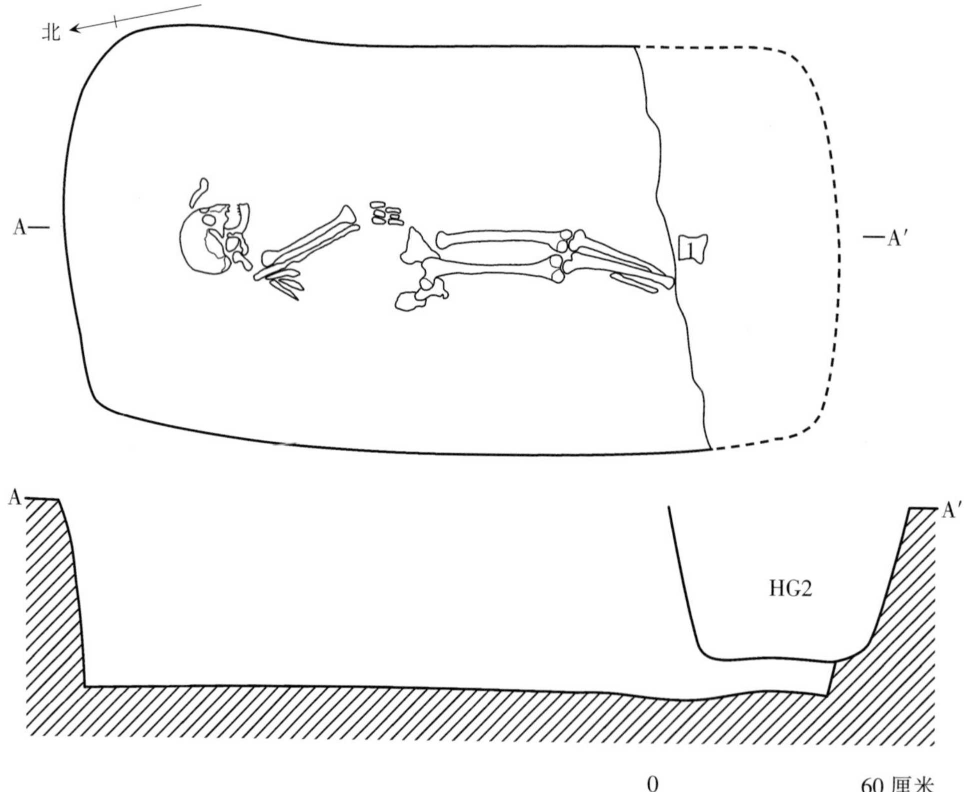

图三三 M11平、剖面图

1. 鬲（残）

2. 人骨及保存情况

单人葬，为45岁左右女性。人骨保存较差，面向东，侧身直肢葬，右小腿压在左小腿上。

3. 随葬品及出土位置

墓主的踝骨东侧出土残鬲1件（图三三；图版九，1）。

丙类A型Ⅰ式鬲　1件。M11∶1，泥质陶。口部残，腹壁较直呈筒状，矮窄裆，裆部呈钝角，小平足跟，通体抹光，外施黑陶衣。存高8厘米（图三四；图版一〇，1）。

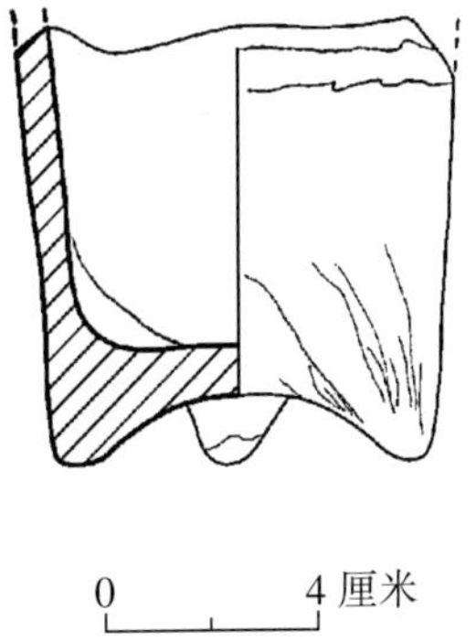

图三四　M11出土丙类A型Ⅰ式陶鬲（M11∶1）

4. 期别

中期。

M12

1. 墓葬结构

平面近圆角长方形。墓圹长2.60、宽0.96～1.04、深1.20米。墓向38°。

2. 人骨及保存情况

单人葬，疑为女性，成年。人骨保存较差，面向东，仰身直肢葬。

3. 随葬品及出土位置

填土为灰褐土，土质坚硬，无其他包含物。墓主的趾骨下东南侧出土鬲1件（图三五；图版九，2）。

甲类B型Ⅱ式鬲　1件。M12∶1，夹细砂褐陶。圆唇，口沿微外展，锥状空心足较直，小平足跟，裆部呈钝角，裆缝处有纵向刮痕，外施黑陶衣。高10.6、口径8.2厘米（图三六；图版一〇，2）。

4. 期别

中期。

M13

1. 墓葬结构

平面呈圆角长方形。墓圹长2.10、宽0.90～0.92、深0.86米。墓向19°。

2. 人骨及保存情况

单人葬，为30～35岁女性。人骨保存较好，面向东，侧身直肢葬。

3. 随葬品及出土位置

在墓坑南部外侧紧贴墓壁有一半圆形的器物坑。器物坑直径0.30、深0.36米。出

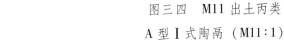

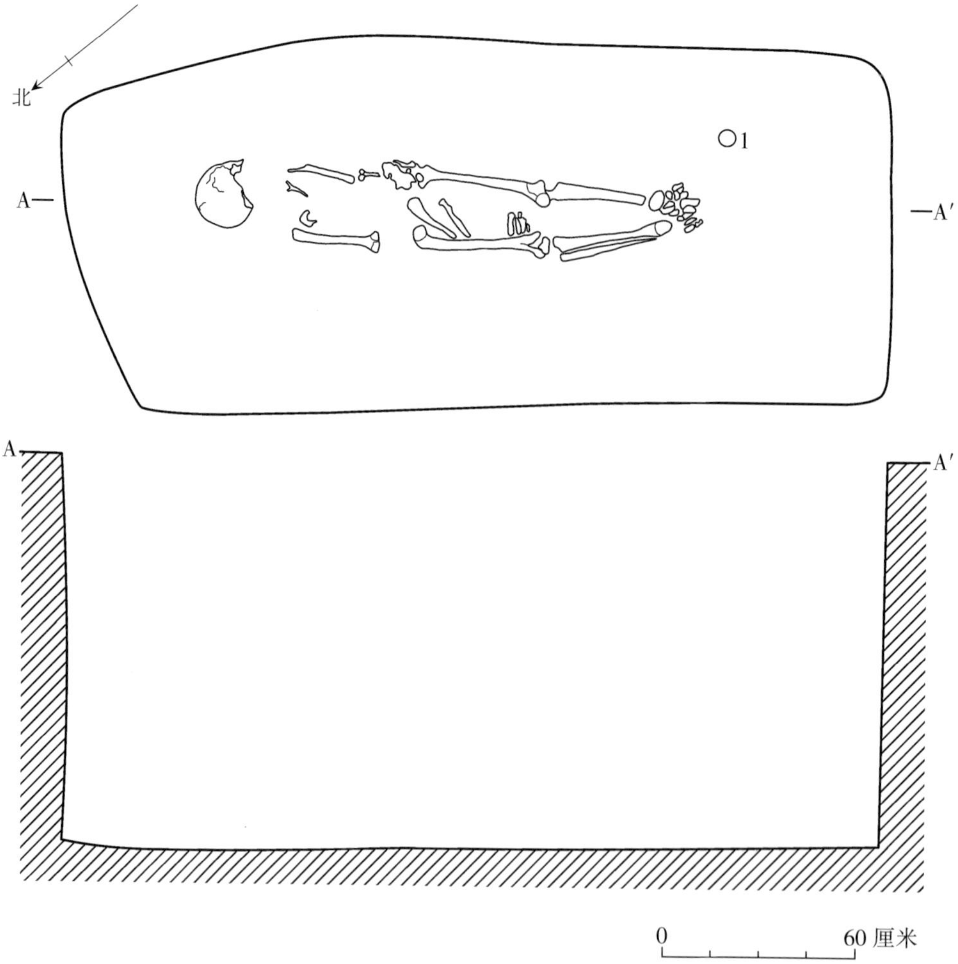

图三五 M12 平、剖面图

1. 陶鬲

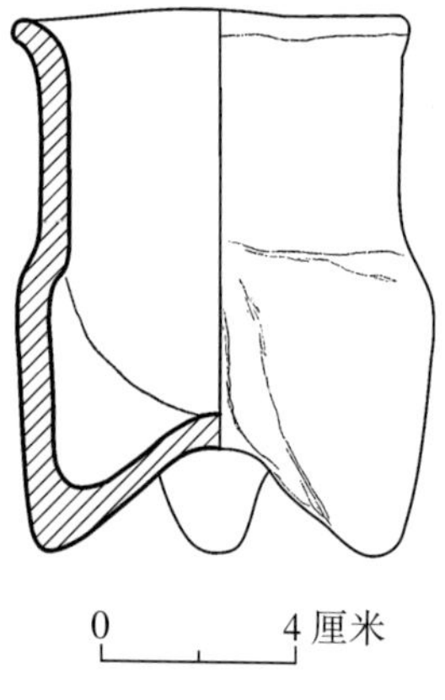

图三六 M12 出土甲类 B 型 Ⅱ式陶鬲（M12∶1）

土钵、罐各1件，钵覆扣罐上（图三七）。

D 型钵 1 件。M13∶1，夹砂灰褐陶。圆唇，侈口，口沿内抹斜，微折腹，平底。高 6、口径 12.8、底径 4.8 厘米（图三八，1；图版一〇，3）。

未分型罐 1 件。M13∶2，夹砂红褐陶。方圆唇，底部稍内凹，腹部最大径近中部，腹下部施弦断绳纹。高 19.2、口径 9.6、底径 10、最大腹径 21.9 厘米（图三八，2；图版一〇，4）。

图三七　M13 平、剖面图

1. 陶钵　2. 陶罐

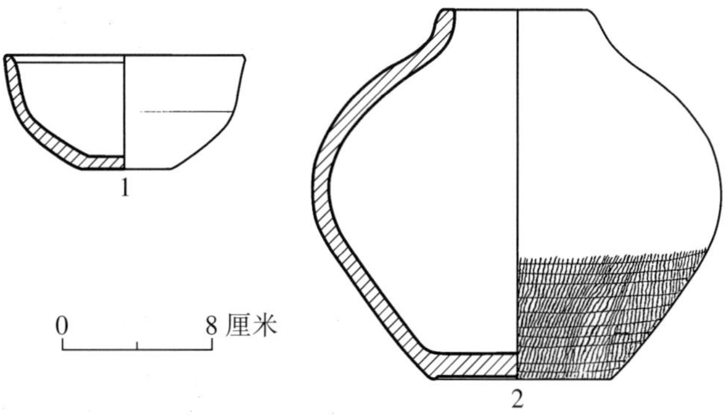

图三八　M13 出土陶钵、罐

1. D 型钵（M13∶1）　2. 未分型罐（M13∶2）

4. 期别

晚期。

M14

1. 墓葬结构

平面长方形。墓圹长 2.30、宽 1.16～1.26、深 0.46 米。墓向 26°。

2. 人骨及保存情况

单人葬，为成年男性。人骨保存较好，面向西，侧身直肢葬（图三九）。

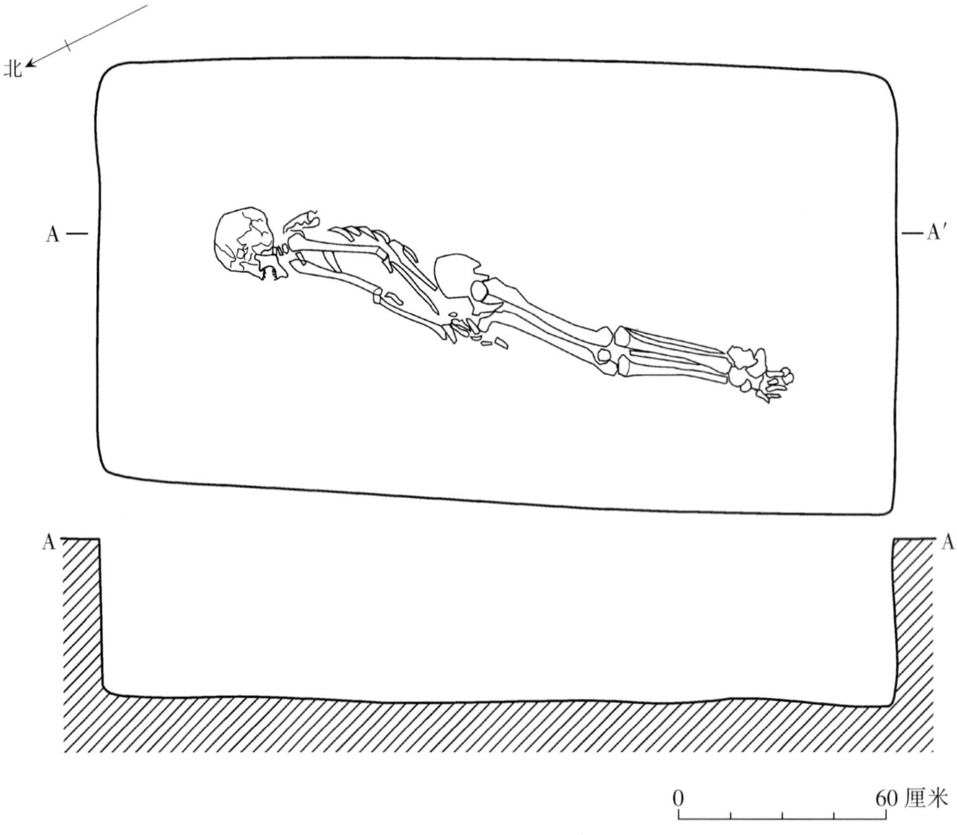

图三九　M14 平、剖面图

3. 随葬品及出土位置

填土为灰土，土质细密、坚硬，无其他包含物。未出土遗物。

4. 期别

不明。

M15

1. 墓葬结构

平面近圆角长方形。墓圹长 2.60、宽 1.08～1.32、深 1.00 米。墓向 26°。

2. 人骨及保存情况

单人葬，疑为男性，30 岁左右。人骨保存较差，面向西，侧身直肢葬。

3. 随葬品及出土位置

在墓坑南部外侧紧贴墓壁有一半椭圆形的器物坑。器物坑斜壁圜底，东西长 0.46、南北宽 0.24、深 0.30 米。出土钵、壶各 1 件，钵覆扣壶上；墓坑底墓主趾骨下出土鬲 1 件（图四〇；图版一一，1）。

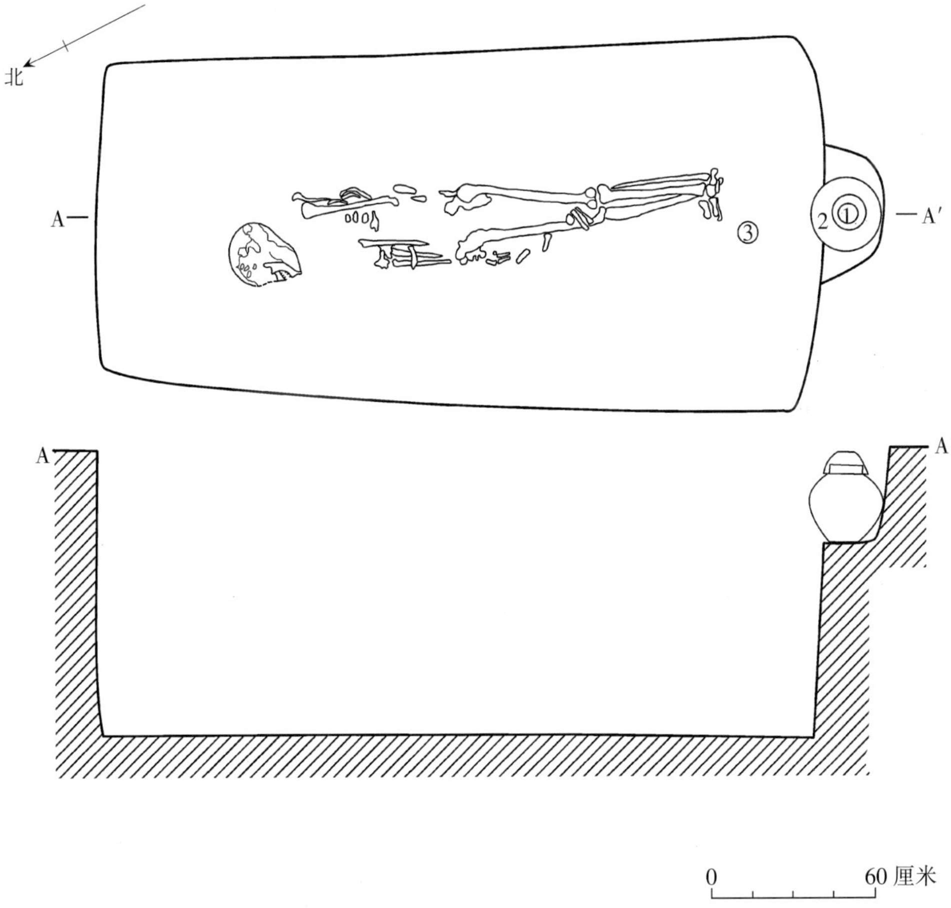

图四〇　M15 平、剖面图

1. 陶钵　2. 陶壶　3. 陶鬲

B 型钵　1 件。M15∶1，夹砂红褐陶，尖唇，敞口，斜直腹，圈足（残），由于烧制火候不均，器表局部有发黑现象。存高 6.4、口径 13.3 厘米（图四一，1；图版一〇，5）。

A 型Ⅱ式壶　1 件。M15∶2，夹细砂红陶。尖圆唇，直领，端肩，口沿内抹斜，弧腹，底稍内凹，器壁施红陶衣。高 25.3、口径 11.0、底径 8.2 厘米（图四一，2；图版一二，1）。

甲类 B 型Ⅱ式鬲　1 件。M15∶3，泥质陶。圆唇，口沿微外展，锥状空心足较直，小平足跟，裆部为钝角，外施灰陶衣。高 11.4、口径 8.6 厘米（图四一，3；图版一二，2）。

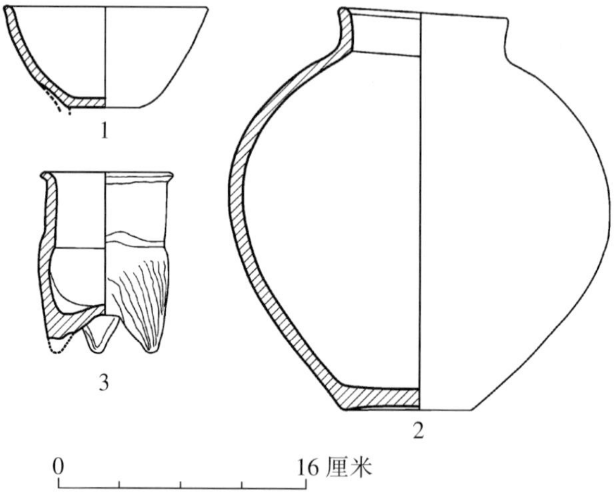

图四一　M15 出土陶钵、壶、鬲

1. B 型陶钵（M15∶1）　2. A 型Ⅱ式陶壶（M15∶2）　3. 甲类 B 型Ⅱ式陶鬲（M15∶3）

4. 期别

中期。

M16

1. 墓葬结构

平面近圆角长方形。墓圹长 2.40、宽 1.03、深 1.10 米。墓向 21°。

2. 人骨及保存情况

单人葬，为 15～20 岁女性。人骨保存较差，面向东，侧身直肢葬。

3. 随葬品及出土位置

在墓坑南壁中部有一方形壁龛，高 0.34、进深 0.20、面宽 0.34 米。出土钵、罐各 1 件，钵覆扣罐上（图四二；图版一一，2）。

D 型钵　1 件。M16∶1，夹砂红褐陶。尖唇，微敛口，口沿内抹斜，折腹，平底。

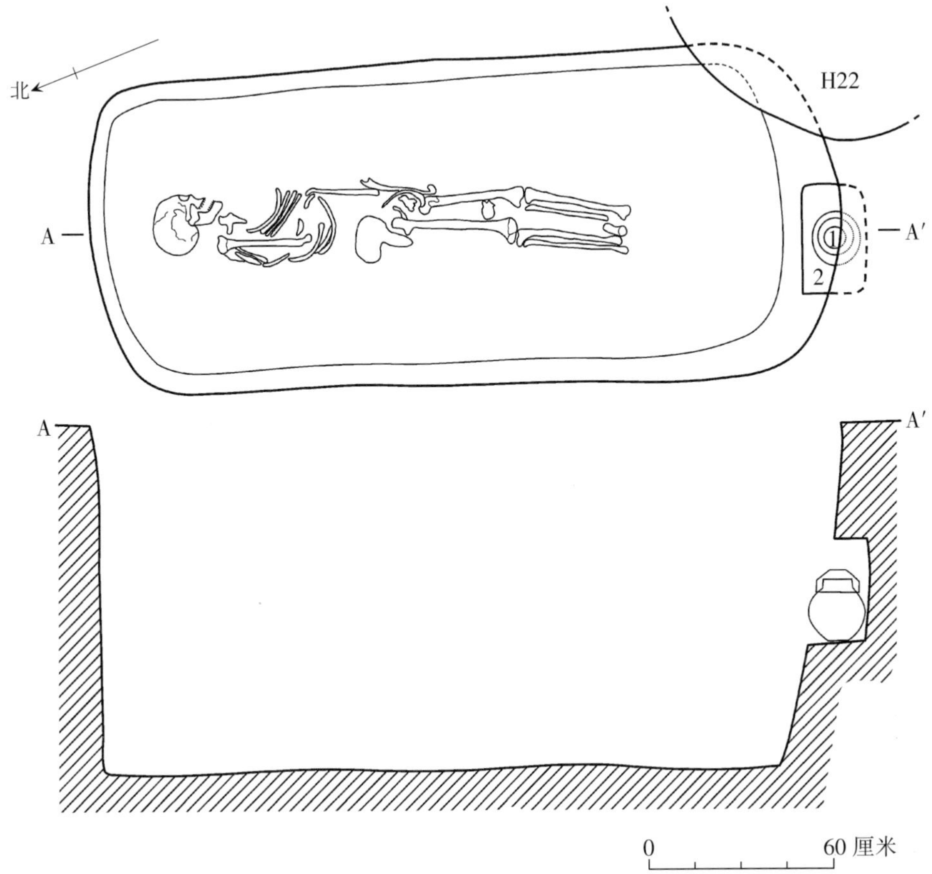

图四二　M16 平、剖面图
1. 陶钵　2. 陶罐

高 7.1、口径 14.6、底径 5.0 厘米（图四三，1；图版一二，3）。

B 型罐　1 件。M16∶2，夹细砂红陶。圆唇，直口，端肩，鼓腹，腹最大径稍偏上，平底，器表施红陶衣。高 19.6、口径 9.1、底径 7.2、最大腹径 18.5 厘米（图四三，2；图版一二，4）。

4. 期别

中期。

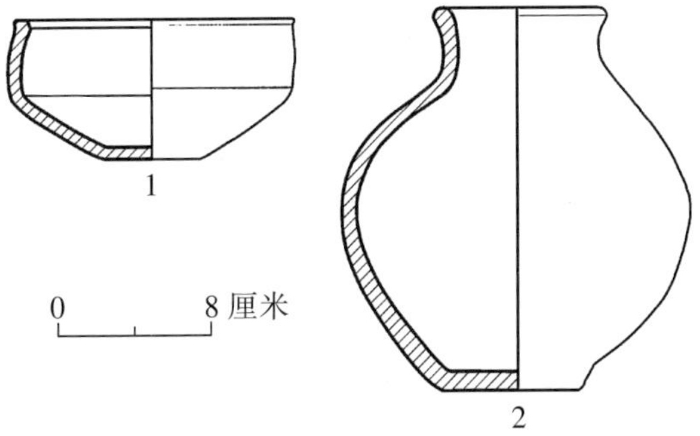

图四三　M16 出土陶钵、罐
1. D 型钵（M16∶1）　2. B 型罐（M16∶2）

M17

1. 墓葬结构

平面近圆角长方形。墓圹长2.58、宽0.98～1.10、深1.15米。墓向33°。

2. 人骨及保存情况

单人葬，为30～35岁女性。人骨保存较好，面向东，仰身直肢葬。

3. 随葬品及出土位置

在墓坑南部外侧紧贴墓壁有一半圆形的器物坑。器物坑直径0.24、深0.20米。出土钵、罐各1件，钵覆扣罐上（图四四；图版一三，1）。

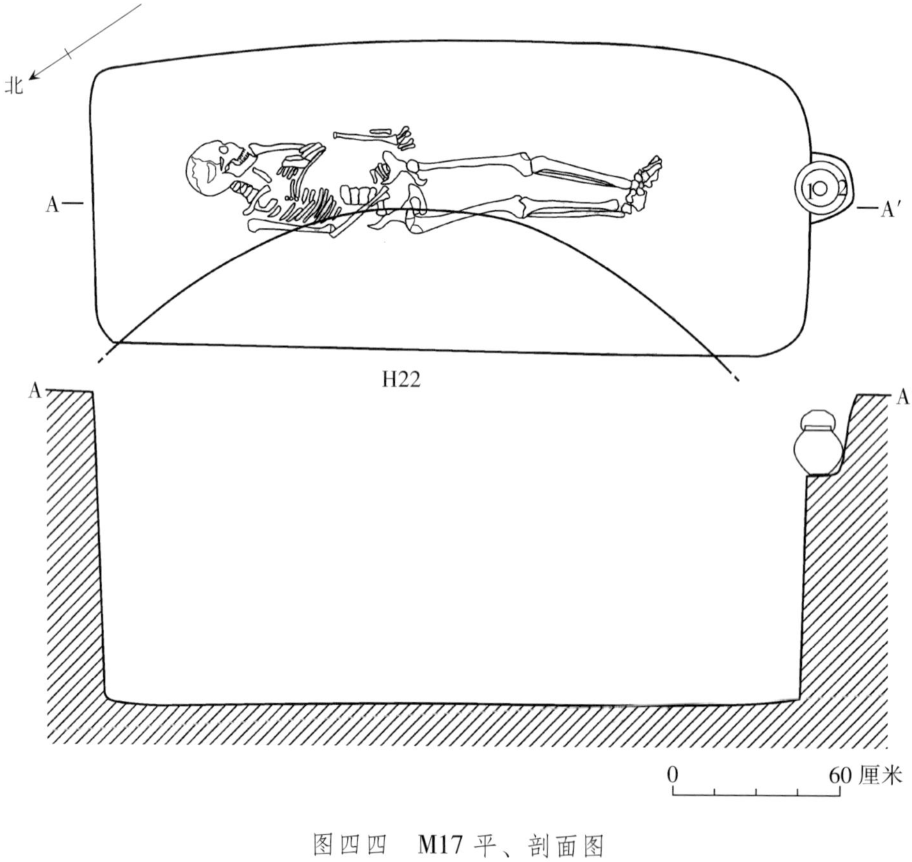

图四四 M17平、剖面图

1. 陶钵 2. 陶罐

C型钵 1件。M17∶1，夹细砂红褐陶。圆唇，敞口，弧腹，平底，口沿外饰一周不规整的凹弦纹，器表施红陶衣。高6.5、口径12.4、底径4.4厘米（图四五，1；图版一四，1）。

Ca型Ⅰ式罐 1件。M17∶2，夹砂灰陶。圆唇，侈口，溜肩，球腹，腹部最大径稍偏下，平底。高 16.5、口径 10.9、底径 7.2、最大腹径 17.2 厘米（图四五，2；图版一四，2）。

4. 期别

早期。

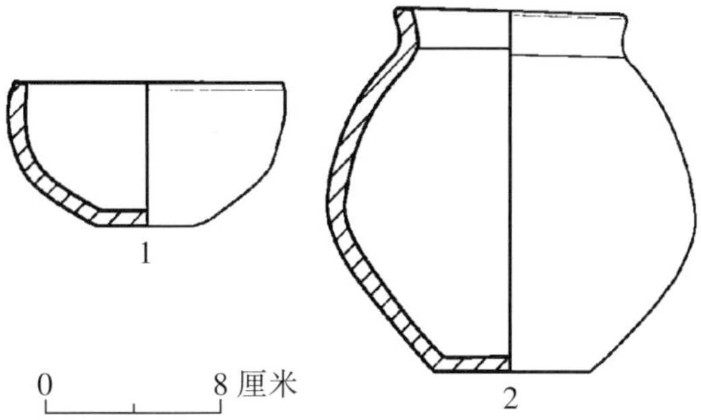

图四五　M17 出土陶钵、罐

1. C 型钵（M17∶1）　2. Ca 型Ⅰ式罐（M17∶2）

M18

1. 墓葬结构

平面近圆角长方形。墓圹长 1.80、宽 1.00～1.10、深 0.40 米。墓向 21°。

2. 人骨及保存情况

单人葬，为 4 岁左右幼儿。人骨保存较差，面向不详，仰身直肢葬。

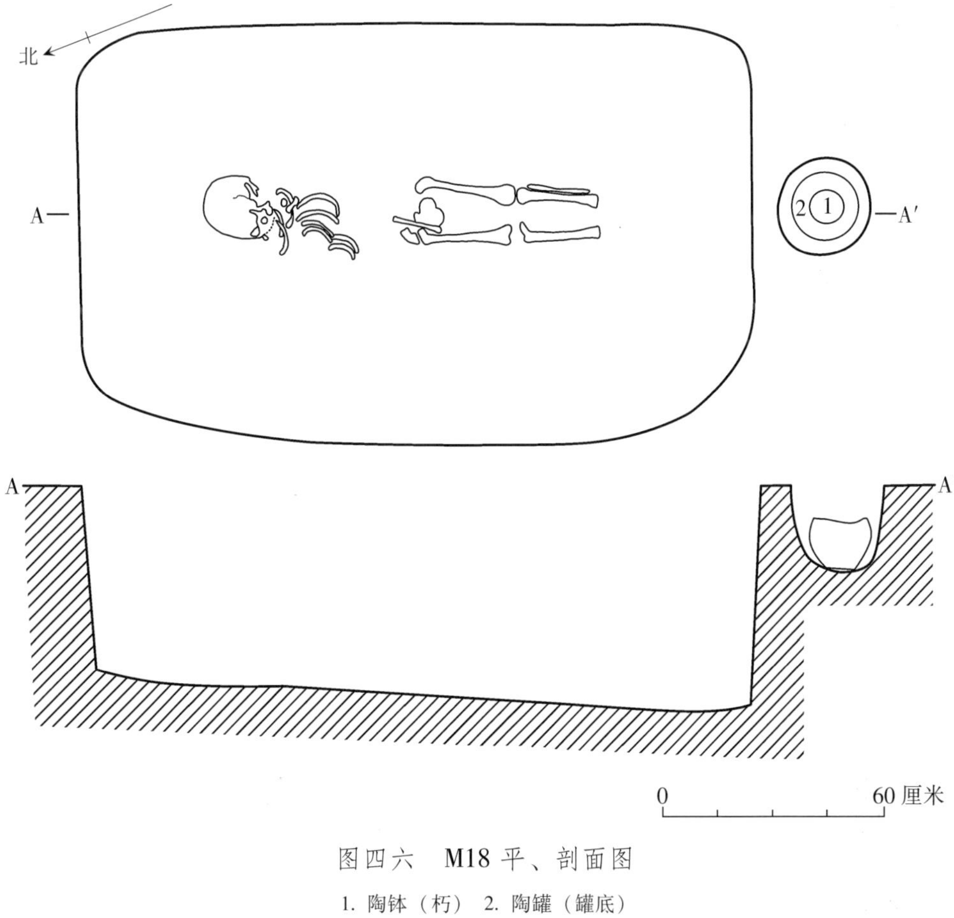

图四六　M18 平、剖面图

1. 陶钵（朽）　2. 陶罐（罐底）

3. 随葬品及出土位置

在墓坑南部外侧有一圆形器物坑。器物坑直径0.26、深0.22米。其内出土陶器2件，均为夹细砂红褐陶，钵覆扣罐上（图四六）。

钵 1件。M18∶1，朽。

罐 1件。M18∶2，朽。

4. 期别

不明。

M19

1. 墓葬结构

平面近圆角梯形。墓圹长2.40、宽1.00～1.27、深0.70米。墓向9°。

2. 人骨及保存情况

单人葬，疑为男性，20岁左右。人骨保存较差，面向东，仰身直肢葬（图四七）。

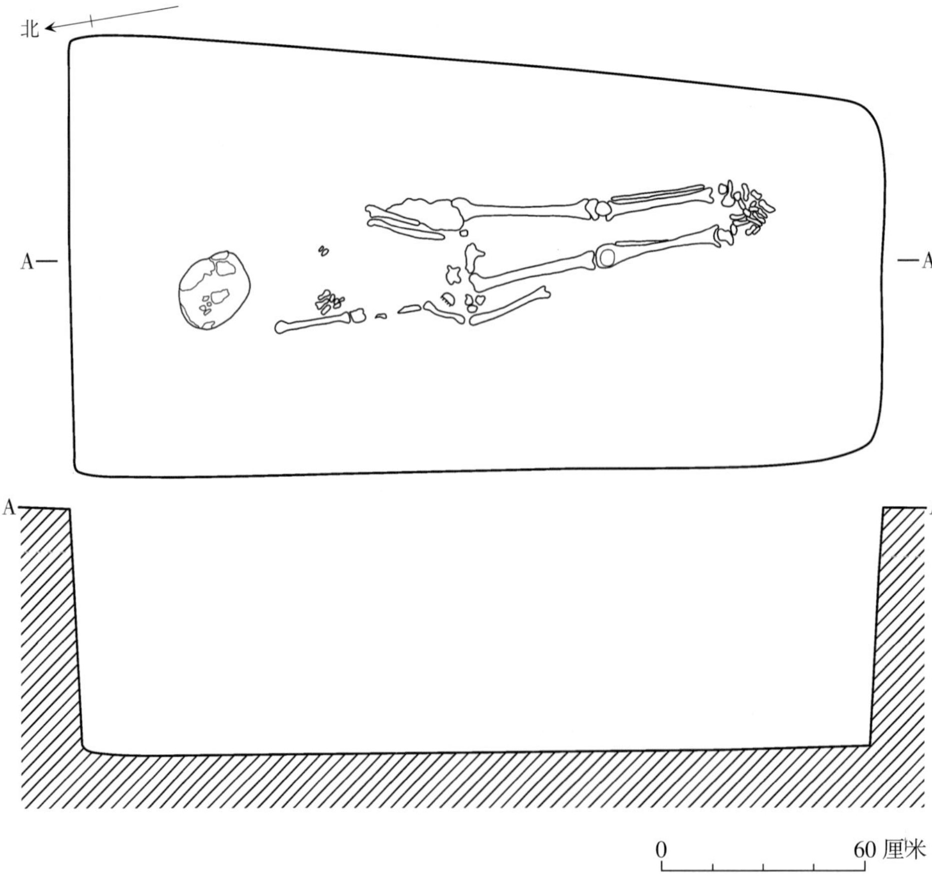

图四七 M19平、剖面图

3. 随葬品及出土位置

未出土遗物。

4. 期别

不明。

M20

1. 墓葬结构

平面近圆角长方形。墓圹长 2.20、宽 0.96～1.00、深 0.70 米。墓向 11°。

2. 人骨及保存情况

单人葬，为 35～40 岁男性。人骨保存较好，面向上，仰身直肢葬。

3. 随葬品及出土位置

墓主小腿骨之间出土陶钵 1 件，右小腿外侧出土陶鬲 1 件，头骨的左侧出土铜环 1 件（图四八；图版一三，2）。

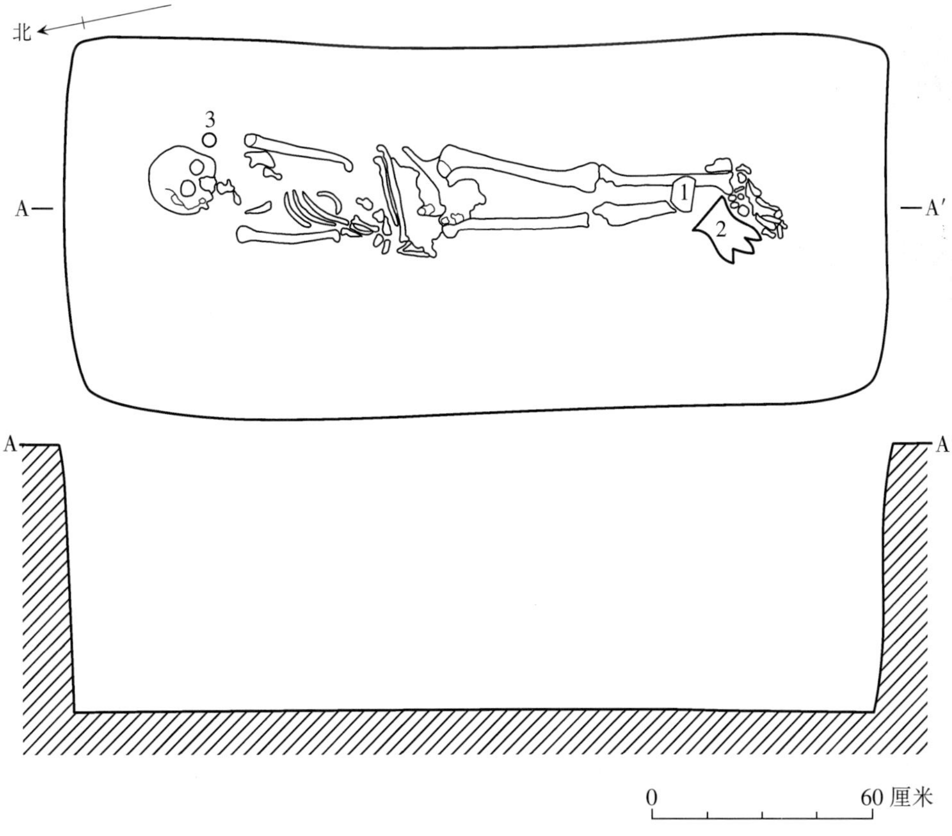

图四八　M20 平、剖面图

1. 陶钵　2. 陶鬲　3. 铜环

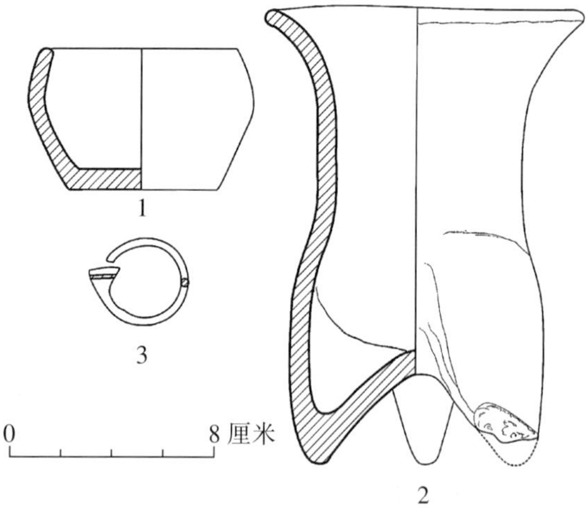

图四九 M20出土陶小钵、鬲，铜环

1. A型陶小钵（M20∶1） 2. 乙类A型Ⅰ式鬲（M20∶2） 3. 铜环（M20∶3）

A型小钵 1件。M20∶1，夹砂红陶。半球状，敛口，圆唇，腹部微折，平底。高5.3、口径7.6、底径5.8厘米（图四九，1；图版一四，4）。

乙类A型Ⅰ式鬲 1件。M20∶2，泥质陶。圆唇，侈口，展沿，筒腹与袋足连成一体，小平足跟，裆部呈锐角，足部绳纹抹平，其他部位抹光，外施黑陶衣。高17.2、口径12.4厘米（图四九，2；图版一四，3）。

铜环 1件。M20∶3，系用一段铜丝弯曲呈环形，铜丝的一端呈扁三角形。环直径3.2～3.4、铜丝直径0.3厘米（图四九，3；图版一四，5）。

4. 期别

早期。

M21

1. 墓葬结构

平面近圆角长方形。除北壁为斜直壁外其他均为直壁。墓圹长2.60、宽1.10～1.12、深1.30米。墓向21°。

2. 人骨及保存情况

单人葬，为30～35岁男性。人骨保存较差，面向西，侧身直肢葬。

3. 随葬品及出土位置

在墓坑南部外侧有一圆形器物坑。器物坑弧壁，平底，直径0.52、深0.51米，其内出土钵、壶各1件，钵覆扣壶上；墓坑底右小腿外侧出土钵、壶、鬲各1件，钵覆扣壶上（图五〇；图版一五，1）。

D型钵 1件。M21∶1，夹细砂红陶。尖唇，敛口，口沿内抹斜，缓折腹，平底，器表施红陶衣。高7.5、口径13.3、底径5.7厘米（图五一，1；图版一六，1）。

A型Ⅱ式壶 1件。M21∶2，夹细砂红陶。尖圆唇，敛口，口沿内抹斜，直领，端肩，鼓腹，平底，腹部最大径稍偏上，器表施红陶衣。高27.7、口径11.5、底径9.9、最大腹径29厘米（图五一，2；图版一六，3）。

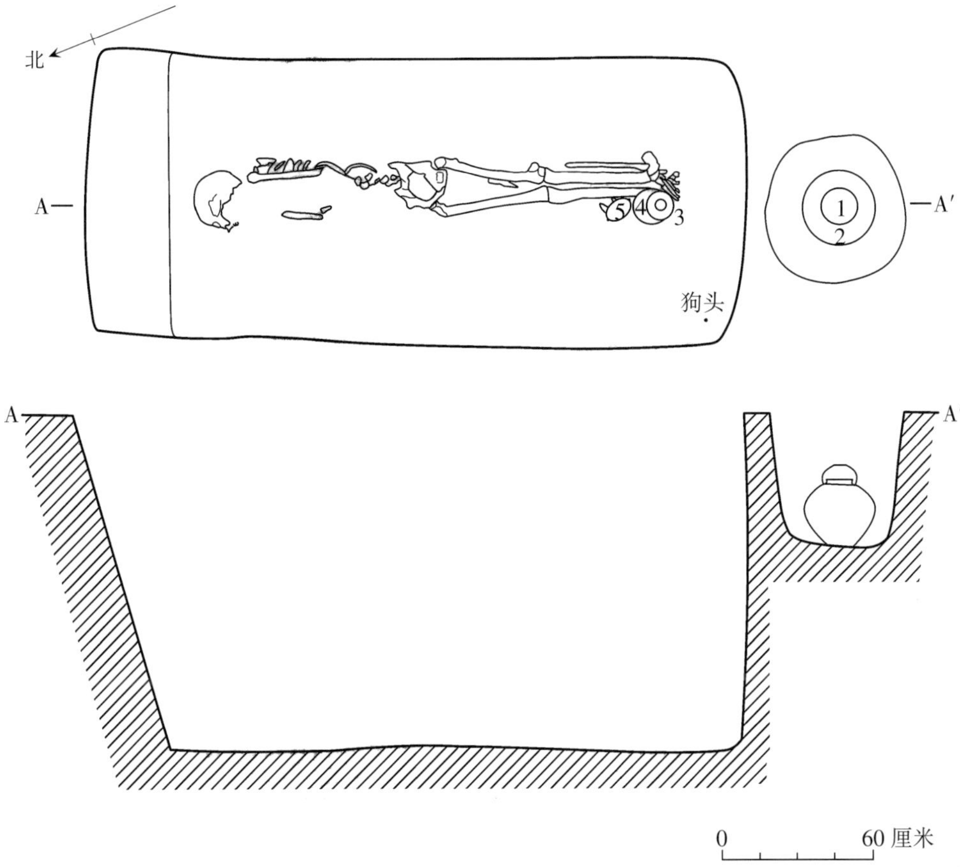

图五〇　M21 平、剖面图

1、3. 陶钵　2、4. 陶壶　5. 陶鬲

B 型小钵　1 件。M21∶3，夹细砂灰褐陶。尖唇，微敛口，口沿内抹斜，微折腹较浅，平底。高 6、口径 9.7、底径 4.1 厘米（图五一，3；图版一六，2）。

A 型小壶　1 件。M21∶4，夹细砂红陶。圆唇，侈口，矮领，球腹，平底，器表施红陶衣。高 12.1、口径 7.7、底径 5.4 厘米（图五一，4；图版一六，4）。

丙类 A 型 Ⅰ 式鬲　1 件。M21∶5，泥质陶。圆唇，侈口，腹壁较直呈筒状，矮窄裆，裆部呈钝角，小平足跟，口沿外有二个瘤纽，口沿以下通体有刀削痕，然后抹光，外施黑陶衣。高 11.1、口径 9.1 厘米（图五一，5；图版一七，1）。

4. 殉牲情况

西南角距墓口 1.1 米处出土狗头骨 1 个。

5. 期别

中期。

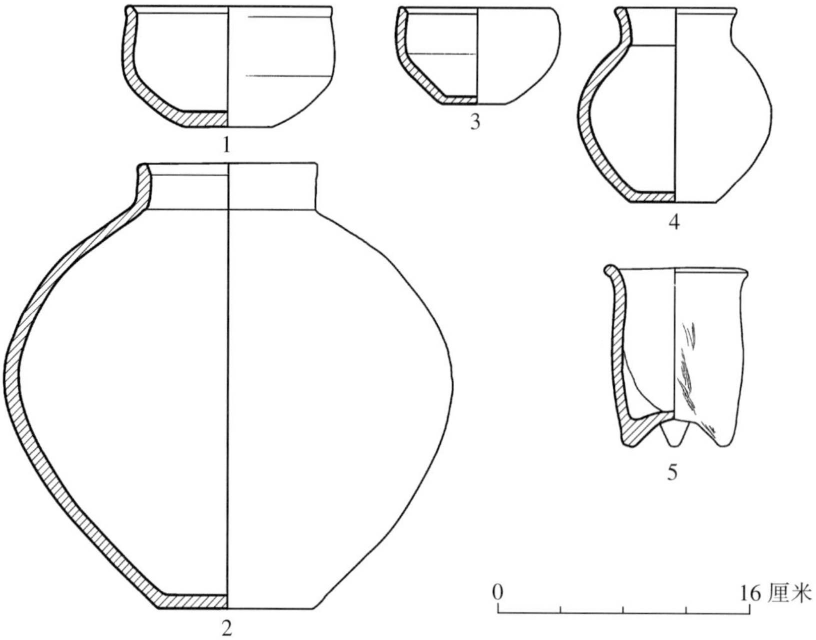

图五一　M21出土陶钵、壶、小钵、鬲

1. D型钵（M21∶1）　2. A型Ⅱ式壶（M21∶2）　3. B型小钵（M21∶3）
4. A型小壶（M21∶4）　5. 丙类A型Ⅰ式鬲（M21∶5）

M22

1. 墓葬结构

平面近圆角长方形。墓圹长2.30、宽1.00、深0.68米。墓向10°。

2. 人骨及保存情况

单人葬，疑为女性，40～45岁。人骨保存较差，面向上，仰身直肢葬。

3. 随葬品及出土位置

在墓坑西南角外侧紧贴墓壁有一半圆形器物坑。器物坑弧壁，圜底，直径0.60、深0.40米。坑内出土钵、壶、盂各1件，鬲2件；其中钵覆扣壶上，盂放在鬲内；墓坑底墓主左臂外侧出土蚌刀1件（图五二；图版一五，2）。

D型钵　1件。M22∶1，夹细砂红陶。尖圆唇，敛口，口沿内抹斜，缓折腹，底稍内凹，器表施红陶衣。高6.5、口径12.5、底径3.4厘米（图五三，1；图版一七，2）。

A型Ⅱ式壶　1件。M22∶2，夹细砂红陶。圆唇，直领，口沿内抹斜，端肩，鼓腹，腹部最大径偏上，平底，器表施红陶衣。高25.3、口径11.0、底径9.2、最大腹径26.4厘米（图五三，2；图版一七，3）。

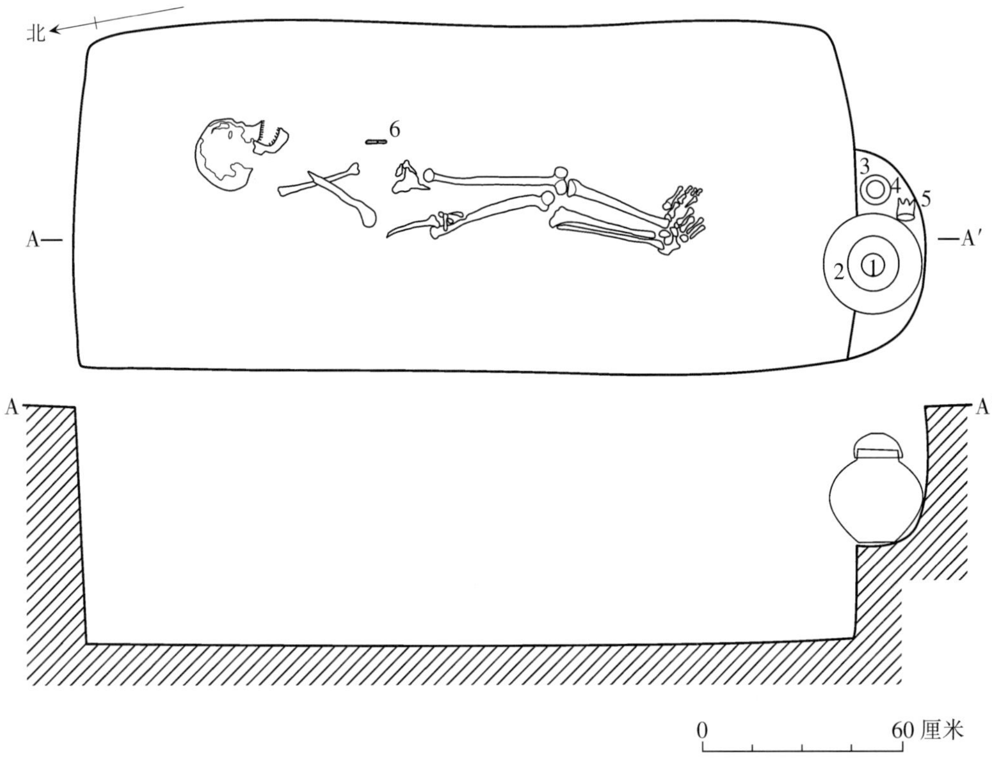

图五二　M22 平、剖面图

1. 陶钵　2. 陶壶　3. 陶盂　4、5. 陶鬲　6. 蚌壳坠饰

B 型盂　1 件。M22∶3，夹细砂灰褐陶。圆唇，敛口，弧腹，平底。高 6.2、口径 5.5、底径 3.4 厘米（图五三，3；图版一七，4）。

甲类 B 型Ⅱ式鬲　1 件。M22∶4，夹细砂黑陶。圆唇，口沿微外展，锥状空心足较直，小平足跟，裆部呈钝角。高 9.9、口径 8.2 厘米（图五三，4；图版一八，1）。

甲类 Ab 型Ⅱ式鬲　1 件。M22∶5，夹细砂黑陶。斜直口，圆唇，高领，锥状空心足略鼓，小平足跟，裆部呈钝角，平足跟。高 13.4、口径 11.3 厘米（图五三，5；图版一八，2）。

A 型蚌壳坠饰　1 件。M22∶6，磨制。长方体，一端有一个圆孔，长 7.0、宽 1.3、厚 0.2、孔径 0.4 厘米（图五三，6；图版一七，5）。

4. 期别

中期。

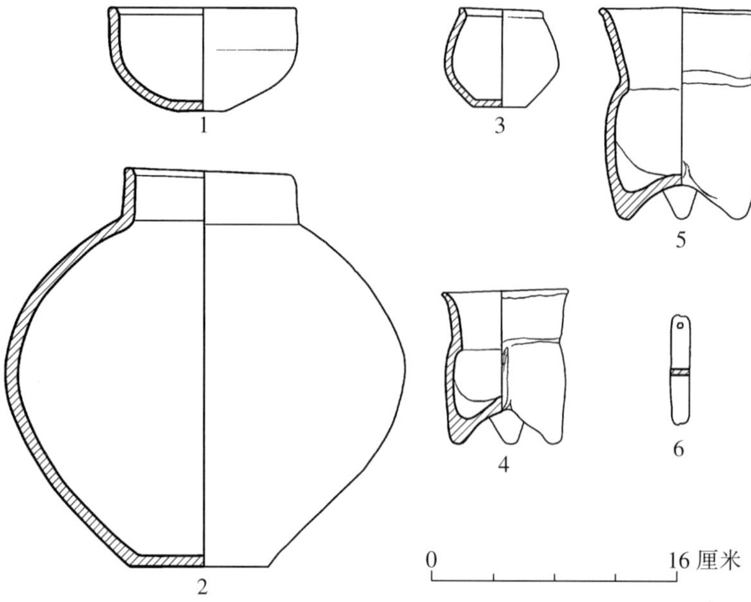

图五三 M22出土陶钵、壶、盂、鬲，蚌壳坠饰

1. D型陶钵（M22∶1） 2. A型Ⅱ式陶壶（M22∶2） 3. B型陶盂（M22∶3） 4. 甲类B型Ⅱ式陶鬲（M22∶4） 5. 甲类Ab型Ⅱ式陶鬲（M22∶5） 6. 蚌壳坠饰（M22∶6）

M23

1. 墓葬结构

平面为窄长条状。墓圹长2.08、宽0.28、深0.36米。墓向15°。

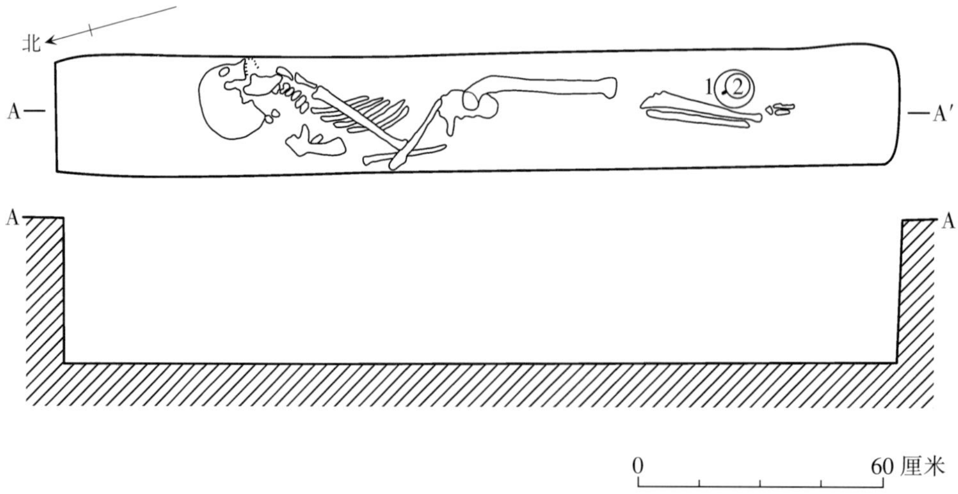

图五四 M23平、剖面图

1. 陶罐 2. 陶鬲

2. 人骨及保存情况

单人葬，疑为女性，40 岁左右。人骨保存较差，面向东，侧身直肢葬，右腿压在左腿上。

3. 随葬品及出土位置

墓坑底右腿东侧出土罐、鬲各 1 件，鬲放在罐内（图五四；图版一九，1）。

C 型小罐　1 件。M23∶1，夹细砂灰褐陶。尖圆唇，敛口，口沿内抹斜，口沿外有一个稍高于口沿的桥状竖耳，弧腹。高 7.9、口径 7.5、底径 4.3 厘米（图五五，1；图版一八，3）。

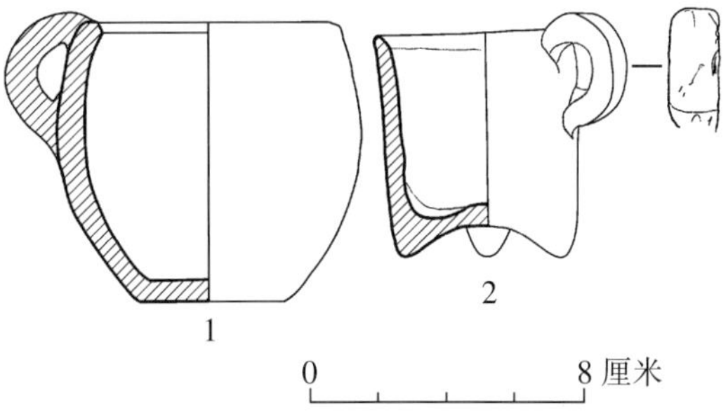

图五五　M23 出土陶小罐、鬲

1. C 型小罐（M23∶1）　2. 丙类 B 型 Ⅰ 式鬲（M23∶2）

丙类 B 型 Ⅰ 式鬲　1 件。M23∶2，夹细砂灰褐陶。尖圆唇，直口，口沿外侧有一个稍高于口沿的竖桥耳，腹壁较直呈筒状，矮窄裆，裆部呈钝角，小平足跟。高 6.4、口径 5.8 厘米（图五五，2；图版一八，4）。

4. 期别

中期。

M24

1. 墓葬结构

平面为窄长条状。墓圹长 1.82、宽 0.36～0.43、深 0.30 米。墓向 34°。

2. 人骨及保存情况

单人葬，疑为 9 岁左右儿童，面向西，侧身屈肢葬，左腿压在右腿上。

3. 随葬品及出土位置

墓坑底小腿骨西侧出土鬲 1 件，头骨两侧出土蚌壳制作的坠饰 4 件、海螺坠饰 1 件（图五六；图版一九，2）。

丙类 B 型 Ⅰ 式鬲　1 件。M24∶1，夹细砂黑陶。尖圆唇，口沿内抹斜，口沿一侧有一个稍高于口沿的竖桥耳，腹壁较直呈筒状，矮窄裆，裆部呈钝角，足跟残。存高 7.3、口径 5.7 厘米（图五七，1；图版二〇，1）。

A 型蚌壳坠饰　1 件。M24∶6，长条状，稍残。长 4.6、最宽 1.4、厚 0.2 厘米（图五七，4；图版二〇，3）。

C 型蚌壳坠饰　3 件，形制相同。磨制，环形。M24∶2，蚌壳外径 1.1、孔径 0.3 厘米。M24∶3，外径 1.7、孔径 0.4 厘米。M24∶4，外径 1.3、孔径 0.3 厘米（图五七，

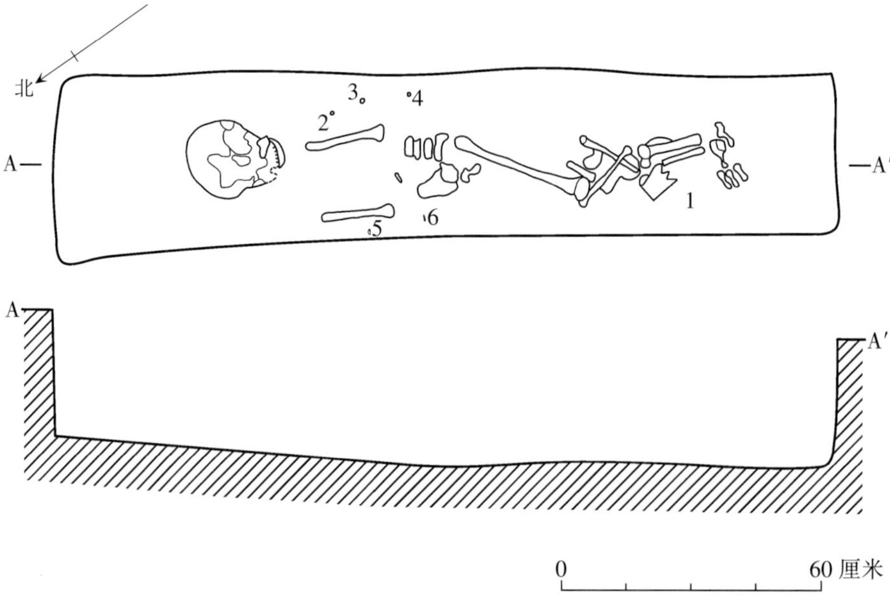

图五六 M24平、剖面图

1. 陶鬲 2～4、6. 蚌壳坠饰 5. 海螺坠饰

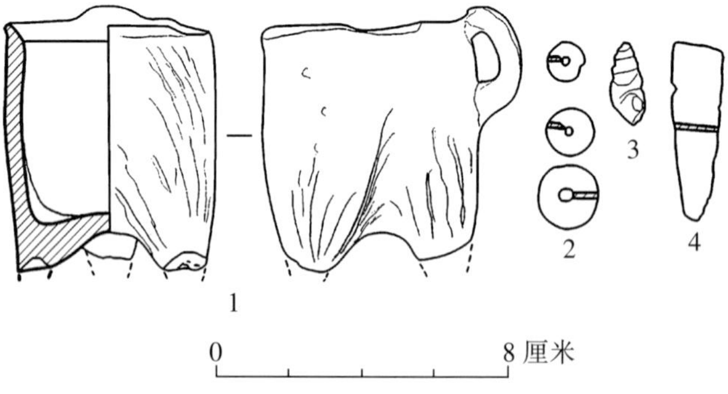

图五七 M24出土陶鬲，蚌壳坠饰，海螺坠饰

1. 丙类B型Ⅰ式陶鬲（M24∶1） 2. C型蚌壳坠饰（M24∶2～M24∶4）

3. 海螺饰件（M24∶5） 4. A型蚌壳坠饰（M24∶6）

2；图版二〇，2）。

海螺坠饰 1件。M24∶5，口部有一孔，通长2.2厘米（图五七，3；图版二〇，2）。

4. 期别

中期。

M25

1. 墓葬结构

平面为不甚规整的圆角梯形，南、北两壁为斜直壁，东、西两壁为竖直壁。墓圹长 2.40、宽 1.18～1.66、深 1.00 米。墓向 32°。

2. 人骨及保存情况

单人葬，为 20～25 岁男性。人骨保存较好，面向西，侧身直肢葬。

3. 随葬品及出土位置

在墓坑西南部外侧有一圆形器物坑。器物坑直壁，平底，直径 0.72、深 0.57 米。器物坑内出土器物 3 件；其中钵、壶各 1 件（钵覆扣壶上），鬲 1 件（图五八）。

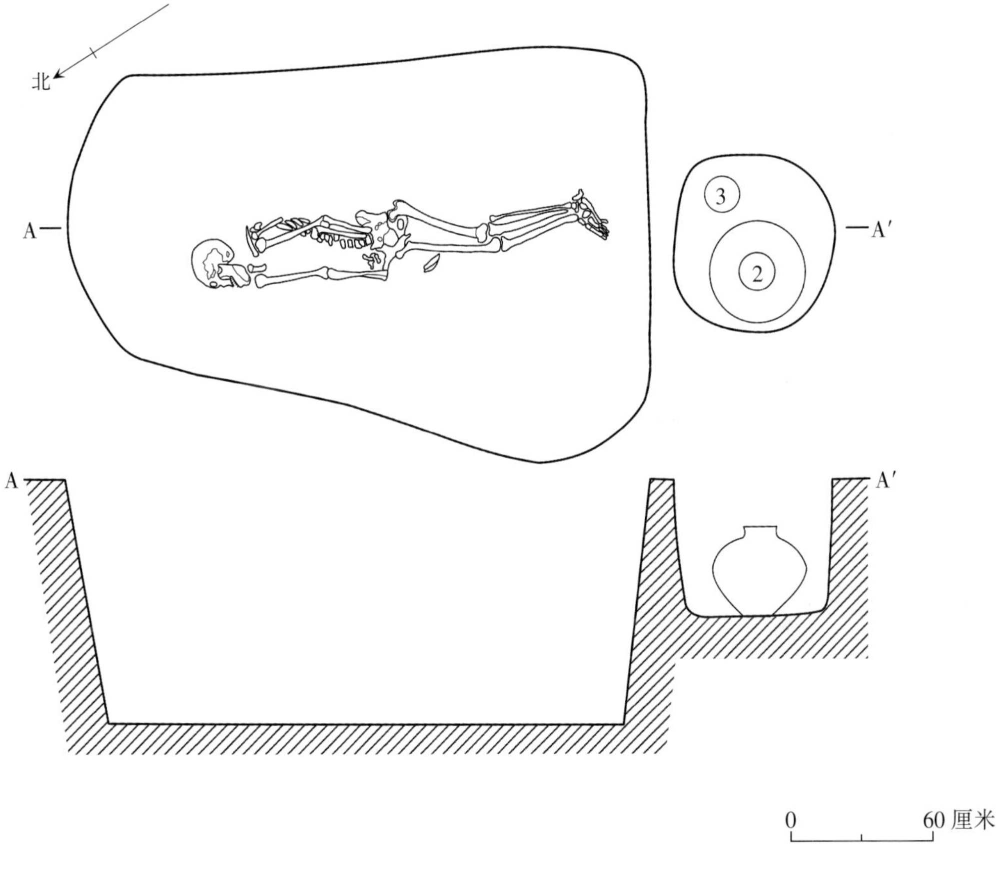

图五八　M25 平、剖面图

1. 陶钵（朽）　2. 陶壶　3. 陶鬲

钵　1 件。M25∶1，朽。

A 型Ⅱ式壶　1 件。M25∶2，夹细砂红陶。圆唇，微侈口，直领，端肩，鼓腹，平底，器表施红陶衣。高 23.6、口径 9.5、底径 7.9、最大腹径 26 厘米（图五九，1；图版二〇，3）。

甲类 B 型Ⅱ式鬲　1 件。M25∶3，夹细砂黑陶。圆唇，锥状空心足略鼓，小平足跟，矮裆，裆部呈钝角。高 13.6、口径 11.9 厘米（图五九，2；图版二〇，4）。

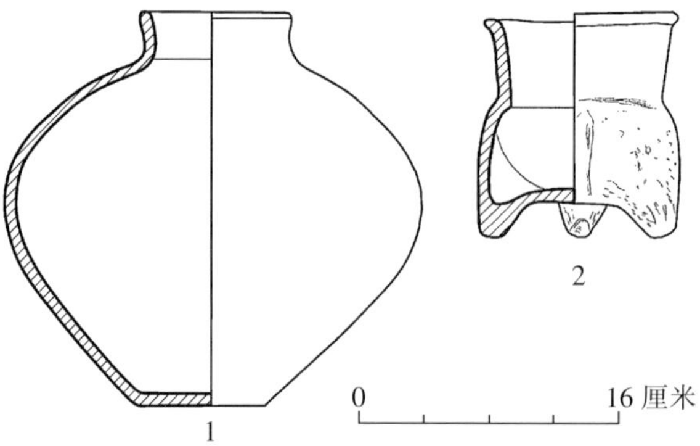

图五九 M25出土陶壶、鬲

1. A型Ⅱ式壶（M25∶2） 2. 甲类B型Ⅱ式鬲（M25∶3）

4. 期别

中期。

M26

1. 墓葬结构

平面为不甚规整的圆角梯形，四壁均为直壁，平底。墓圹长2.55、宽0.86～1.04、墓坑深1.00米。墓向14°。

2. 人骨及保存情况

单人葬，为25～30岁男性。人骨保存较好，面向西，侧身直肢葬。

3. 随葬品及出土位置

墓南侧有器物坑至墓底，其填土的上部出土有壶、罐、鬲各1件及钵2件；其中壶、鬲各被一钵所覆扣（图六〇；图版二一，1）。

C型钵 1件。M26∶1，夹细砂红陶。圆唇稍外撇，侈口，口沿内抹斜，缓折腹，平底。高8.5、口径14.2、底径4.4厘米（图六一，1；图版二二，1）。

B型Ⅱ式壶 1件。M26∶2，夹细砂红陶。圆唇，侈口，直领，球腹，腹部最大径在中部，器表施红陶衣。高26.5、口径10.3、底径9、腹最大径26.7厘米（图六一，2；图版二二，2）。

A型小钵 1件。M26∶3，夹砂红褐陶。半球状，尖唇，侈口，弧腹，平底。高7.7、口径10.6、底径5.5厘米（图六一，3；图版二二，3）。

乙类A型Ⅱ式鬲 1件。M26∶4，夹细砂黑陶。圆唇，敞口，腹腔与袋足连成一体，平足跟，矮裆，裆部呈钝角。高10.9、口径11.1厘米（图六一，4；图版二二，4）。

B型小罐 1件。M26∶5，夹砂红陶。尖唇，敛口，弧腹，平底。高5.2、口径

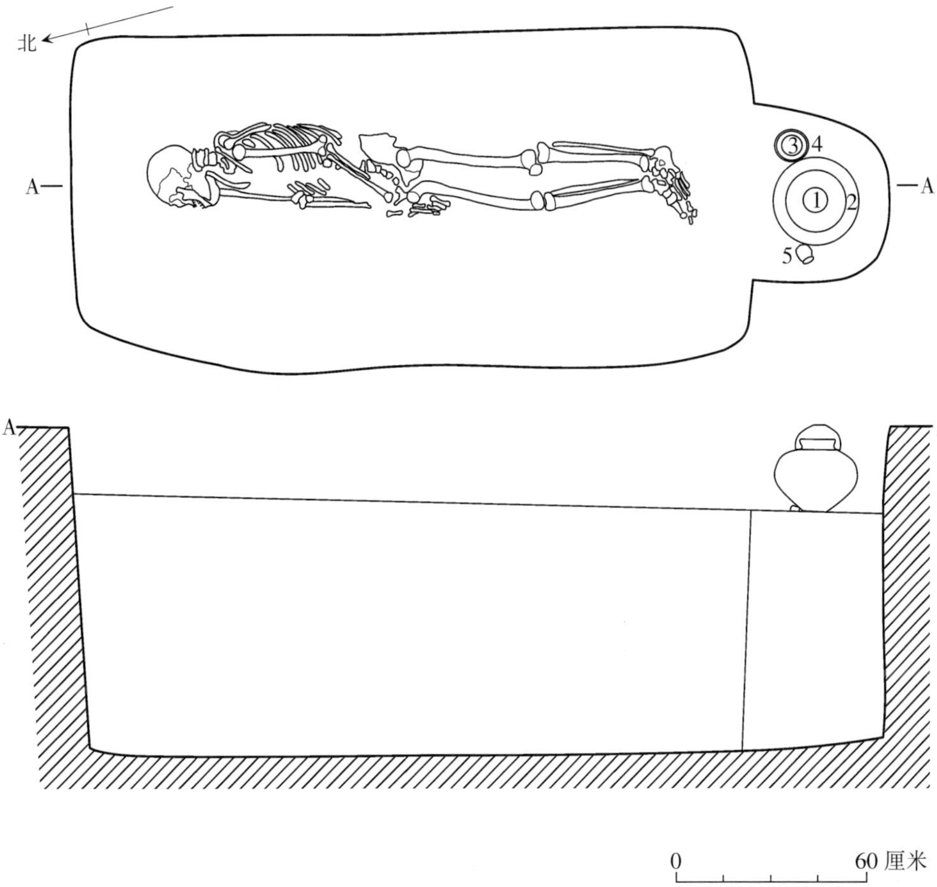

图六〇　M26 平、剖面图

1. 陶钵　2. 陶壶　3. 陶小钵　4. 陶罐　5. 陶鬲

3.7、底径 2.6 厘米（图六一，5；图版二二，5）。

4. 期别

中期。

M27

1. 墓葬结构

平面为圆角长方形，四壁均为竖直壁，平底。墓圹长 3.04、宽 1.20～1.30、墓坑深 1.50 米。墓向 29°。

2. 人骨及保存情况

单人葬，为 30～35 岁男性。人骨保存较好，面向西，仰身直肢葬。

3. 随葬品及出土位置

墓坑中的填土分两层，第 1 层为灰土，厚 0.50 米，土质疏松，在靠近墓坑南壁处

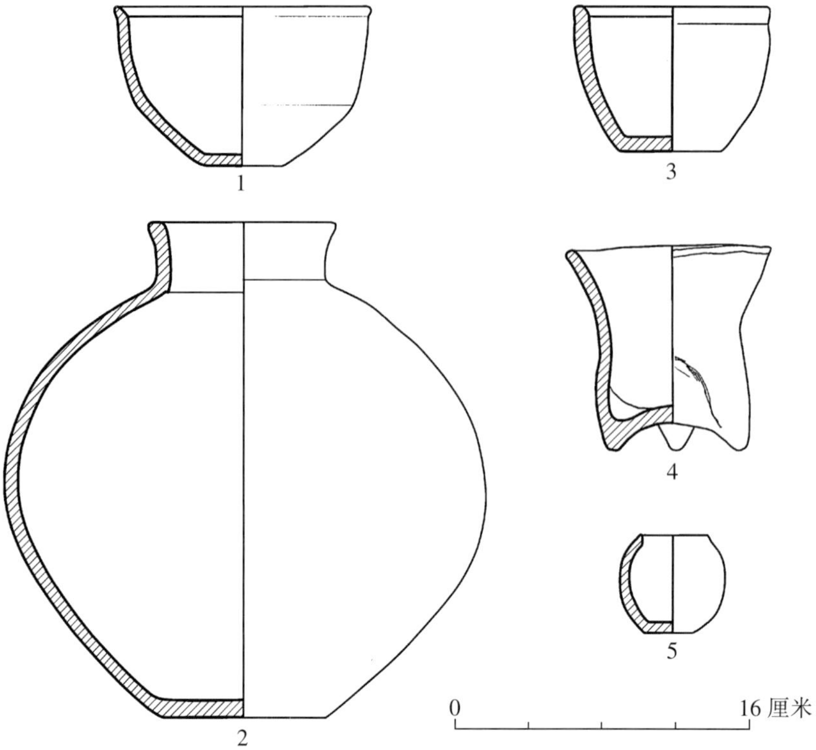

图六一　M26出土陶钵、壶、小钵、鬲、小罐

1. C型钵（M26:1）　2. B型Ⅱ式壶（M26:2）　3. A型小钵（M26:3）　4. 乙类A型Ⅱ式鬲（M26:4）　5. B型小罐（M26:5）

出土钵、壶各1件，钵覆扣壶上；第2层为黄白花土，土质坚硬，无其他包含物（图六二）。

C型钵　1件。M27:1，夹细砂红陶。尖唇稍外撇，侈口，口沿内抹斜，缓折腹，平底。高7.8、口径15.1、底径5.2厘米（图六三，1；图版二二，6）。

B型Ⅱ式壶　1件。M27:2，夹细砂红陶。圆唇，矮直领，侈口，球腹，腹部最大径偏上，平底，壁包底。高25.0、口径11.7、底径9.5、腹最大径26.9厘米（图六三，2；图版二三，1）。

4. 期别

中期。

M28

1. 墓葬结构

平面近圆角长方形。墓圹长2.14、宽0.90～0.94、深0.70米。墓向11°。

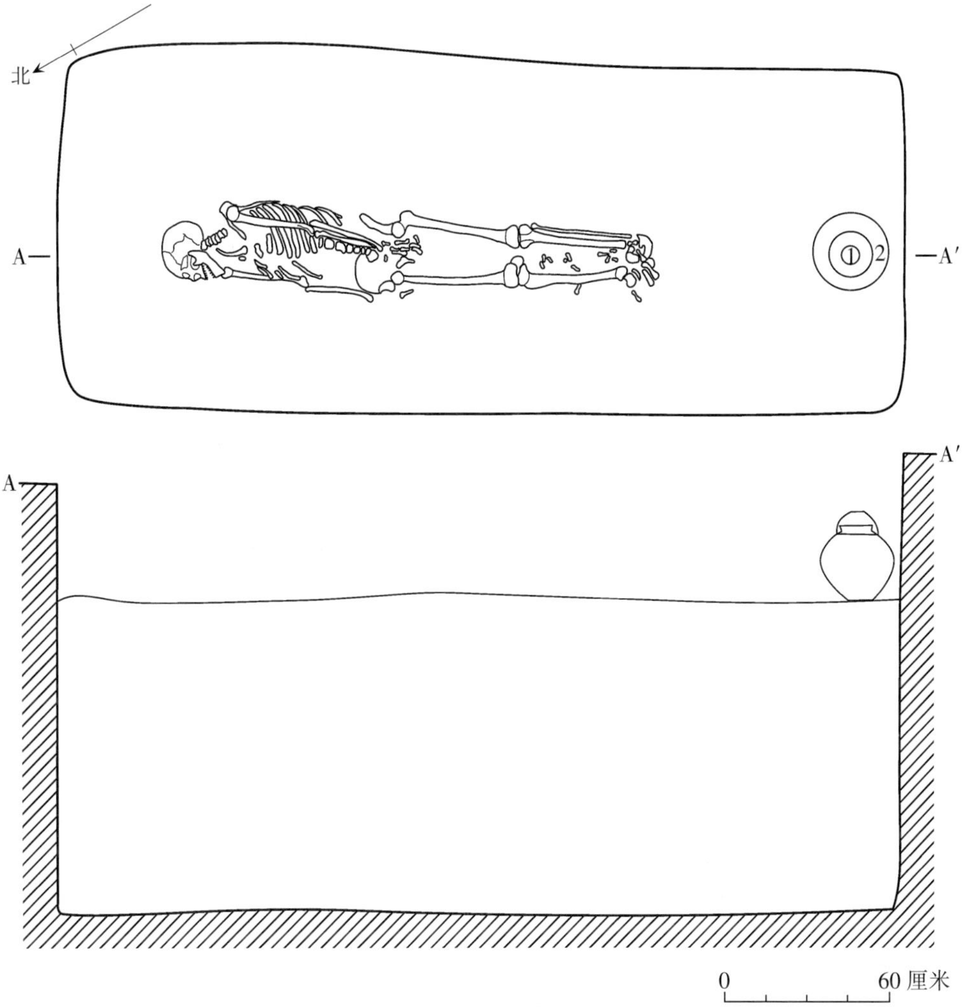

图六二　M27 平、剖面图

1. 陶钵　2. 陶壶

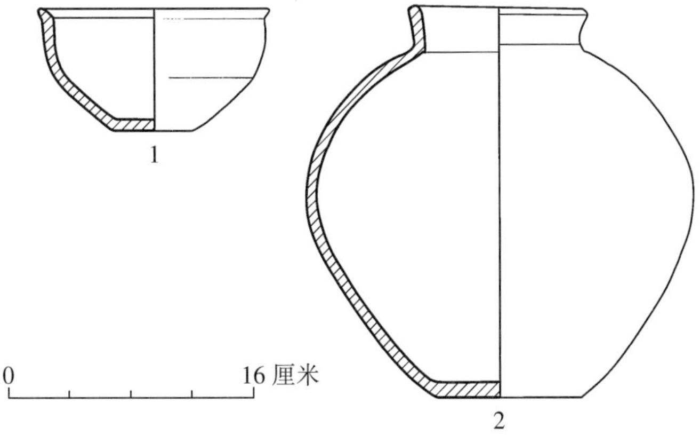

图六三　M27 出土陶钵、壶

1. C 型钵（M27∶1）　2. B 型Ⅱ式壶（M27∶2）

2. 人骨及保存情况

单人葬，15～20岁，性别不详。人骨保存较差，面向东，仰身直肢葬。

3. 随葬品及出土位置

在墓坑西南部外侧紧贴墓壁有一半圆形的器物坑。器物坑斜壁，平底，直径0.28、深0.3米。器物坑内出土钵、壶各1件，钵覆扣壶上；股骨之间出土罐、盂各1件（图六四）。

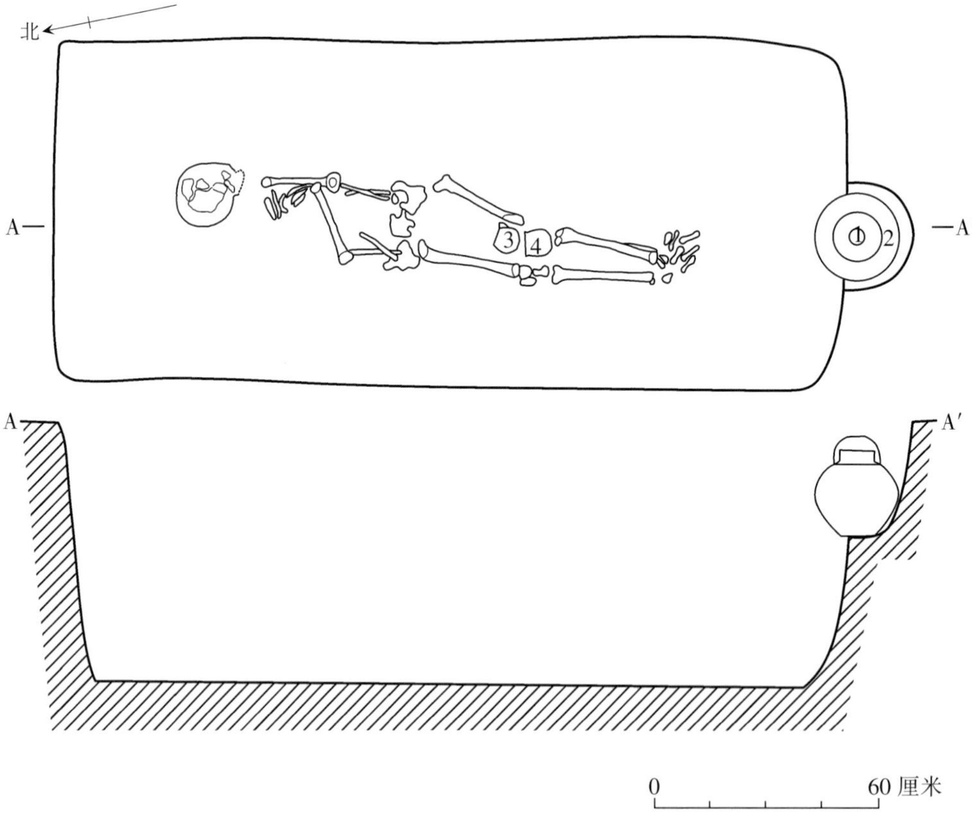

图六四　M28平、剖面图

1. 陶钵　2. 陶壶　3. 陶盂　4. 陶罐

C型钵　1件。M28∶1，夹细砂红陶。圆唇，侈口，口沿内抹斜，微折腹，平底。高7.3、口径12.1、底径4.3厘米（图六五，1；图版二三，2）。

B型Ⅱ式壶　1件。M28∶2，夹细砂红陶。尖唇，直领，球腹，腹最大径近中部，平底。高22.0、口径9.1、底径8.2、最大腹径21.8厘米（图六五，2；图版二三，3）。

C型小罐　1件。M28∶3，夹细砂黑陶。尖唇，侈口，口沿内抹斜，口沿外有一个高于口沿的竖桥耳，微折腹，平底。高5.6、口径4.4、底径2.8厘米（图六五，3；图

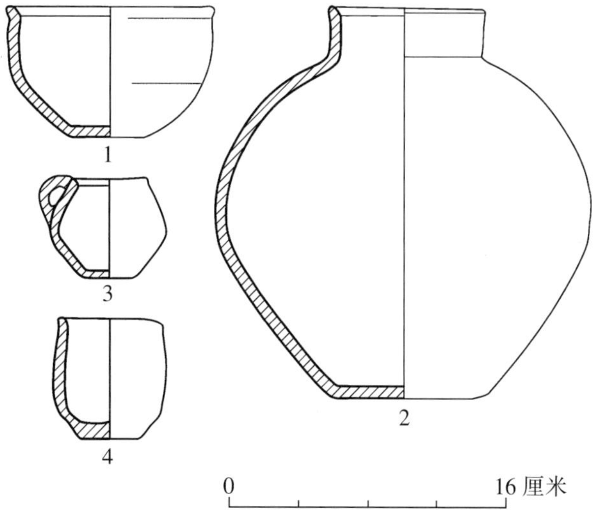

图六五　M28出土陶钵、壶、小罐、盂

1. C型钵（M28:1）　2. B型Ⅱ式壶（M28:2）　3. C型小罐（M28:3）　3. C型盂（M28:4）

版二三，4）。

C型盂　1件。M28:4，夹细砂红褐陶，尖唇，筒腹，平底。高6.8、口径6.1、底径3.4厘米（图六五，4；图版二四，1）。

4. 期别

中期。

M29

1. 墓葬结构

平面呈不甚规整的圆角长方形，除南壁为斜直壁外其他三壁均为竖直壁。墓圹长2.40、宽0.90～1.10、深1.00米。墓向21°。

2. 人骨及保存情况

单人葬，为35～40岁男性。人骨保存较好，面向西，仰身直肢葬。

3. 随葬品及出土位置

在墓坑南部偏西外侧紧贴墓壁有一个半圆形的器物坑。器物坑弧壁，平底，直径0.52、深0.4米。器物坑内出土钵、壶各1件，钵覆扣壶上；墓主的股骨上出土鬲1件（图六六）。

D型钵　1件。M29:1，夹细砂红陶。尖唇，微敛口，口沿内抹斜，折腹，平底，器表施红陶衣。高5.5、口径12.2、底径3.9厘米（图六七，1；图版二四，2）。

B型Ⅰ式壶　1件。M29:2，夹细砂红陶。尖唇，高直领，溜肩，球腹，平底，器表施红陶衣。高22.0、口径9.8、底径8.1、最大腹径21.6厘米（图六七，2；图版

图六六　M29平、剖面图

1. 陶钵　2. 陶壶　3. 陶鬲

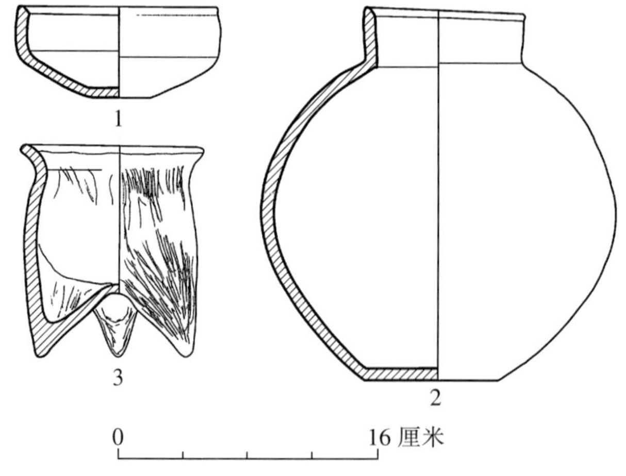

图六七　M29出土陶钵、壶、鬲

1. D型钵（M29∶1）　2. B型Ⅰ式壶（M29∶2）　3. 乙类B型Ⅰ式鬲（M29∶3）

二四，3）。

乙类B型Ⅰ式鬲　1件。M29∶3，泥质陶。圆唇，口沿外展，筒腹与袋足连成一体，裆部呈钝角，小平足跟，外施黑陶衣。高11.7、口径11.2厘米（图六七，3；图版二四，4）。

4. 期别

早期。

M30

1. 墓葬结构

平面呈不甚规整的圆角长方形，南、北壁为斜直壁，东、西壁为直壁。墓圹长2.52、宽0.90～1.08、深1.20米。墓向13°。

2. 人骨及保存情况

单人葬，为30～35岁女性。人骨保存较好，面向东，仰身直肢葬。

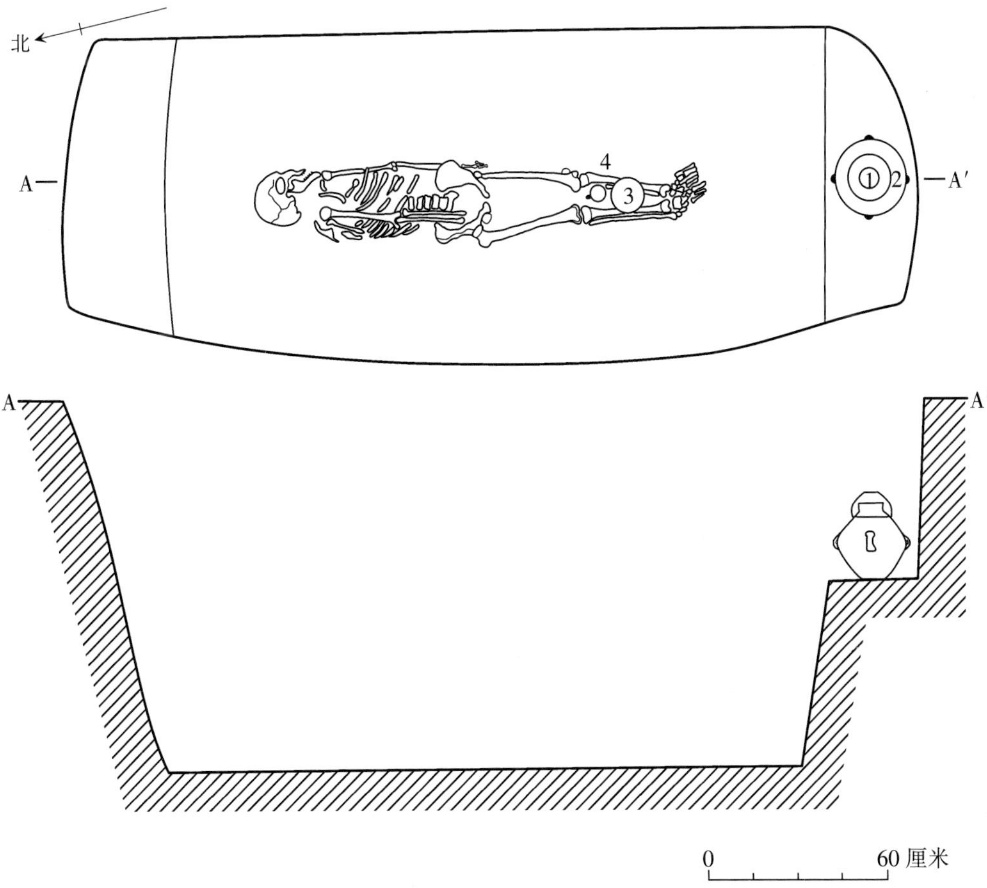

图六八　M30平、剖面图

1. 陶钵　2. 陶壶　3. 陶鬲　4. 陶罐

3. 随葬品及出土位置

在墓坑南部有器物台。器物台直壁，平底，宽0.30、深0.60米。器物台中部出土钵、壶各1件，钵覆扣壶上；墓主的胫骨之间出土鬲、罐各1件（图六八；图版二一，2）。

C型钵　1件。M30∶1，夹细砂红陶。尖唇，侈口，口沿内抹斜，缓折腹，平底，器表及内壁施红陶衣。高7.4、口径13.8、底径5.5厘米（图六九，1；图版二五，1）。

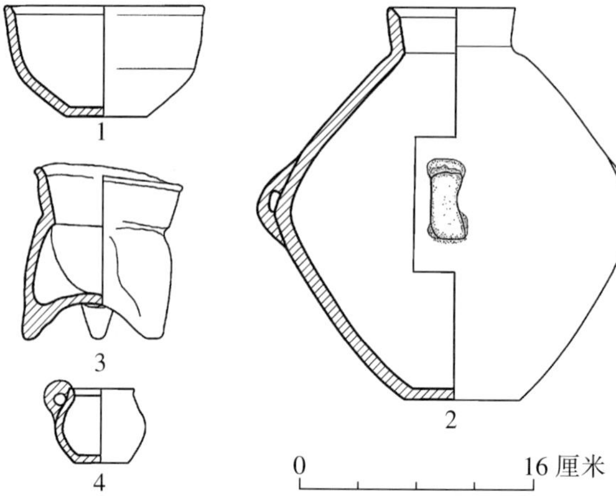

图六九　M30出土陶钵、壶、鬲、小罐

1. C型钵（M30∶1）　2. C型壶（M30∶2）　3. 甲类Ab型Ⅰ式鬲（M30∶3）　4. C型小罐（M30∶4）

C型壶　1件。M30∶2，夹细砂红陶。尖唇，直领稍外撇，口沿内抹斜，折腹，最大腹径稍偏上，折腹处四个对称的竖桥耳嵌入腹壁，平底，器表施红陶衣。高26.0、口径8.8、底径7.8、最大腹径24.6厘米（图六九，2；图版二五，2）。

甲类Ab型Ⅰ式鬲　1件。M30∶3，泥质黑陶。斜直口，矮领，锥状空心足略弧，小平足跟，弧裆，裆部呈钝角，外施黑陶衣。高11.3、口径10.2厘米（图六九，3；图版二五，3）。

C型小罐　1件。M30∶4，夹细砂黑陶。圆唇，敛口，口沿内抹斜，口沿外侧有一个高于口沿的竖桥耳，弧腹，平底。高4.9、口径4.4、底径3.7厘米（图六九，4；图版二五，4）。

4. 期别

早期。

M31

1. 墓葬结构

平面呈不甚规整的圆角长方形，除北壁为斜直壁外其他三壁均为直壁。墓圹长2.28、宽0.90～1.04、深1.24米。墓向43°。

2. 人骨及保存情况

单人葬，为40岁左右女性。人骨保存较差，面向东，仰身直肢葬。

3. 随葬品及出土位置

在墓坑南部外侧紧贴墓壁有一半圆形的器物坑。器物坑弧壁，平底，直径0.52、深0.50米。器物坑内出土钵、壶各1件，钵覆扣壶上；墓主的左腓骨外侧出土盂、鬲、钵、壶各1件，钵覆扣壶上（图七○；图版二六，1）。

图七○　M31平、剖面图

1、5. 陶钵　2. 陶壶　3. 陶盂　4. 陶鬲　6. 陶壶

C型钵　1件。M31∶1，夹细砂红陶。尖唇，侈口，口沿内抹斜，弧腹，平底，器表及内壁均施红陶衣。高8.0、口径15.5、底径5.6厘米（图七一，1；图版二七，1）。

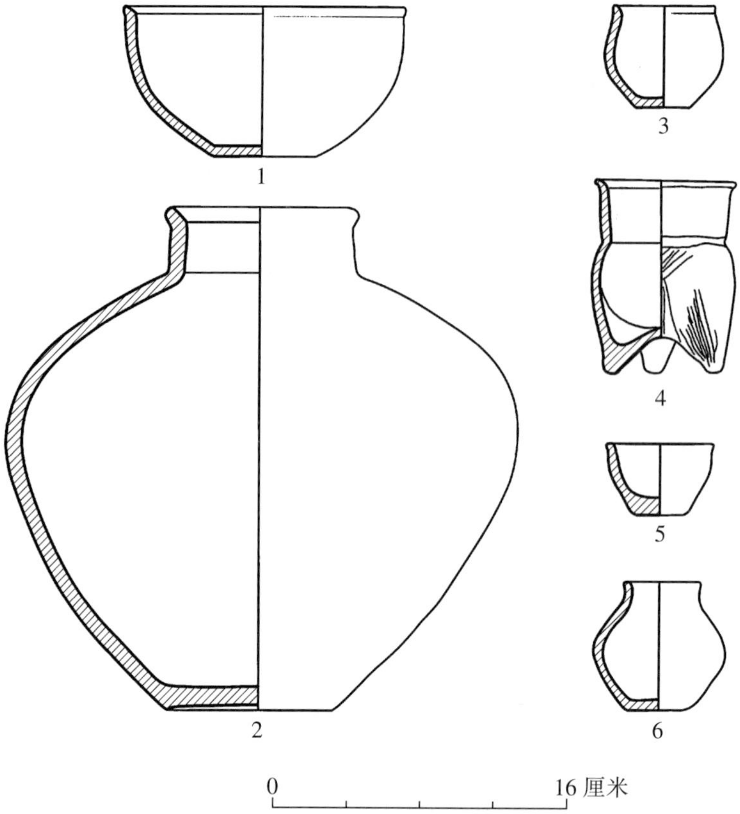

图七一 M31出土陶钵、壶、盂、鬲、小钵、小壶

1. C型钵（M31∶1） 2. A型Ⅰ式壶（M31∶2） 3. B型盂（M31∶3） 4. 甲类B型Ⅰ式鬲（M31∶4） 5. A型小钵（M31∶5） 6. A型小壶（M31∶6）

A型Ⅰ式壶 1件。M31∶2，夹细砂红陶。圆唇稍外撇，口沿内抹斜，直领，端肩，鼓腹，最大腹径偏上，平底，底稍内凹，壁包底，器表施红陶衣。高26.8、口径10.7、底径9.1、最大腹径28.1厘米（图七一，2；图版二七，2）。

B型盂 1件。M31∶3，夹细砂黑褐陶。尖唇稍外撇，敛口，弧腹，底稍内凹。高5.4、口径5.5、底径2.9厘米（图七一，3；图版二七，3）。

甲类B型Ⅰ式鬲 1件。M31∶4，夹细砂黑陶。圆唇，锥状空心足略弧，矮裆，裆部呈钝角，小平足跟。高10.3、口径7.6厘米（图七一，4；图版二五，4）。

A型小钵 1件。M31∶5，夹细砂红褐陶。半球状，尖唇，敞口，弧腹，平底。高3.8、口径5.8、底径2.6厘米（图七一，5；图版二七，5）。

A型小壶 1件。M31∶6，夹细砂红陶。尖唇，微侈口，肩微折，平底，器表施红陶衣。高6.8、口径4.2、底径3厘米（图七一，6；图版二七，6）。

4. 期别

早期。

M32

1. 墓葬结构

平面近圆角长方形。墓圹长2.16、宽1.00～1.22、深1.04米。墓向35°。

2. 人骨及保存情况

单人葬，疑为女性，25岁左右。人骨保存较好，面向东，侧身直肢葬。

3. 随葬品及出土位置

在墓坑南壁中间有一方形壁龛，高0.36、进深0.28、面宽0.2米。其内出土钵、罐各1件，钵覆扣罐上；墓主的胫骨上扣着陶钵1件（图七二；图版二六，2）。

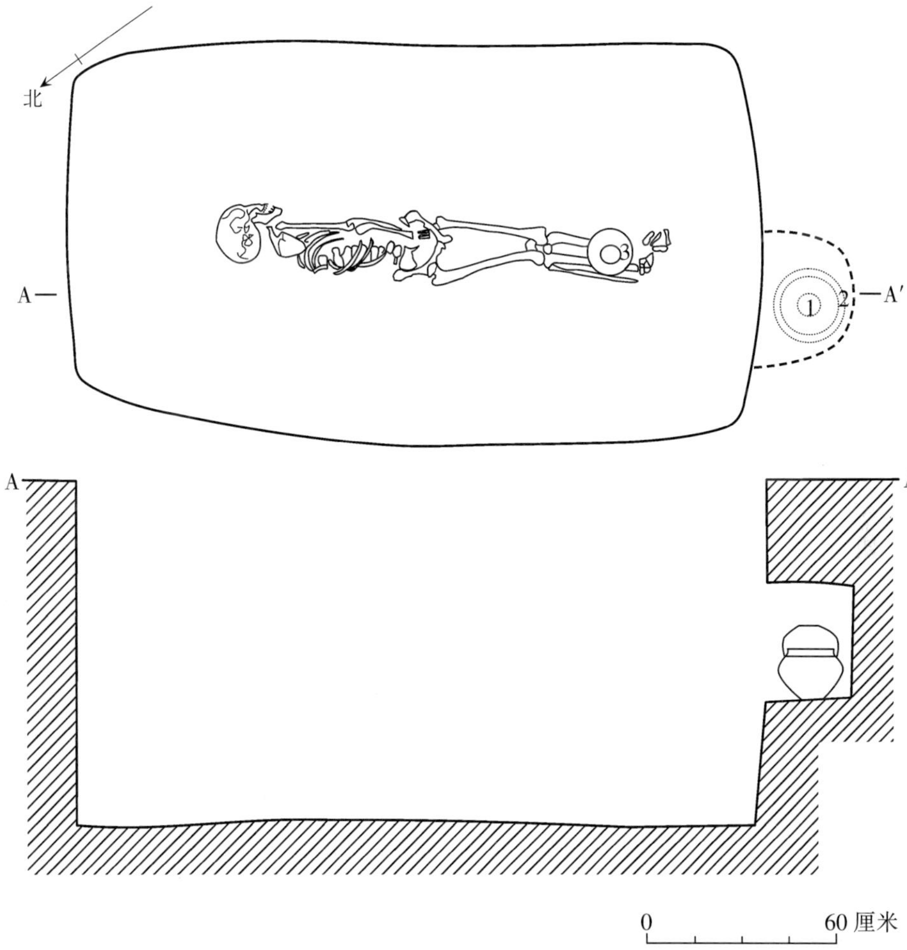

图七二　M32平、剖面图

1、3. 陶钵　2. 陶罐

C型钵　1件。M32∶1，夹砂红褐陶。尖唇，侈口，口沿内抹斜，缓折腹，平底，器表施红陶衣。高8.8、口径17.9、底径6.8厘米（图七三，1；图版二八，1）。

Ca 型Ⅱ式罐　1 件。M32∶2，夹细砂灰褐陶。圆唇，侈口，矮领，束颈，球腹，平底，最大腹径稍偏上。高 17.5、口径 11.8、底径 6.7、最大腹径 20.1 厘米（图七三，2；图版二八，2）。

B 型小钵　1 件。M32∶3，夹细砂红褐陶。圆唇，侈口，口沿内抹斜，缓折腹较浅，平底，器表及内壁施红陶衣。高 6.8、口径 13.6、底径 5.2 厘米（图七三，3；图版二八，3）。

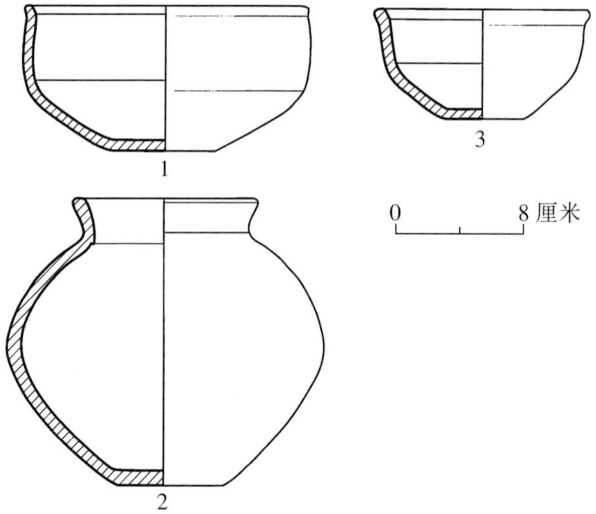

图七三　M32 出土陶钵、罐、小钵

1. C 型钵（M32∶1）　2. Ca 型Ⅱ式罐（M32∶2）　3. B 型小钵（M32∶3）

4. 期别

中期。

M33

1. 墓葬结构

平面略呈长方形，南北壁为斜直壁，东西壁为直壁。墓圹长 2.04、宽 0.88～1.06、深 0.74 米。墓向 22°。

2. 人骨及保存情况

单人葬，疑为女性，15～20 岁。人骨保存较差，面向西，俯身直肢葬（图七四）。

3. 随葬品及出土位置

填土为灰土，土质细密、坚硬，无其他包含物。无遗物出土。

4. 期别

不明。

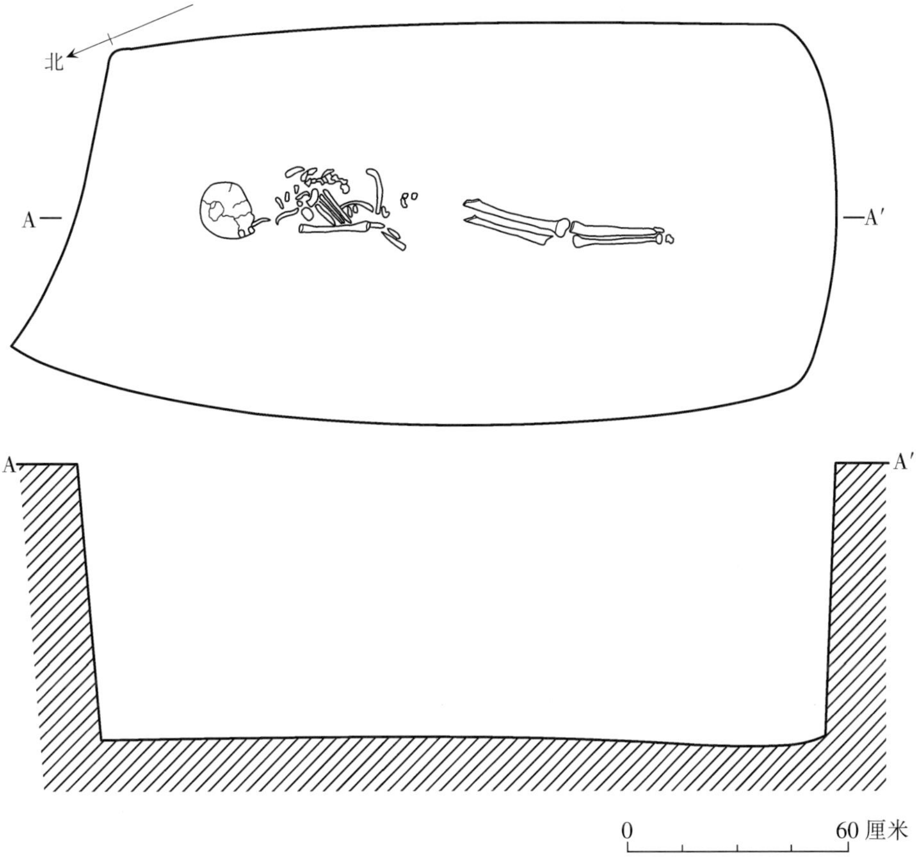

图七四　M33 平、剖面图

M34

1. 墓葬结构

平面近圆角长方形，北壁为斜直壁，其他三壁为直壁。墓圹长 2.28、宽 0.86 ~ 1.02、墓口至墓底（人骨面）深 1.08 米。墓底四面均有生土二层台，且二层台起葬具的作用，宽 0.13 ~ 0.39、以下挖 0.20 米。二层台以下形成长 1.80、宽 0.42 ~ 0.57、深 0.20 米的空间。墓向 40°。

2. 人骨及保存情况

单人葬，为 17 ~ 20 岁男性。人骨保存一般，面向东，仰身直肢葬。

3. 随葬品及出土位置

在墓坑南部外侧偏西紧贴墓壁有一圆形器物坑。坑直壁，圜底，直径 0.52、深 0.52 米。其内有钵、罐各 1 件，钵覆扣罐上；墓主胫骨之间出土鬲 1 件（图七五）。

C 型钵　1 件。M34∶1，夹细砂灰褐陶，圆唇，侈口，口沿内抹斜，缓折腹，平底。高 7.0、口径 14.0、底径 4.6 厘米（图七六，1；图版二八，4）。

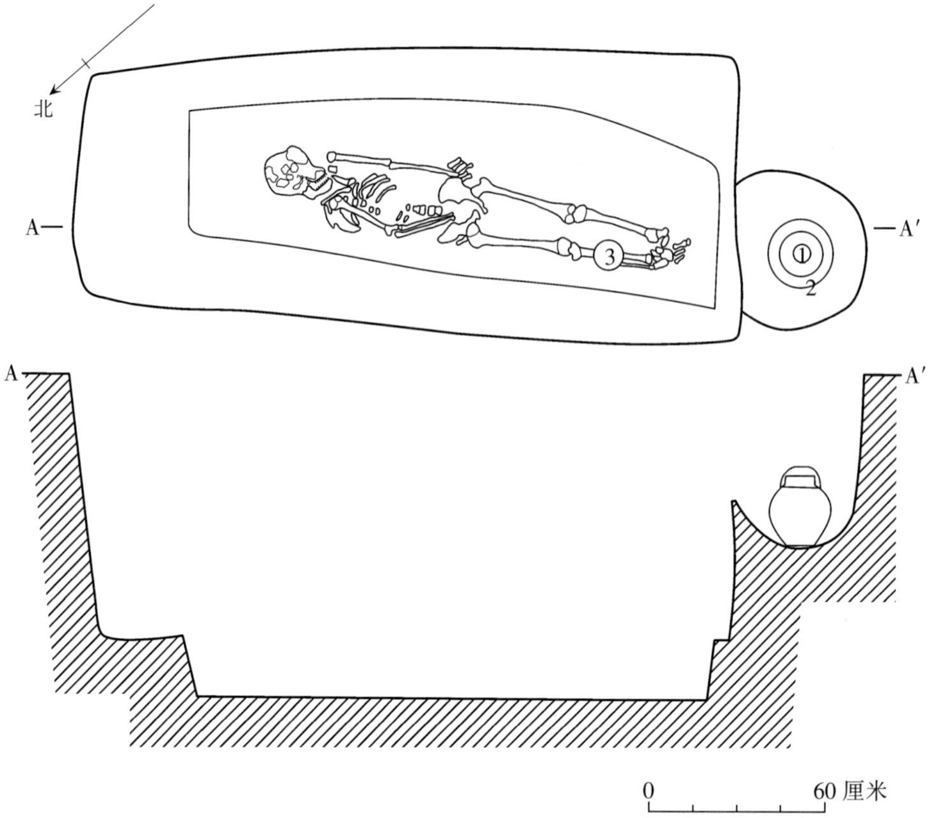

图七五 M34平、剖面图

1. 陶钵 2. 陶罐 3. 陶鬲

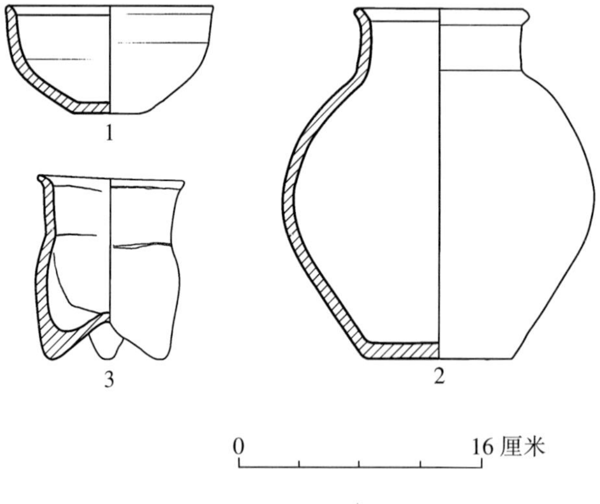

图七六 M34出土陶钵、罐、鬲

1. C型钵（M34∶1） 2. B型罐（M34∶2） 3. 甲类B型Ⅰ式鬲（M34∶3）

B 型罐　1 件。M34∶2，夹砂红褐陶。圆唇，高直领，口沿内抹斜，长颈，端肩，弧腹，平底。高 22.6、口径 11.4、底径 9.5、最大腹径 20.6 厘米（图七六，2；图版二八，5）。

甲类 B 型Ⅰ式鬲　1 件。M34∶3，夹细砂黑陶，圆唇，锥状空心足略弧，矮裆，裆部呈钝角，小平足跟。高 11.9、口径 9.9 厘米（图七六，3；图版二八，6）。

4. 期别

早期。

M35

1. 墓葬结构

平面近圆角长方形。墓圹长 2.08、宽 1.04～1.10、深 0.35 米。墓向 29°。

2. 人骨及保存情况

单人葬，为一儿童，性别不详，面向不详，葬式不详。

3. 随葬品及出土位置

在墓坑南部外侧紧贴墓壁有一半圆形器物坑。器物坑弧壁，平底，直径 0.16、深 0.20 米。其内出土钵、罐各 1 件，钵覆扣罐上；趾骨下出土鬲 1 件（图七七）。

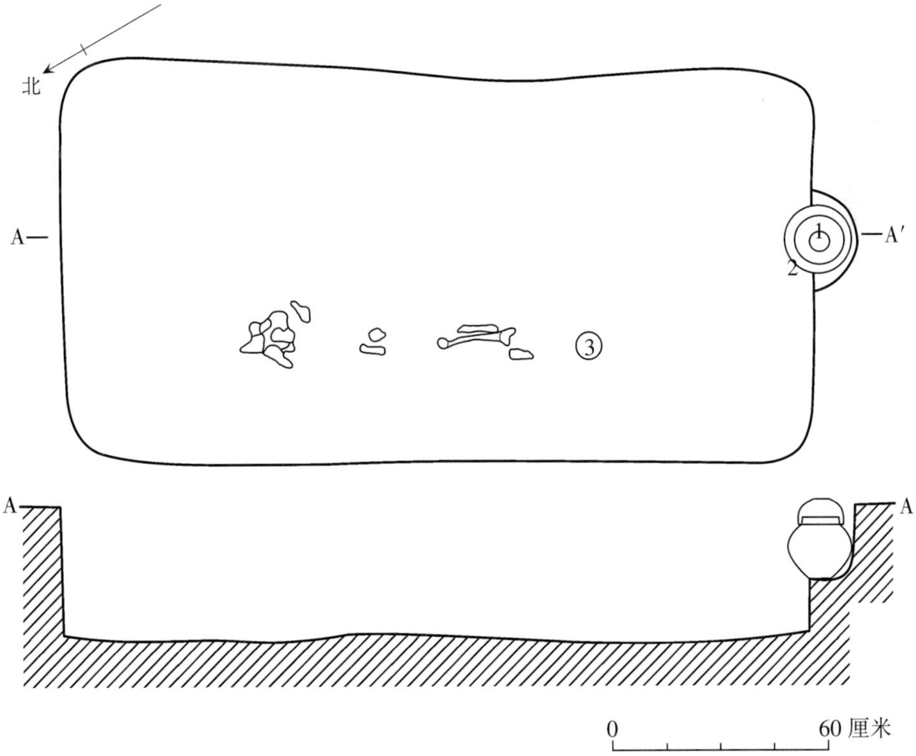

图七七　M35 平、剖面图

1. 陶钵　2. 陶罐　3. 陶鬲

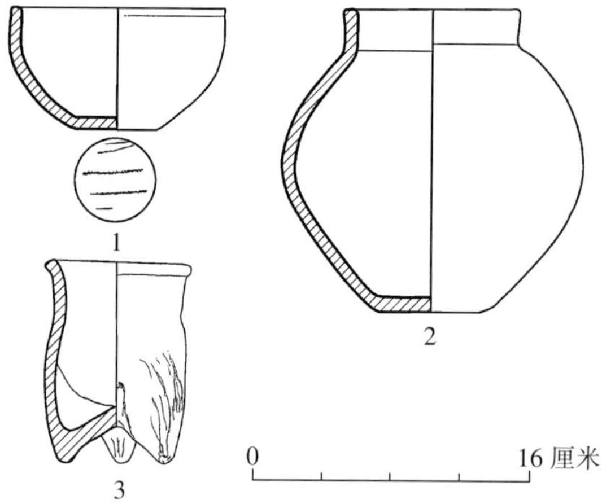

图七八 M35出土陶钵、罐、鬲
1. C型钵（M35∶1） 2. E型Ⅰ式罐（M35∶2）
3. 甲类B型Ⅰ式鬲（M35∶3）

C型钵 1件。M35∶1，夹细砂红褐陶。圆唇，侈口，弧腹，平底，口沿外施一周不规整的凹弦纹，器表施红陶衣，底部等距离平行刻有四道凹槽。高6.8、口径12.5、底径4.8厘米（图七八，1；图版二九，1）。

E型Ⅰ式罐 1件。M35∶2，夹细砂红陶。圆唇，直口，鼓腹，平底，器表施红陶衣。高17.0、口径10.2、底径5.9、最大腹径17.4厘米（图七八，2；图版二九，2）。

甲类B型Ⅰ式鬲 1件。M35∶3，夹砂黑陶。圆唇，锥状空心足略弧，矮裆，裆部呈钝角，小平足跟。高11.4、口径8.5厘米（图七八，3；图版二九，3）。

4. 期别

早期。

M36

1. 墓葬结构

平面近圆角长方形。墓圹长1.62、宽1.00～1.05、深0.36米。墓向3°。

2. 人骨及保存情况

单人葬，为婴儿，性别不详，面向东，葬式不详（图七九）。

3. 随葬品及出土位置

填土为灰土，土质细密、坚硬，无其他包含物。未出土遗物。

4. 期别

不明。

M37

1. 墓葬结构

平面呈圆角长方形，直壁。墓圹长2.28、宽1.04～1.14、深1.42米。墓向6°。

2. 人骨及保存情况

单人葬，为30～35岁男性。人骨保存较好，面向西，侧身直肢葬，左腿压在右

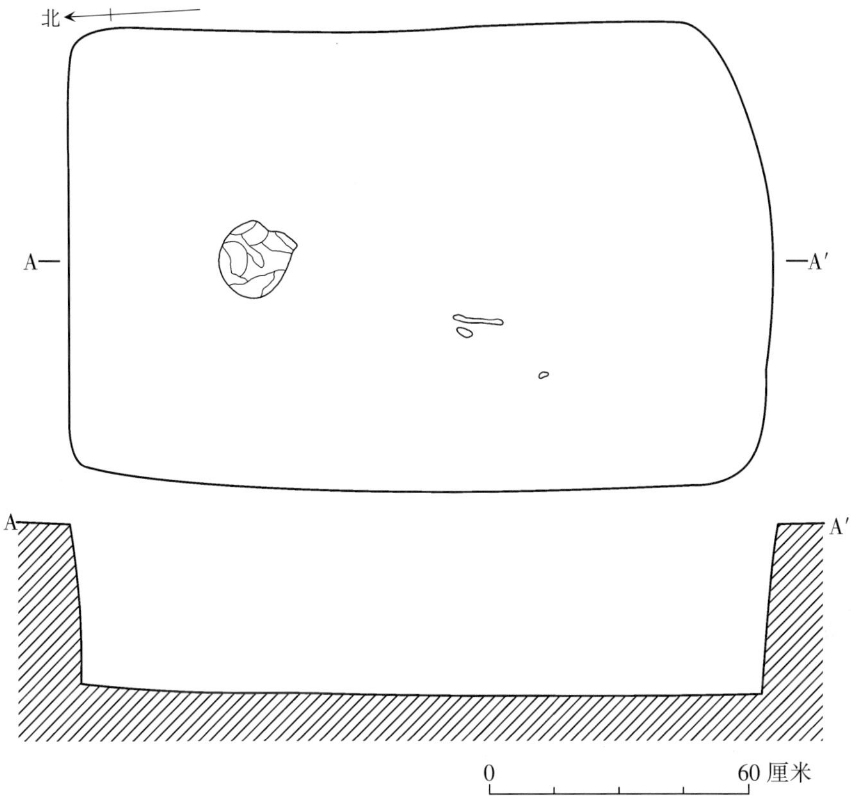

图七九　M36 平、剖面图

腿上。

3. 随葬品及出土位置

在墓坑南部有器物台。器物台直壁，平底，宽 0.32、深 0.48 米。器物台中部出土钵、壶各 1 件，钵覆扣壶上；墓主的右腓骨外侧出土鬲 1 件（图八〇）。

C 型钵　1 件。M37∶1，夹细砂红陶。圆唇，微侈口，缓折腹，平底。高 8.0、口径 12.4、底径 6.1 厘米（图八一，1；图版二九，4）。

B 型Ⅱ式壶　1 件。M37∶2，夹砂红陶。圆唇，微侈口，直领，溜肩，球腹，最大腹径偏上，平底，器表施红陶衣。高 24.6、口径 10.8、底径 8.6、最大腹径 23.8 厘米（图八一，2；图版二九，5）。

甲类 B 型Ⅱ式鬲　1 件。M37∶3，夹砂黑陶。圆唇，锥状空心足略鼓，小平足跟，矮裆，裆部呈钝角。高 9.5、口径 7.6 厘米（图八一，3；图版二九，6）。

4. 期别

中期。

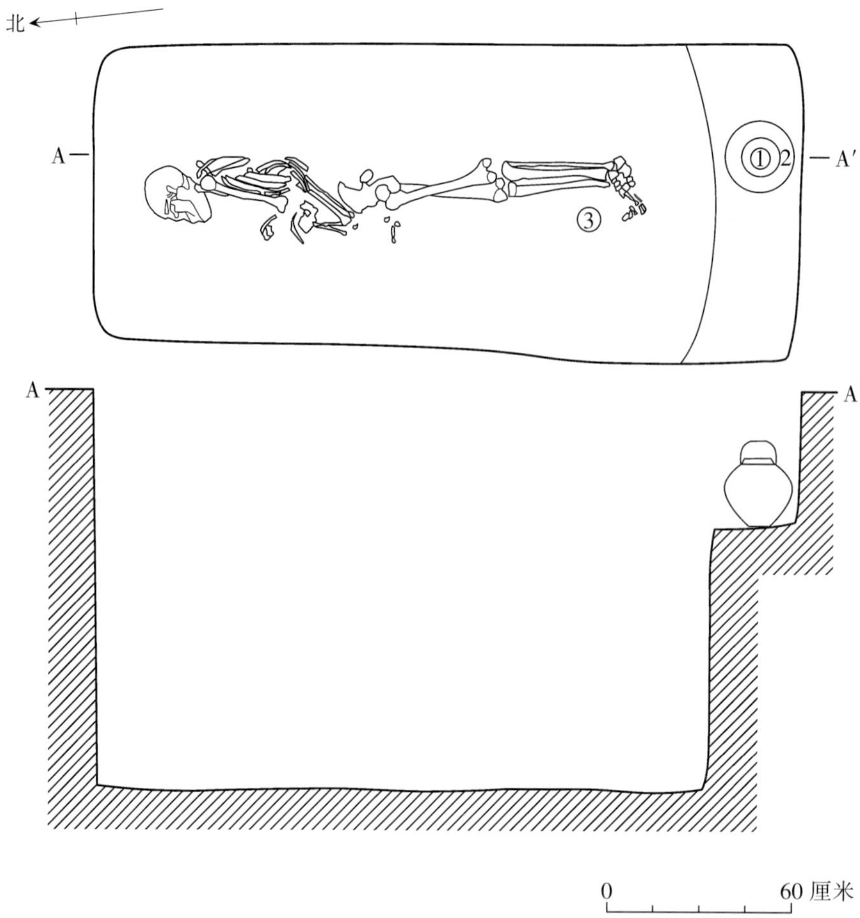

图八〇　M37 平、剖面图

1. 陶钵　2. 陶壶　3. 陶鬲

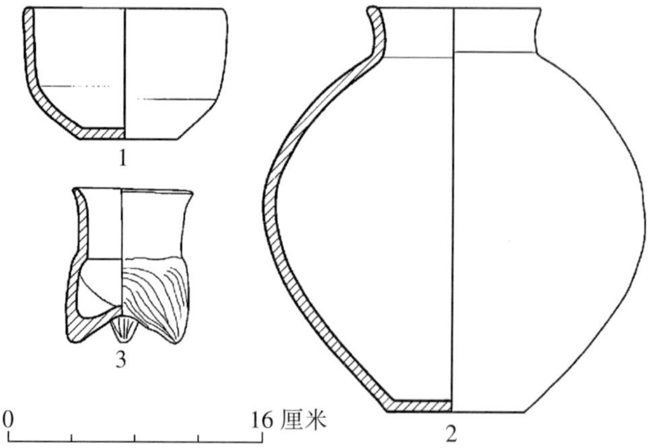

图八一　M37 出土陶钵、壶、鬲

1. C 型钵（M37∶1）　2. B 型Ⅱ式壶（M37∶2）　3. 甲类 B 型Ⅱ式鬲（M37∶3）

M38

1. 墓葬结构

平面呈圆角长方形，直壁。墓圹长 2.26、宽 1.16～1.20、深 1.08 米。墓向 21°。

2. 人骨及保存情况

单人葬，为 30～35 岁男性。人骨保存较好，面向西，侧身直肢葬，左小腿压在右小腿上。

3. 随葬品及出土位置

在墓坑南部有器物台，宽 0.44、距墓开口 0.50 米。器物台上中部偏西出土钵、罐各 1 件，钵覆扣罐上（图八二；图版三〇，1）。

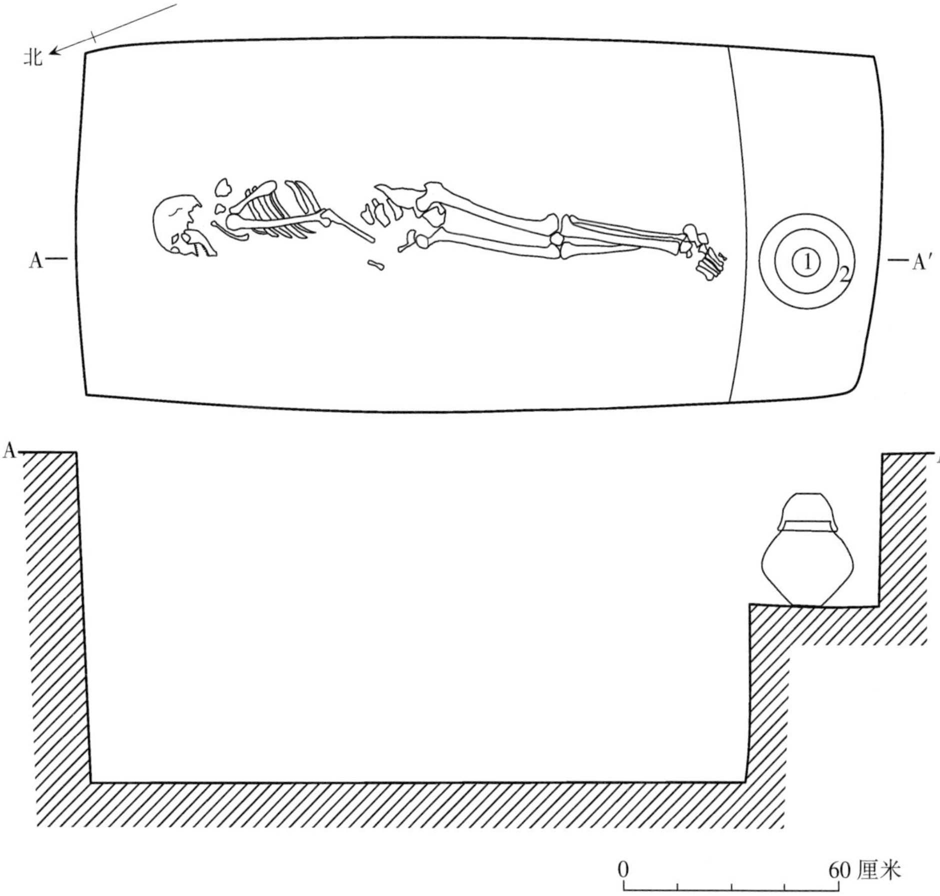

图八二　M38 平、剖面图

1. 陶钵　2. 陶罐

C 型钵　1 件。M38∶1，夹细砂灰褐陶。圆唇稍外撇，敞口，缓折腹，平底。高 9.1、口径 15.4、底径 6.4 厘米（图八三，1；图版三一，1）。

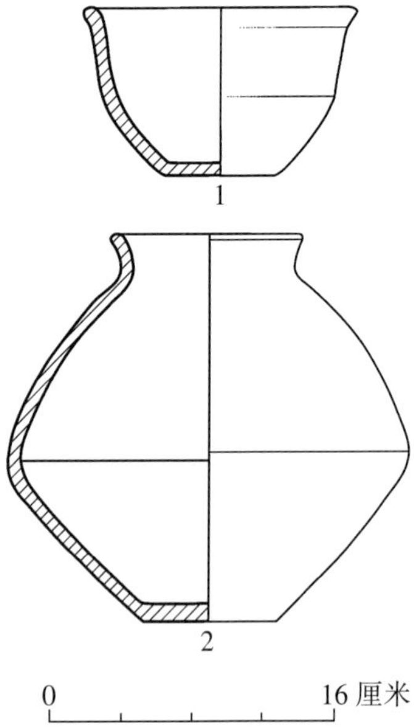

图八三 M38 出土陶钵、罐

1. C 型钵（M38∶1） 2. D 型Ⅰ式罐（M38∶2）

D 型Ⅰ式罐 1 件。M38∶2，夹砂红陶。圆唇，侈口，溜肩，折腹，最大腹径偏下，平底。高 21.1、口径 10.8、底径 7.5、最大腹径 22.6 厘米（图八三，2；图版三一，2）。

4. 期别

早期。

M39

1. 墓葬结构

平面近圆角长方形。墓圹长 2.35、宽 1.00～1.02、墓口至墓底（人骨面）深 1.10 米。墓底四面均有生土二层台，宽 0.12～0.30、以下挖 0.30 米。二层台以下形成长 1.72、宽 0.57、深 0.30 米的空间。墓向 42°。

2. 人骨及保存情况

单人葬，疑为女性，成年。人骨保存较差，面向东，仰身屈肢葬。

3. 随葬品及出土位置

在墓坑南部外侧紧贴墓壁有一半圆形的器物坑。器物坑直径 0.40、深 0.30 米。其内出土钵、壶各 1 件，钵覆扣壶上（图八四）。

钵 1 件。M39∶1，朽。

D 型Ⅰ式壶 1 件。M39∶2，夹砂灰褐陶。圆唇，侈口，溜肩，弧腹，最大腹径偏下，底稍内凹。高 20.4、口径 10.9、底径 7.9、最大腹径 19.2 厘米（图八五；图版三一，3）。

4. 期别

早期。

M40

1. 墓葬结构

平面呈圆角长方形。墓圹长 2.00、宽 1.20～1.24、深 1.30 米。墓底东西两侧有生土二层台，宽 0.28～0.52、高 0.20 米。二层台以下形成长 2.00、宽 0.45、深 0.20 米的空间。墓向 41°。

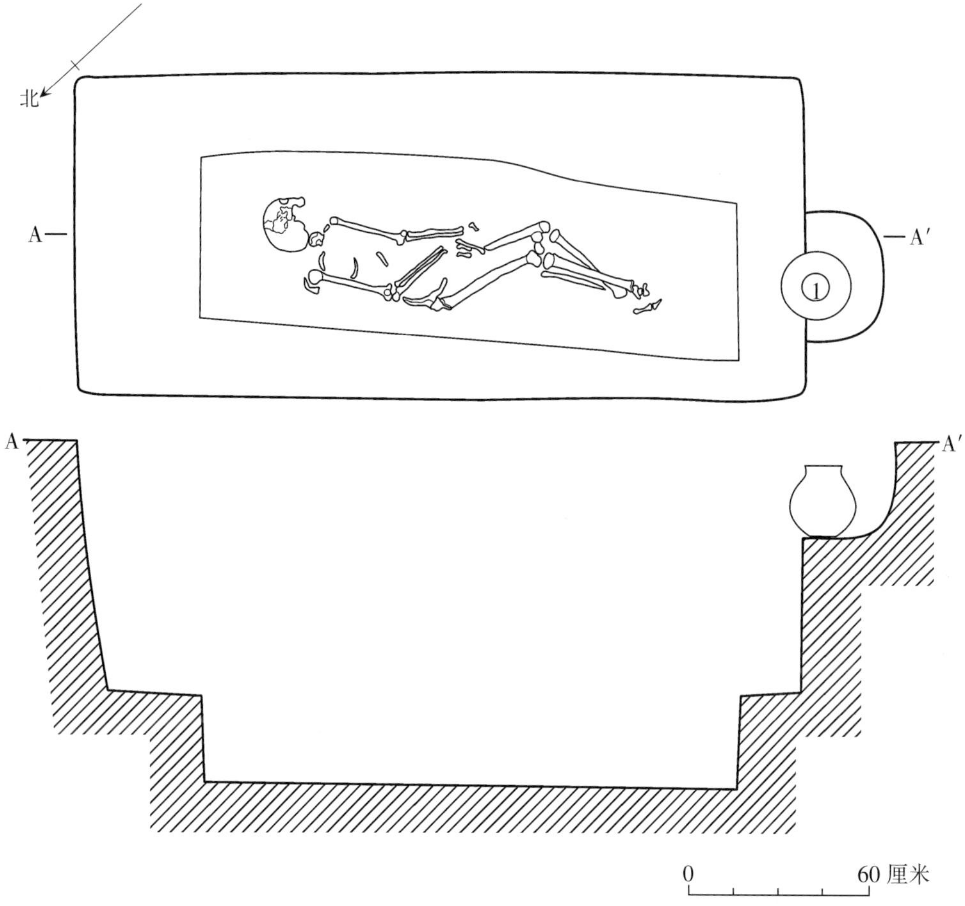

图八四　M39平、剖面图
1. 陶钵（朽）　2. 陶壶

2. 人骨及保存情况

墓内埋人骨二具，二具人骨压在一起，保存都较好。男在上，30岁左右，面向西，侧身直肢葬，左小腿压在右小腿上；女在下，30岁左右，面向东，仰身直肢葬。

3. 随葬品及出土位置

墓坑南部有一器物台。器物台直壁，平底，宽0.40、距墓开口0.54米，台上中部出土钵、罐各1件，钵覆扣罐上。墓坑底男墓主的趾骨下方出土鬲1件（图八六；图版三〇，2）。

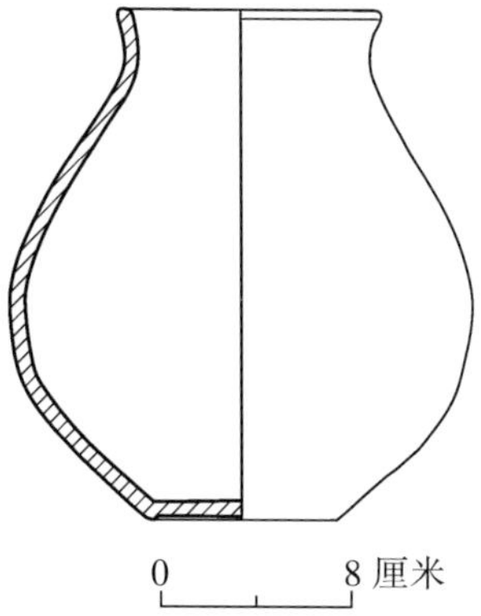

图八五　M39出土D型Ⅰ式陶壶（M39:2）

C型钵　1件。M40:1，夹砂红陶。圆唇，口沿

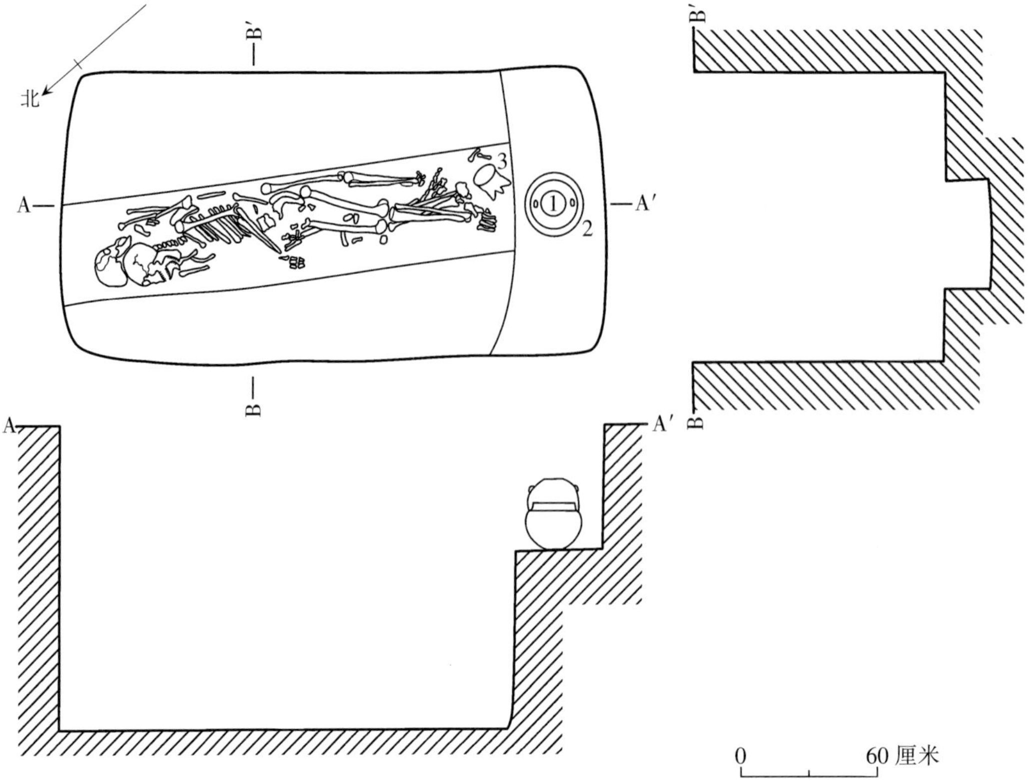

图八六 M40平、剖面图

1. 陶钵 2. 陶罐 3. 陶鬲

内抹斜，弧腹，腹中部偏下有两个小竖桥耳，平底，器表及内壁施红陶衣。高12.1、口径19.7、底径7.1厘米（图八七，1；图版三一，4）。

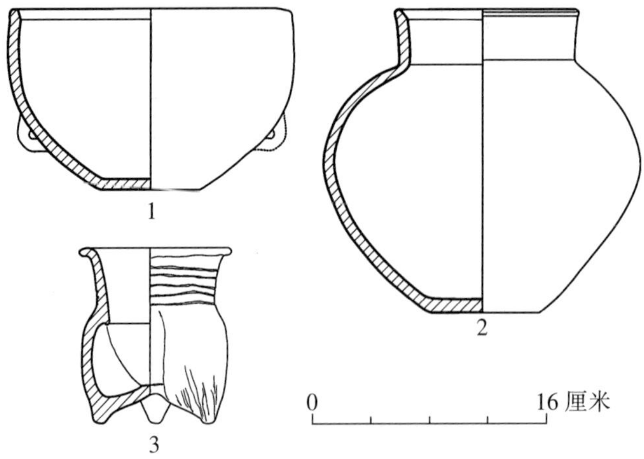

图八七 M40出土陶钵、罐、鬲

1. C型钵（M40∶1） 2. E型Ⅲ式罐（M40∶2） 3. 甲类Aa型Ⅲ式鬲（M40∶3）

E 型Ⅲ式罐　1 件。M40∶2，夹砂红褐陶。圆唇，口沿内抹斜，高领，鼓腹，平底，腹部最大径偏上，器表施红陶衣。高 20.3、口径 12.6、底径 7.5、最大腹径 21.8 厘米（图八七，2；图版三一，5）。

甲类 Aa 型Ⅲ式鬲　1 件。M40∶3，夹细砂黑陶。圆唇，侈口，高斜领较直，展沿，袋状空心足，乳突状粗圆短足尖，小平足跟，裆部呈钝角，领部有五道不规整的凹弦纹，裆缝有明显的凹沟。高 11.8、口径 10.7 厘米（图八七，3；图版三一，6）。

4. 期别

晚期。

M41

1. 墓葬结构

平面近圆角长方形，北壁为斜直壁，其他三壁为直壁。墓圹长 1.90、宽 0.75 ~ 0.80、深 0.65 米。墓向 26°。

2. 人骨及保存情况

单人葬，为 3 岁左右幼儿，性别不详。人骨保存较差，面向西，仰身屈肢葬。

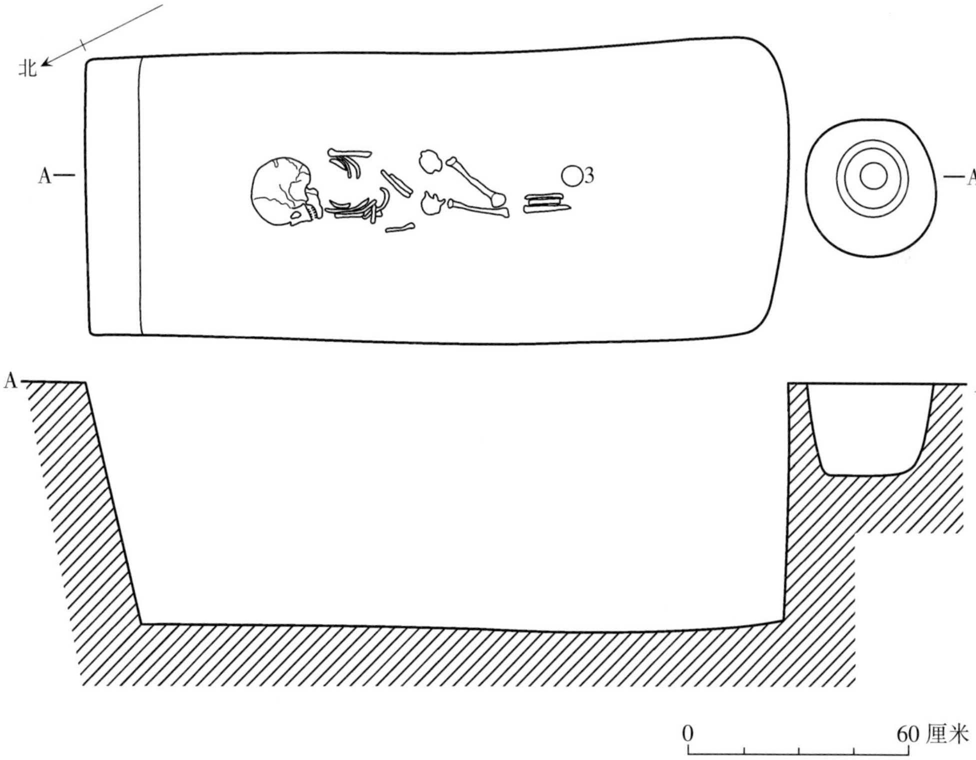

图八八　M41 平、剖面图

1. 陶钵（朽）　2. 陶罐（朽）　3. 陶盂

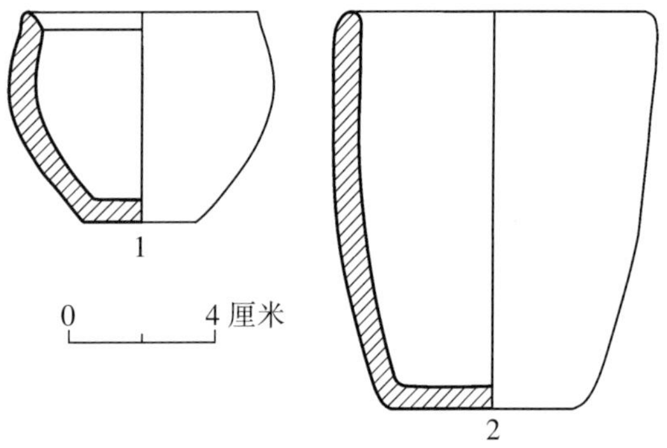

图八九 M41、M43出土陶盂、小罐
1. B型盂（M41∶3） 2. D型小罐（M43∶1）

3. 随葬品及出土位置

在墓坑南部外侧有一圆形器物坑。器物坑直径0.36、深0.24米。其内出土钵、罐各1件，钵覆扣罐上；在墓主的左腓骨外侧出土盂1件（图八八）。

钵 1件。M41∶1，朽。

罐 1件。M41∶2，朽。

B型盂 1件。M41∶3，夹细砂红褐陶。尖唇，敛口，口沿内抹斜，弧腹，平底。高5.6、口径6.4、底径3.1厘米（图八九，1）。

4. 期别

早期。

M42

1. 墓葬结构

平面为不甚规整的圆角长方形，四壁均为竖直壁。墓圹长2.70、宽0.77～0.87、深0.70米。墓向13°。

2. 人骨及保存情况

单人葬，为成年男性。人骨保存较差，面向西，俯身直肢葬。

3. 随葬品及出土位置

坑底出土钵、壶各1件，钵覆扣壶上（图九〇；图版三二，1）。

C型钵 1件。M42∶1，夹细砂灰褐陶。圆唇，侈口，口沿内抹斜，弧腹，平底。高8.0、口径12.9、底径5厘米（图九一，1；图版三三，1）。

B型Ⅰ式壶 1件。M42∶2，夹细砂红褐陶。圆唇，直领，溜肩，球腹，腹部最大径近中部，平底，器表施红陶衣。高26.9、口径10.9、底径7.7、最大腹径24.2厘米（图九一，2；图版三三，2）。

4. 期别

早期。

M43

1. 墓葬结构

平面长方形。墓圹长1.68、宽0.38～0.44、深0.26米。墓向29°。

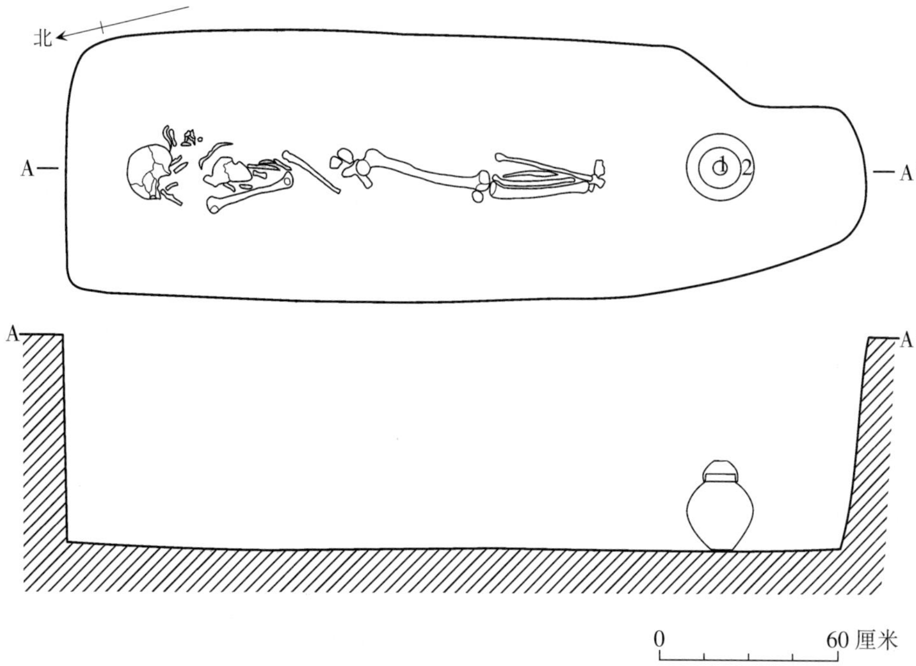

图九○　M42 平、剖面图

1. 陶钵　2. 陶壶

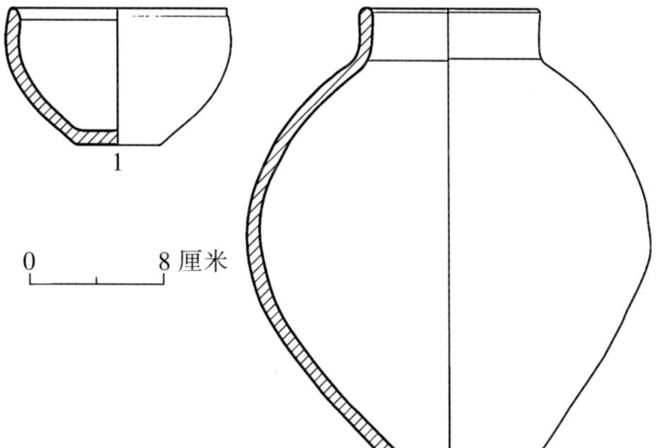

图九一　M42 出土陶钵、罐

1. C 型钵（M42∶1）　2. B 型Ⅰ式罐（M42∶2）

2. 人骨及保存情况

单人葬，为 3～5 岁幼儿。人骨保存较差，性别不详，面向不详，仰身直肢葬。

3. 随葬品及出土位置

填土为灰土，土质细密、坚硬，无其他包含物。墓主右腓骨外侧出土罐 1 件（图九二）。

D型小罐　1件。M43∶1，圆唇，侈口，筒腹，平底。高10.6、口径8.4、底径5.2厘米（图八九，2）。

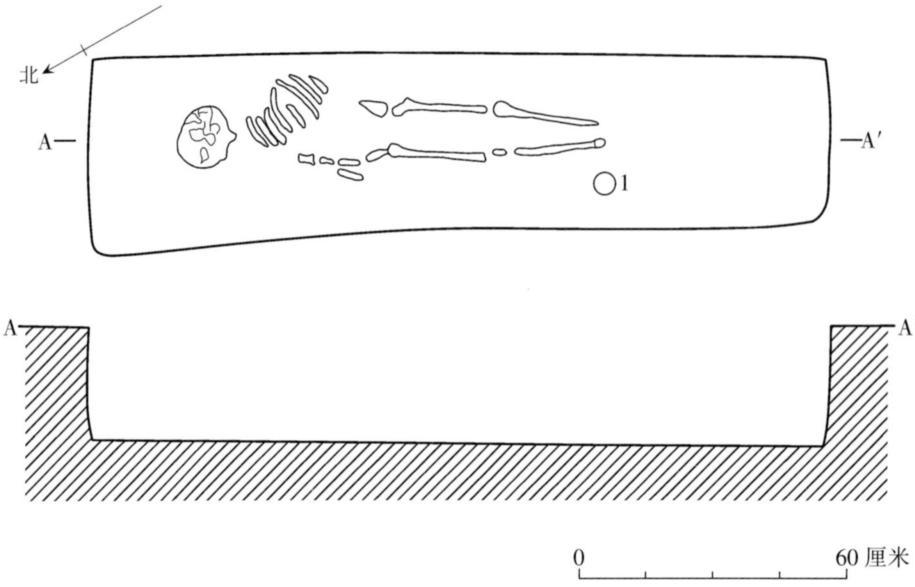

图九二　M43平、剖面图

1. 陶罐

4. 期别

不明。

M44

1. 墓葬结构

平面近圆角长方形，墓圹长2.50、宽0.98～1.14、深0.70米。墓向29°。

2. 人骨及保存情况

单人葬，为30～35岁女性。人骨保存较好，面向东，侧身直肢葬。

3. 随葬品及出土位置

在墓坑南部外侧紧贴墓壁有一圆形器物坑。器物坑斜壁，平底，直径0.32、深0.26米。其内出土钵、壶各1件，钵覆扣壶上（图九三；图版三二，2）。

D型钵　1件。M44∶1，夹细砂红陶。圆唇微外撇，侈口，口沿内抹斜，缓折腹，底稍内凹，有刻划纹，器表及内壁施红陶衣。高8.5、口径16.3、底径5.4厘米（图九四，1；图版三三，3）。

A型Ⅲ式壶　1件。M44∶2，夹细砂红陶。尖唇微外撇，高斜领，端肩，口沿内抹

图九三　M44 平、剖面图

1. 陶钵　2. 陶壶

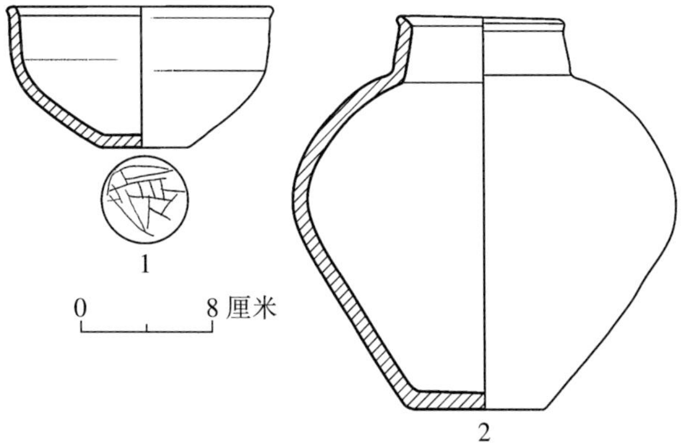

图九四　M44 出土陶钵、壶

1. D 型钵（M44∶1）　2. A 型Ⅲ式壶（M44∶2）

斜，缓折腹，平底，器表施红陶衣。高 23.5、口径 10.2、底径 8.1、最大腹径 23.6 厘米（图九四，2；图版三三，4）。

4. 期别

晚期。

M45

1. 墓葬结构

平面近圆角长方形。墓圹长2.20、宽1.04、深0.78米。墓向31°。

2. 人骨及保存情况

单人葬，为30~35岁左右男性。人骨保存较好，面向西，侧身直肢葬。

3. 随葬品及出土位置

在墓坑南部外侧偏东紧贴墓壁有一半圆形的器物坑。器物坑斜壁，圜底，直径0.42、深0.38米。其内出土钵、罐各1件，钵覆扣罐上（图九五；图版三四，1）。

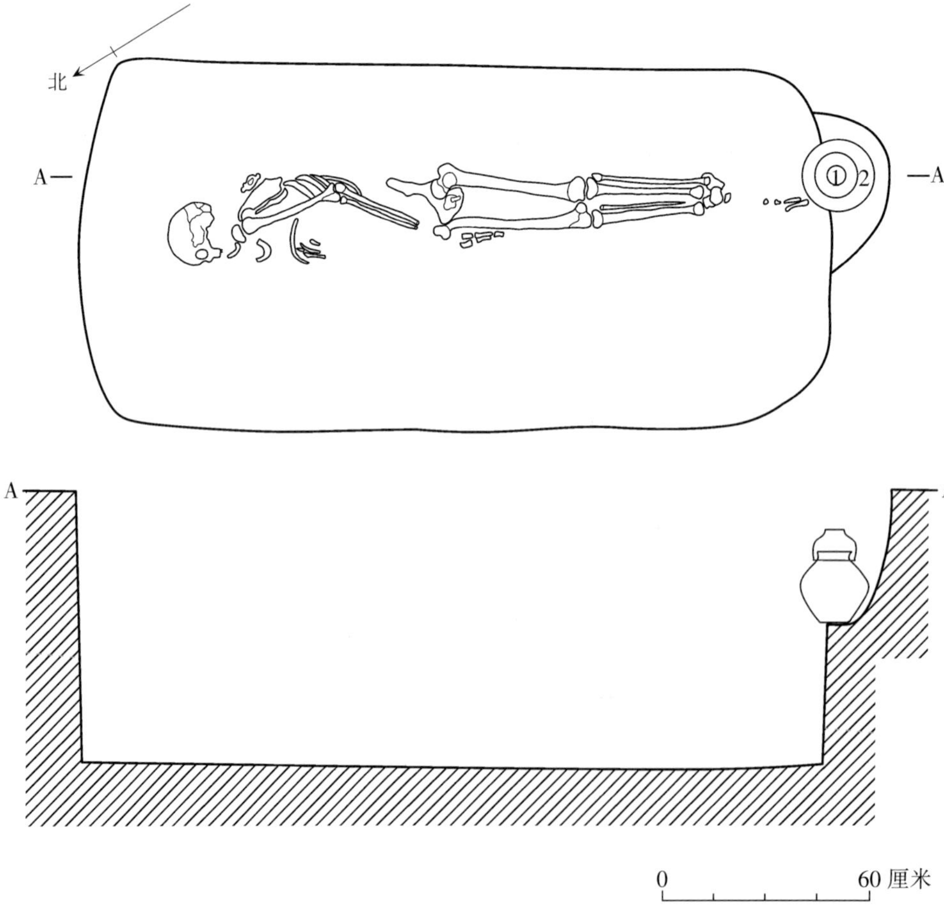

图九五　M45平、剖面图

1. 陶钵　2. 陶罐

A 型钵　1 件。M45∶1，夹细砂红陶。圆唇稍外撇，侈口，口沿内抹斜，缓折腹，高台类圈足底，底部中央留有凸瘤，器表施红陶衣。高 9.0、口径 11.9、底径 5.3 厘米（图九六，1；图版三五，1）。

D 型Ⅱ式罐　1 件。M45∶2，夹细砂红陶。圆唇，侈口，矮领，溜肩，缓折腹，平底。高 20.2、口径 9.6、底径 7.9、最大腹径 19.5 厘米（图九六，2；图版三五，2）。

4. 期别

中期。

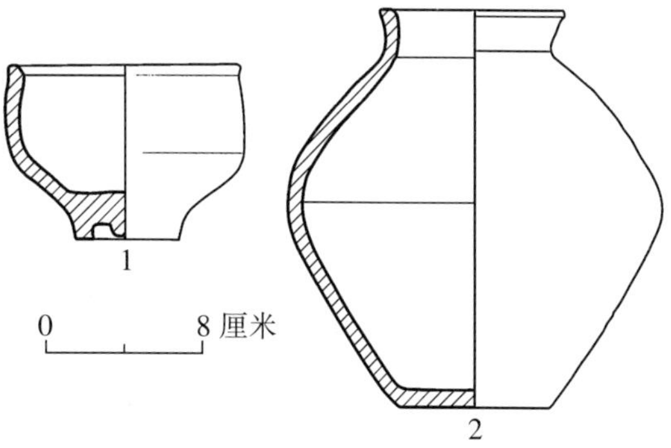

图九六　M45 出土陶钵、罐

1. A 型钵（M45∶1）　2. D 型Ⅱ式罐（M45∶2）

M46

1. 墓葬结构

平面近长方形。墓圹长 1.76、宽 0.38～0.48、深 0.32 米。墓向 19°。

2. 人骨及保存情况

单人葬，性别不详。人骨保存一般，15～20 岁，面向东，侧身直肢葬，右小腿压在左小腿上。

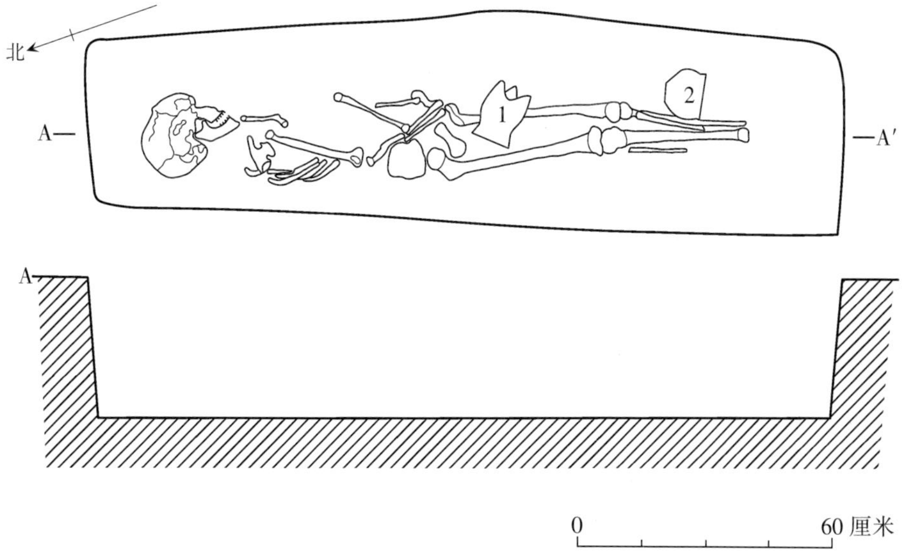

图九七　M46 平、剖面图

1. 陶鬲　2. 陶盂

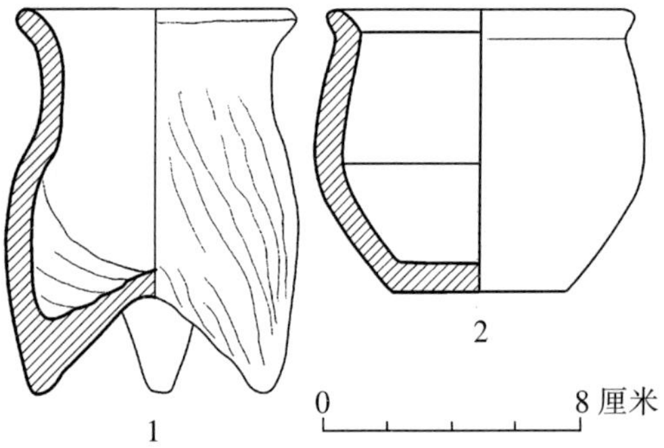

图九八　M46出土陶鬲、盂

1. 甲类Aa型Ⅰ式鬲（M46∶1）　2. A型盂（M46∶2）

3. 随葬品及出土位置

填土为灰土，土质细密，无其他包含物。墓主的左股骨上出土鬲1件，左腓骨外侧出土盂1件（图九七；图版三四，2）。

甲类Aa型Ⅰ式鬲　1件。M46∶1，夹砂黄褐陶。圆唇，侈口，高斜领略弧，锥状空心足，小平足跟，足内侧有绳纹抹光，外施浅红褐陶衣。高11.6、口径8.6厘米（图九八，1；图版三五，3）。

A型盂　1件。M46∶2，夹砂黑陶。尖唇微外撇，敛口，折腹，平底。高8.5、口径9.5、底径5.4厘米（图九八，2；图版三五，4）。

4. 期别

早期。

M47

1. 墓葬结构

平面近圆角长方形。墓圹长2.60、宽1.06～1.14、墓口至墓底（人骨面）深0.80米。墓底四面有生土二层台，且二层台起葬具的作用，宽0.34～0.40、以下挖0.10米。二层台以下形成长1.94、宽0.38～0.40、深0.10米的空间。墓向13°。

2. 人骨及保存情况

单人葬，为25～30岁男性。人骨保存较好，面向西，侧身直肢葬，左腿压在右腿上。

3. 随葬品及出土位置

在墓坑南部外侧紧贴墓壁有一圆形器物坑。器物坑平底，直径0.33米。其内出土夹细砂红褐陶罐底1件（推测也是钵罐组合，惜已被破坏）；右胫骨上出土鬲1件，左股骨外侧出土1件骨锥（图九九；图版三六，1）。

钵　1件。M47∶1，朽。

罐　1件。M47∶2，朽。

乙类A型Ⅰ式鬲　1件。M47∶3，夹细砂陶。圆唇，侈口，展沿，筒腹与袋足连成一体，截面近圆形，空足下接锥状实心足根，外施黑陶衣。高26.1、口径16.5厘米（图一〇〇，1；图版三七，1）。

骨锥　1件。M47∶4，磨制而成，两端均为锥状。长3.4、最宽0.8、厚0.2厘米

图九九 M47 平、剖面图

1. 陶钵（无） 2. 陶罐（罐底） 3. 陶鬲 4. 骨锥

（图一〇〇，2；图版三七，2）。

4. 期别

早期。

M48

1. 墓葬结构

平面长方形。墓圹长 2.60、宽 1.06～1.20、深 0.38 米。墓向 34°。

2. 人骨及保存情况

单人葬，为 8 岁左右儿童。人骨保存较差，性别不详，面向东，侧身屈肢葬。

3. 随葬品及出土位置

填土为灰土，土质细密、坚硬，

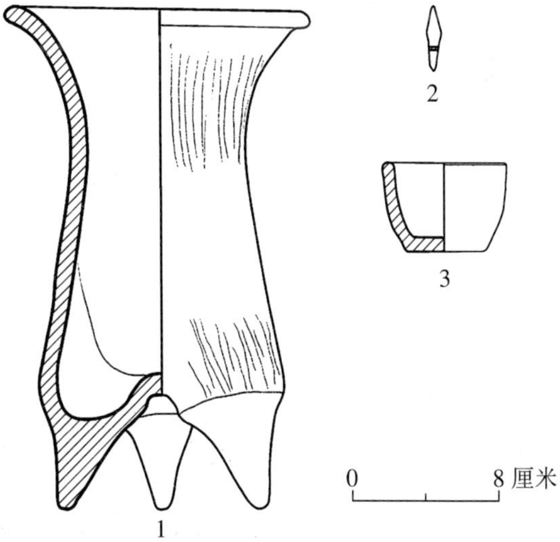

图一〇〇 M47、M48 出土陶鬲、小钵，骨锥

1. 乙类 A 型Ⅰ式鬲（M47∶3） 2. 骨锥（M47∶4） 3. A 型小钵（M48∶1）

无其他包含物。墓主的右胫骨下出土钵1件（图一○一）。

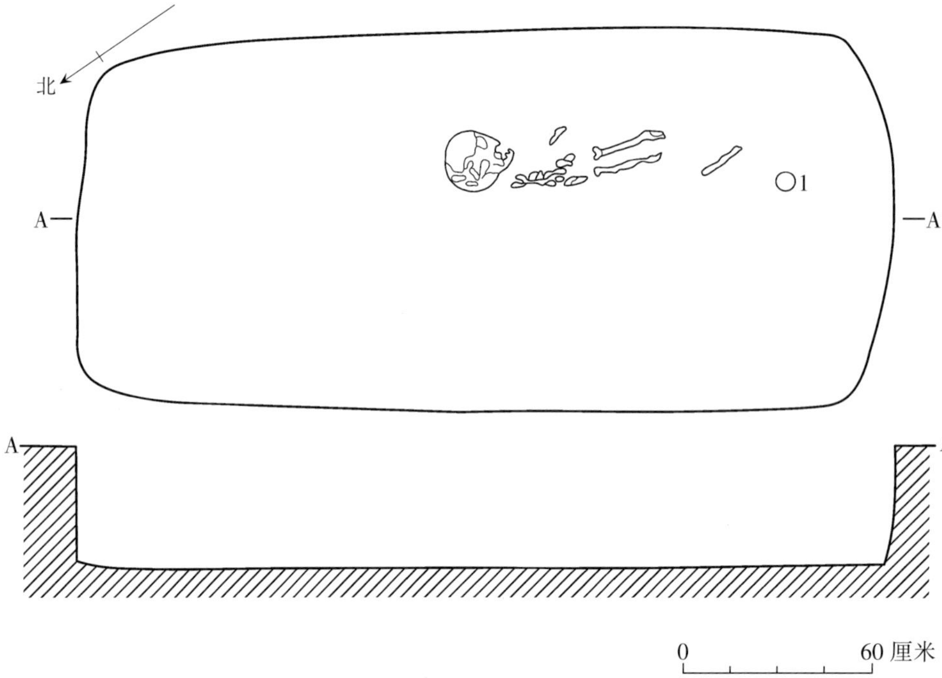

图一○一 M48平、剖面图
1. 陶钵

A型小钵 1件。M48∶1，半球状，夹砂灰褐陶。圆唇，侈口，弧腹，平底。高4.7、口径6.8、底径4.0厘米（图一○○，3）。

4. 期别

中期。

M49

1. 墓葬结构

平面为圆角梯形，四壁均为竖直壁。墓圹长2.02、宽0.84～1.06、深0.38米。墓向22°。

2. 人骨及保存情况

单人葬。人骨保存较差，10岁左右，性别不详，面向东，仰身直肢葬。

3. 随葬品及出土位置

墓坑中的填土分两层。第1层为灰土，厚0.26米，土质疏松，在靠近墓坑南壁处出土钵、壶各1件，钵覆扣壶上；第2层为黄白花土，厚0.12米，土质坚硬。在趾骨下出土壶1件、墓主的头骨两侧及上身两侧出土贝壳制成的坠饰7枚（图一○二；图版三六，2）。

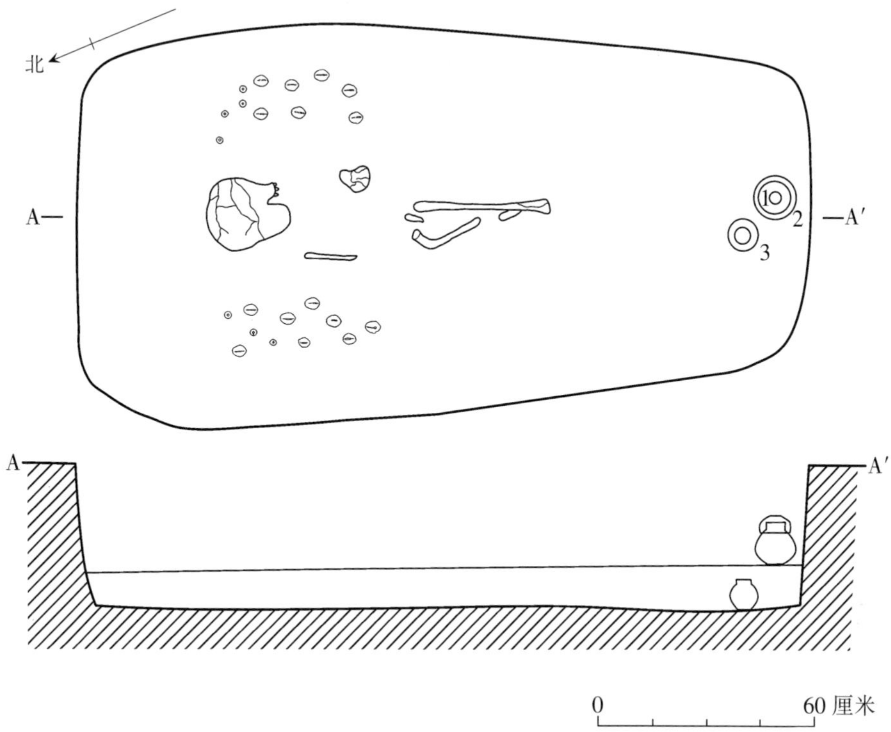

图一〇二　M49 平、剖面图

1. 陶钵　2、3. 陶壶　4. 蚌壳坠饰　5. 海贝

D 型钵　1 件。M49∶1，夹细砂红陶。尖唇，微侈口，口沿内抹斜，缓折腹，平底。高 6.4、口径 11.7、底径 4.2 厘米（图一〇三，1；图版三七，3）。

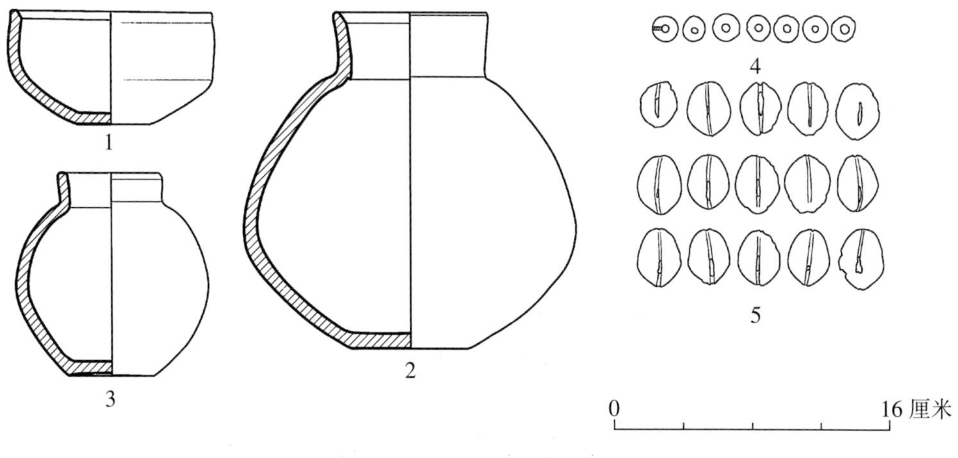

图一〇三　M49 出土陶钵、壶、小壶，蚌壳坠饰，海贝

1. D 型陶钵（M49∶1）　2. D 型Ⅱ式陶壶（M49∶2）　3. A 型陶小壶（M49∶3）
4. C 型蚌壳坠饰（M49∶4～M49∶10）　5. 海贝（M49∶11～M49∶25）

D 型Ⅱ式壶　1 件。M49∶2，夹细砂红褐陶。圆唇，微侈口，口沿内抹斜，高领，溜肩，垂腹，平底，器表施红陶衣。高 19.0、口径 9.0、底径 6.8、最大腹径 19.2 厘米（图一〇三，2；图版三七，4）。

A 型小壶　1 件。M49∶3，夹砂黑褐陶。圆唇，直口，溜肩，球腹，底稍内凹。高 11.4、口径 6.0、底径 5.0 厘米（图一〇三，3；图版三八，1）。

C 型蚌壳坠饰　7 件，形制相同，白色蚌壳磨制而成，圆环形。M49∶4～M49∶10，外径 1.3～1.5、内径约 0.4 厘米（图一〇三，4；图版三八，2）。

海贝　15 件。M49∶11～M49∶25，长 2.6～3.0、宽 2.1～2.5 厘米（图一〇三，5；图版三八，3）。

4. 期别

中期。

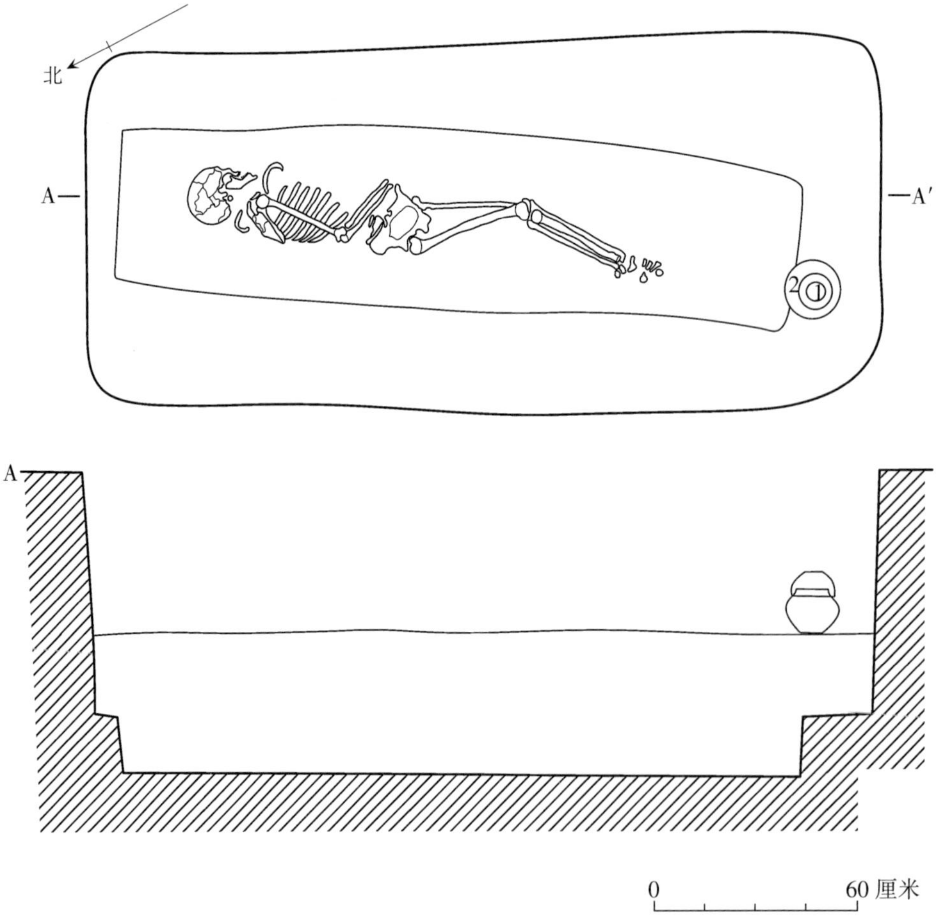

图一〇四　M50 平、剖面图

1. 陶钵　2. 陶罐

M50

1. 墓葬结构

平面为圆角长方形，墓四壁均为竖直壁。墓圹长 2.36、宽 1.02～1.10、墓口至墓底（人骨面）深 0.88 米。墓底四面有生土二层台，且二层台起葬具的作用，宽 0.44～0.52、以下挖 0.18 米。二层台以下形成长 2.04、宽 0.46～0.52、深 0.18 米的空间。墓向 27°。

2. 人骨及保存情况

单人葬，疑为女性。成年，人骨保存较好，面向东，侧身屈肢葬。

3. 随葬品及出土位置

墓坑中的填土分两层。第 1 层为灰土，厚 0.47 米，土质疏松，在靠近墓坑南壁处出土钵、罐各 1 件，钵覆扣罐上；第 2 层为黄白花土，厚 0.41 米，土质坚硬，无其他包含物（图一〇四）。

C 型钵　1 件。M50∶1，夹砂红陶。尖唇，侈口，口沿内抹斜，弧腹，平底。高 7.6、口径 13.3、底径 4.7 厘米（图一〇五，1）。

E 型Ⅲ式罐　1 件。M50∶2，夹细砂红陶。圆唇稍外撇，直口，端肩，口沿内抹斜，鼓腹，最大腹径偏上，平底，器表施红陶衣。高 14.0、口径 8.6、底径 6.7、最大腹径 15.2 厘米（图一〇五，2）。

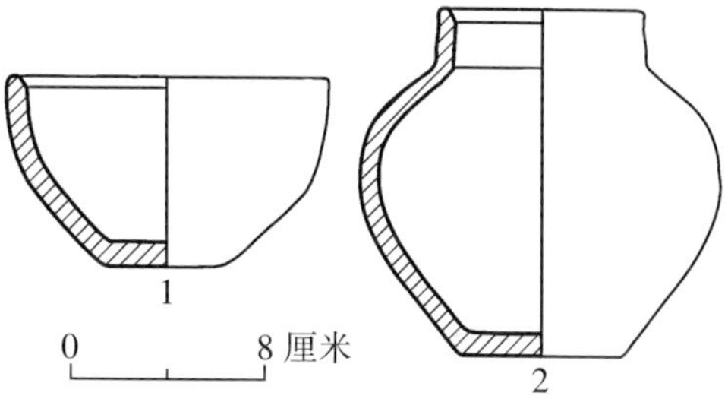

图一〇五　M50 出土陶钵、罐

1. C 型钵（M50∶1）　2. E 型Ⅲ式罐（M50∶2）

4. 期别

晚期。

M51

1. 墓葬结构

平面长方形，墓坑北壁和东壁被 H28 所打破，南、北两壁为斜直壁，东、西两壁为直壁。墓圹长 2.74、宽 0.92～1.08、深 1.60 米。墓向 32°。

2. 人骨及保存情况

单人葬，为 35～40 岁女性。人骨保存较好，面向东，侧身屈肢葬。

3. 随葬品及出土位置

填土为灰土，土质细密、坚硬，无其他包含物。在墓主的左踝骨外侧出土鬲、盂各 1 件（图一〇六；图版三九，1）。

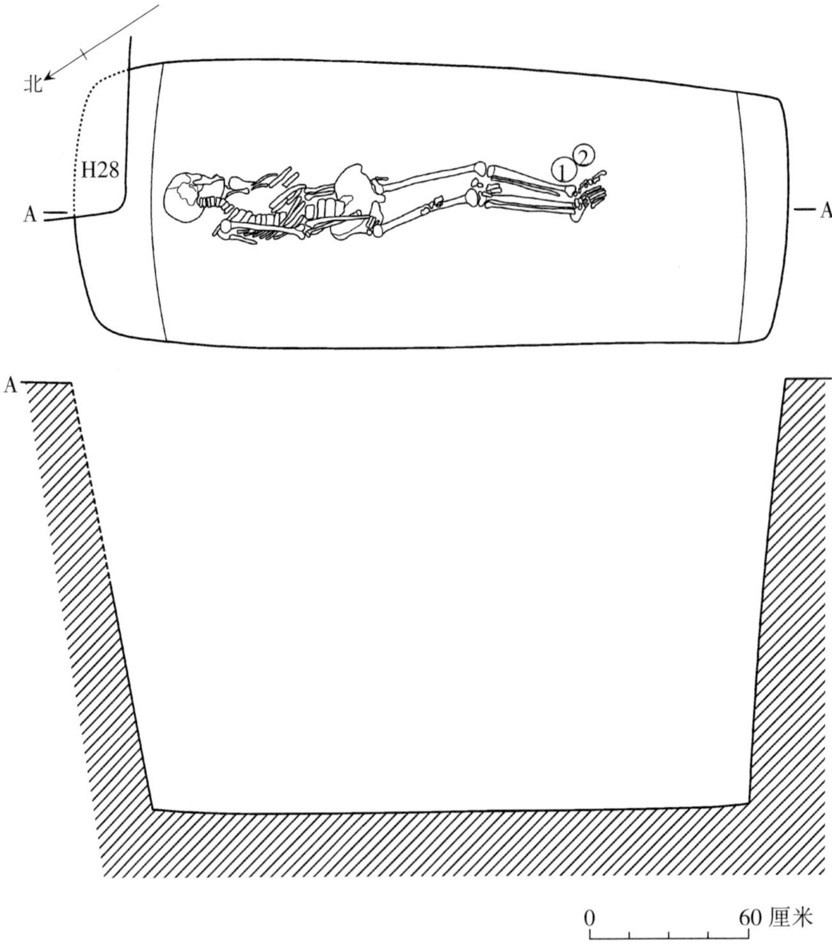

图一〇六 M51平、剖面图

1. 陶鬲 2. 陶盂

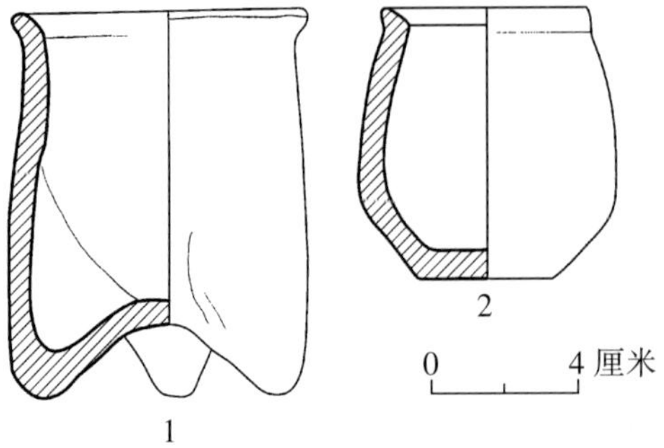

图一〇七 M51出土陶鬲、盂

1. 丙类A型Ⅱ式鬲（M51∶1） 2. C型盂（M51∶2）

丙类A型Ⅱ式鬲 1件。M51∶1，夹细砂黑陶。圆唇，腹壁较直，空心足稍外撇，裆部呈钝角，小平足跟。高10.3、口径8.2厘米（图一〇七，1；图版三八，4）。

C型盂 1件。M51∶2，夹细砂红褐陶，尖唇，敛口，口沿内抹斜且微外展，筒腹，平底。高7.2、口径5.6、底径3.6厘米（图一〇七，2；图版四〇，1）。

4. 期别

晚期。

M52

1. 墓葬结构

平面圆角长方形，墓坑东壁被 H28 所打破。墓圹长 2.28、宽 0.88～1.04、深 0.68 米。墓向 38°。

2. 人骨及保存情况

单人葬，为 35 岁左右女性。人骨保存较好，面向东，仰身直肢葬（图一〇八）。

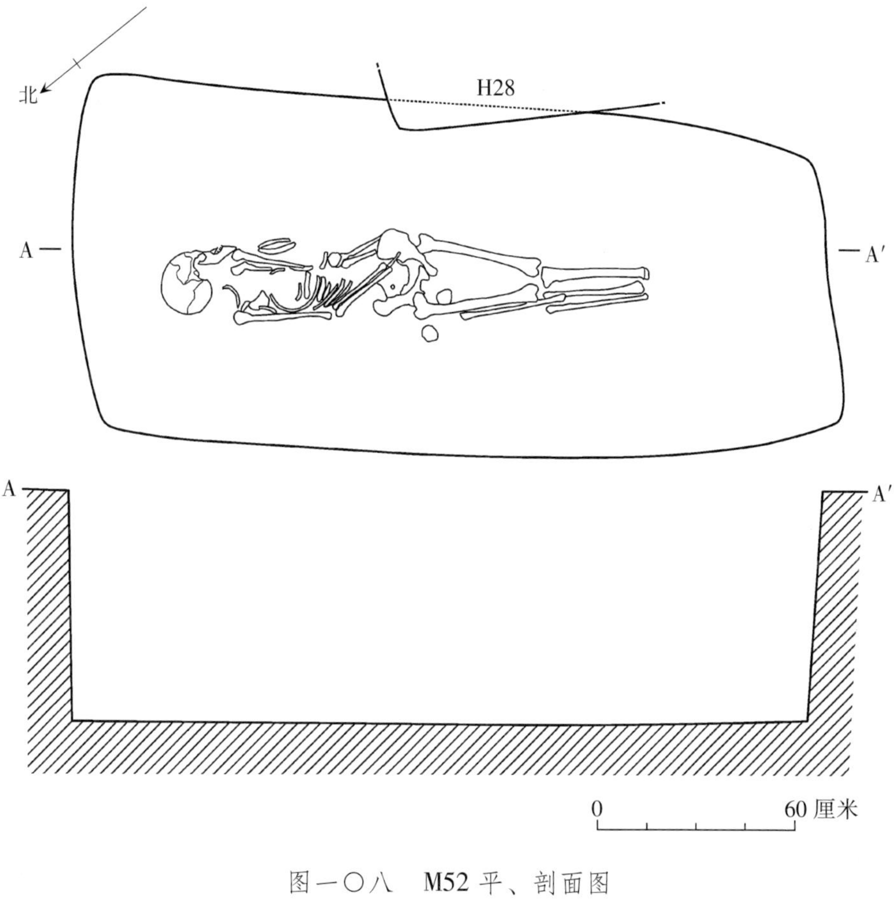

图一〇八　M52 平、剖面图

3. 随葬品及出土位置

填土为灰土，土质细密、坚硬，无其他包含物。未出土遗物。

4. 期别

不明。

M53

1. 墓葬结构

平面近圆角长方形。墓圹长2.26、宽1.14～1.18、深1.00米。墓底四面均有生土二层台，宽0.40～0.42、深0.35米。二层台以下形成长1.86、宽0.40、深0.35米的空间。墓向34°。

2. 人骨及保存情况

单人葬，为35岁左右女性。人骨保存较好，面向东，仰身直肢葬。

3. 随葬品及出土位置

在墓坑南部外侧紧贴墓壁有一个半圆形器物坑。器物坑直壁，平底，直径0.58、深0.36米。其内出土钵、壶各1件，钵覆扣壶上；墓坑底墓主左腓骨外侧出土鬲1件（图一〇九；图版三九，2）。

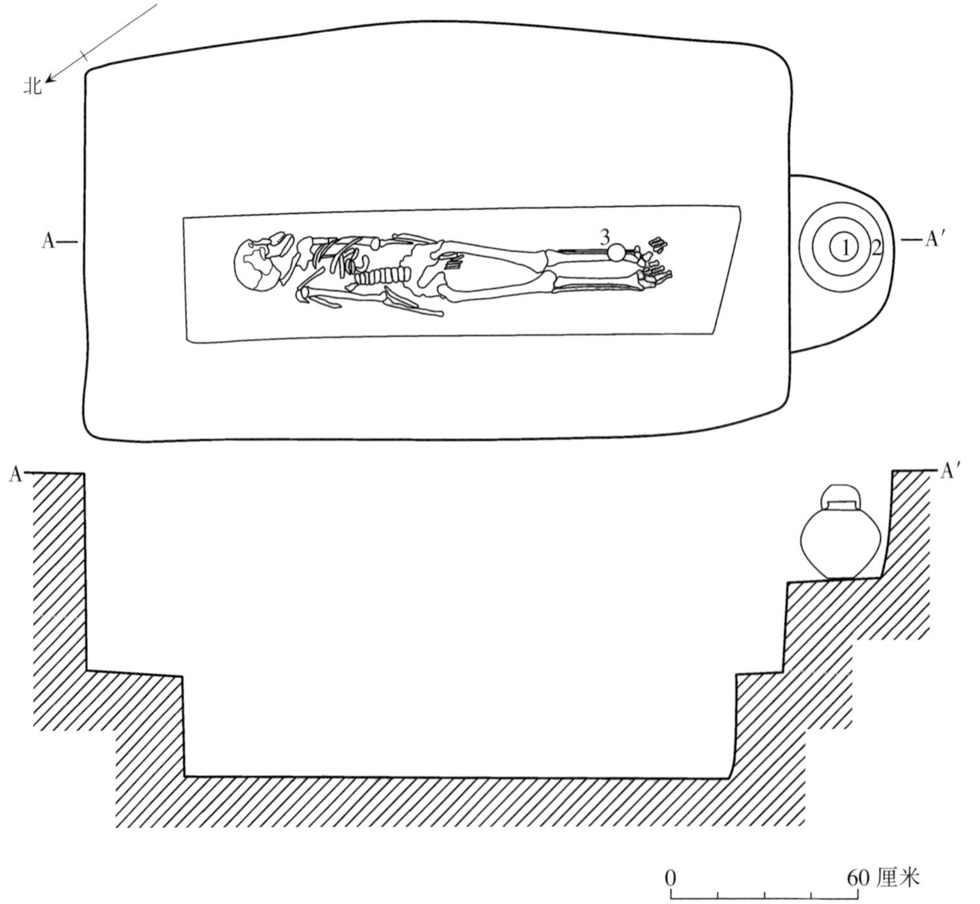

图一〇九　M53平、剖面图

1. 陶钵　2. 陶壶　3. 陶鬲

C 型钵　1 件。M53∶1，夹细砂红褐陶。圆唇微外撇，侈口，口沿内抹斜，弧腹，平底，器表及内壁施红陶衣。高 8.0、口径 13.5、底径 5.9 厘米（图一一〇，1；图版四〇，2）。

B 型Ⅱ式壶　1 件。M53∶2，夹细砂红陶。圆唇微外撇，直领，球腹，平底，器表施红陶衣。高 25.5、口径 10.7、底径 8.9、最大腹径 26.3 厘米（图一一〇，2；图版四〇，3）。

乙类 B 型Ⅱ式鬲　1 件。M53∶3，泥质陶，外施黑陶衣。圆唇，侈口，口沿外展，短筒腹与袋足连成一体，小平足跟，裆缝处有明显的凹沟。高 12.2、口径 10.4 厘米（图一一〇，3；图版四〇，4）。

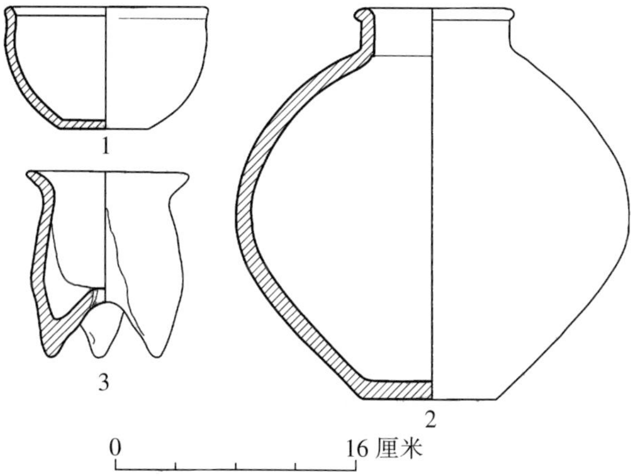

图一一〇　M53 出土陶钵、壶、鬲

1. C 型钵（M53∶1）　2. B 型Ⅱ式壶（M53∶2）　3. 乙类 B 型Ⅱ式鬲（M53∶3）

4. 期别

中期。

M54

1. 墓葬结构

平面近圆角长方形，墓坑南部被 H30 打破。墓圹长 2.10、宽 1.10、深 0.50 米。墓向 71°。

2. 人骨及保存情况

单人葬，为 3 岁左右幼儿，性别不详。人骨保存较差，面向东，侧身直肢葬。

3. 随葬品及出土位置

在墓主的头骨及身体两侧出土蚌壳制成的坠饰 7 枚，左小腿骨外侧出土盂 1 件

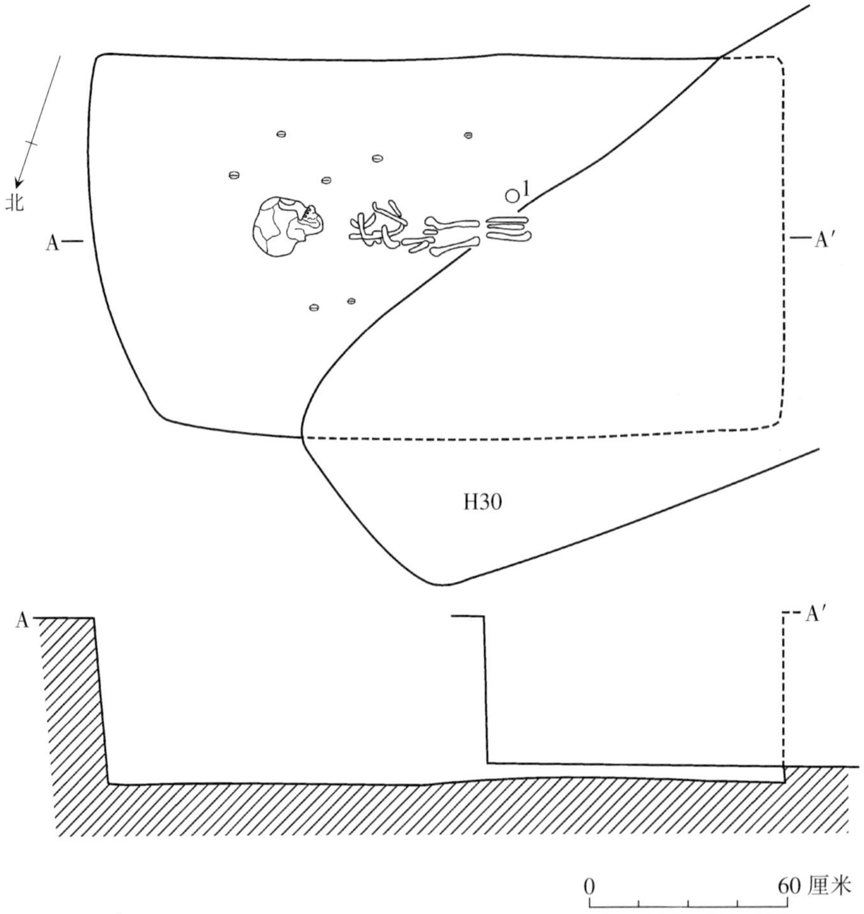

图一一一　M54平、剖面图

1. 陶盂　2. 蚌壳坠饰

（图一一一）。

B型盂　1件。M54∶1，夹细砂红褐陶。圆唇，侈口，折腹，平底，器表施红陶衣。高5.7、口径5.8、底径4厘米（图一一二，1；图版四一，1）。

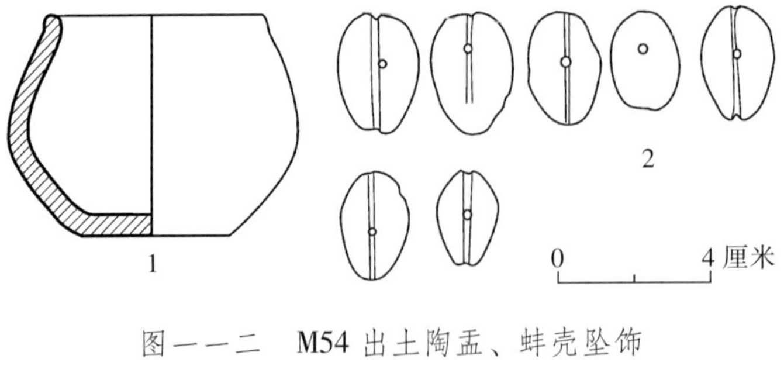

图一一二　M54出土陶盂、蚌壳坠饰

1. B型陶盂（M54∶1）　2. 蚌壳坠饰（M54∶2）

蚌壳坠饰　7件，形制相同。蚌壳磨制而成，海贝造型（椭圆形），一面有一道凹槽，中间对钻一圆孔。M54∶2～M54∶8，长径2.2～3.1、短径1.6～2.2厘米（图一一二，2；图版四一，2）。

4. 期别

中期。

M55

1. 墓葬结构

平面呈圆角长方形，北壁为斜直壁，其他三壁为直壁。墓圹长2.50、宽0.96～1.06、深1.18米。墓向30°。

2. 人骨及保存情况

单人葬，为20岁左右男性。人骨保存一般，面向西，侧身直肢葬。

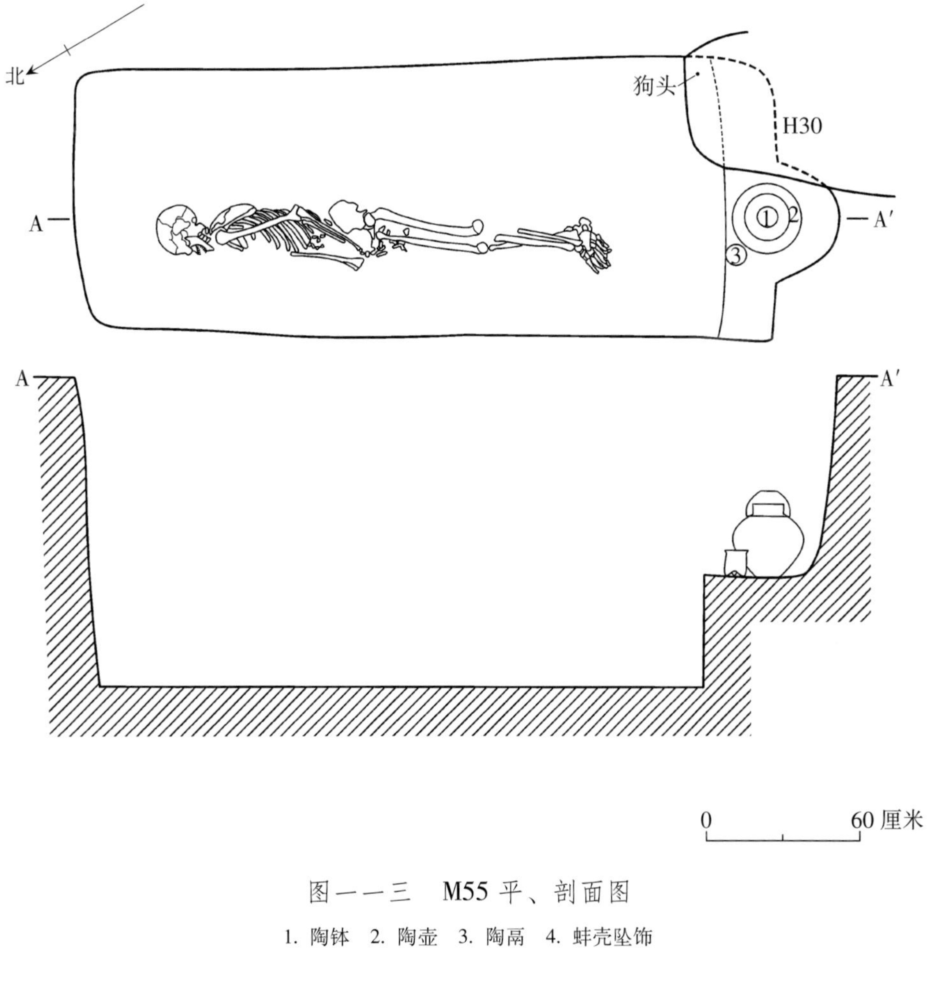

图一一三　M55平、剖面图

1. 陶钵　2. 陶壶　3. 陶鬲　4. 蚌壳坠饰

3. 随葬品及出土位置

在墓坑南部有器物台和一半圆形器物坑。器物台直壁，平底，宽0.20、距墓开口0.75米；器物坑直径0.44米。器物台上出土钵、壶、鬲各1件，钵覆扣壶上；头骨两侧出土贝壳制成的坠饰5件（图一一三；图版四二，1）。

C型钵 1件。M55∶1，夹细砂红陶。圆唇稍外撇，侈口，弧腹，平底。高9.0、口径15.8、底径6.0厘米（图一一四，1；图版四一，3）。

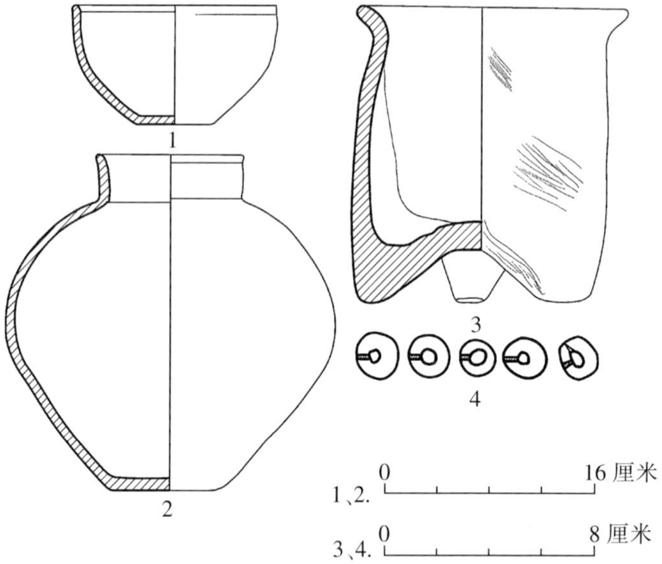

图一一四 M55出土陶钵、壶、鬲，蚌壳坠饰

1. C型陶钵（M55∶1） 2. A型Ⅱ式陶壶（M55∶2） 3. 乙类B型Ⅰ式陶鬲（M55∶3） 4. C型蚌壳坠饰（M55∶4）

A型Ⅱ式壶 1件。M55∶2，夹细砂红陶。尖唇微外撇，直领，端肩，鼓腹，腹最大径偏上，底稍内凹，器表施红陶衣。高25.3、口径11.4、底径8.1、最大腹径25.6厘米（图一一四，2；图版四一，4）。

乙类B型Ⅰ式鬲 1件。M55∶3，夹细砂黑陶。圆唇，侈口，展沿，筒腹与袋足连成一体，平足跟，裆部呈钝角。高11.2、口径10.4厘米（图一一四，3；图版四三，1）。

C型蚌壳坠饰 5件，形制相同。白色蚌壳磨制而成，圆环形。M55∶4～M55∶8，外径0.6～0.9、内径约0.25厘米（图一一四，4；图版四三，2）。

4. 殉牲情况

墓坑的西南角距墓葬开口0.20米处出狗头骨1个。

5. 期别

早期。

M56

1. 墓葬结构

平面呈不甚规整的圆角长方形，墓坑南壁为斜直壁，其他三壁为直壁。墓圹长2.10、宽0.86～1.12、深0.90米。墓向25°。

2. 人骨及保存情况

单人葬，为30～35岁男性。人骨保存较好，面向西，侧身直肢葬。

3. 随葬品及出土位置

填土为灰土，土质疏松。在墓坑南部有器物台和半圆形器物坑。器物台斜壁，平底，宽0.26、距墓开口0.46米。器物坑直径0.34米。器物台上出土钵、罐各1件，钵覆扣罐上；墓主的右趾骨下方出土钵、鬲各1件，钵覆扣鬲上（图一一五；图版四二，2）。

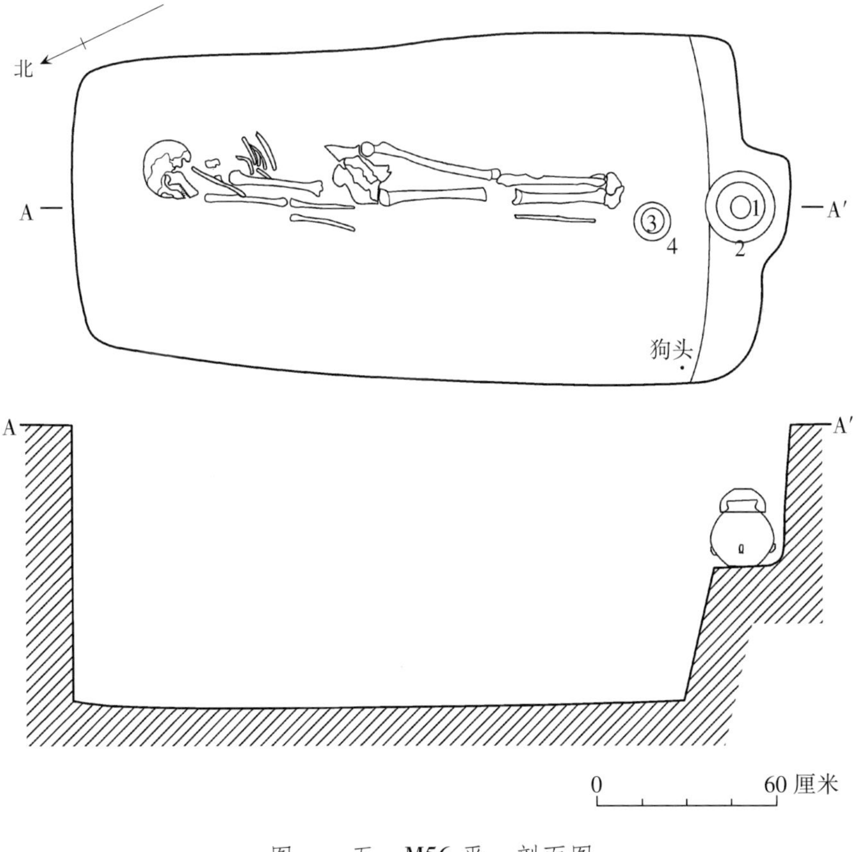

图一一五　M56平、剖面图

1、3. 陶钵　2. 陶罐　4. 陶鬲

C型钵　1件。M56∶1，夹砂红陶，圆唇，侈口，缓折腹，平底，器表施红陶衣。

高7.4、口径15.2、底径5.8厘米（图一一六，1；图版四三，3）。

Cb型罐 1件。M56∶2，夹砂红陶。圆唇，侈口，溜肩，球腹，最大腹径偏下，平底，腹部偏下有四个对称的竖桥耳嵌入腹壁，器表施红陶衣。高21.0、口径10.2、底径9.2、最大腹径21.4厘米（图一一六，2；图版四三，4）。

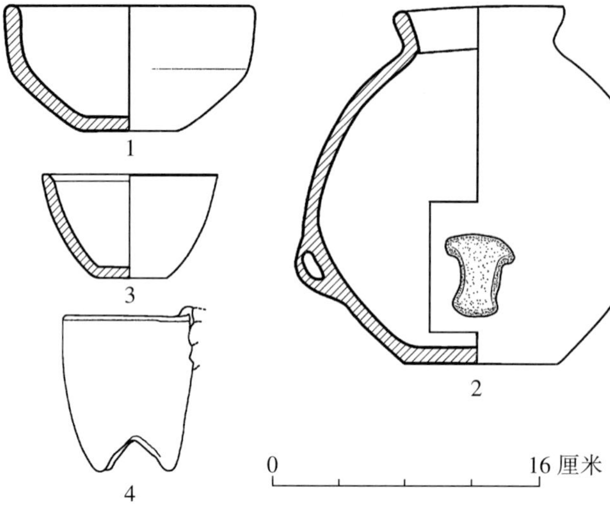

图一一六 M56出土陶钵、罐、小钵、鬲

1. C型钵（M56∶1） 2. Cb型罐（M56∶2） 3. A型小钵（M56∶3） 4. 丙类B型Ⅰ式鬲（M56∶4）

A型小钵 1件。M56∶3，夹细砂红褐陶。半球状，圆唇，敞口，弧腹，平底。高6.2、口径10.7、底径4.2厘米（图一一六，3；图版四四，1）。

丙类B型Ⅰ式鬲 1件。M56∶4，夹细砂红陶。圆唇，腹壁较直呈筒状，矮窄裆，裆部呈钝角，小平足跟，口沿外侧有一个稍高于口沿的竖桥耳。高9.1、口径7.7厘米（图一一六，4；图版四四，2）。

4. 殉牲情况

墓坑的西南角距墓葬开口0.70米处出狗头骨2个。

5. 期别

中期。

M57

1. 墓葬结构

平面近圆角长方形。墓圹长2.48、宽1.02～1.08、墓口至墓底（人骨面）深1.08米。墓底四面均有生土二层台，且二层台起葬具的作用，宽0.48～0.50、以下挖0.26米。二层台以下形成长2.05、宽0.40、深0.26米的空间。墓向39°。

2. 人骨及保存情况

单人葬，为30岁左右男性。人骨保存较好，面向西，侧身直肢葬，左小腿压在右小腿上。

3. 随葬品及出土位置

填土为灰土，土质疏松。墓坑南部外侧偏东紧贴墓壁有一半圆形器物坑。器物坑直壁，平底，直径0.66、深0.52米，出土钵、壶各1件，钵覆扣壶上。墓主右趾骨外侧出土陶器2件，钵覆扣鬲上；左趾骨下方出土罐2件（图一一七；图版四五，1）。

图一一七　M57平、剖面图

1、3. 陶钵　2. 陶壶　4. 陶鬲　5、6. 陶罐

B型钵　1件。M57:1，夹砂红陶。尖唇，敞口，缓折腹，圈足（残），器表施红陶衣。存高9.1、口径15.2厘米（图一一八，1；图版四四，3）。

A型Ⅰ式壶　1件。M57:2，夹砂红陶。圆唇，侈口，直领，端肩，扁腹，平底，腹部最大径在中部，器表施红陶衣。高28.2、口径12、底径9.4、最大腹径29厘米（图一一八，2；图版四四，4）。

A型小钵　1件。M57:3，夹砂红陶，内壁为黑色。半球状，尖唇，敞口，口沿内抹斜，弧腹近底部微折，小台底。高 6.9、口径 10.4、底径 4.8 厘米（图一一八，3；图版四六，1）。

甲类 Aa 型Ⅰ式鬲　1 件。M57∶4，泥质陶，外施黑陶衣。圆唇，侈口，高斜领略弧，锥状空心足，小平足跟。高 14.3、口径 11.0 厘米（图一一八，4；图版四六，2）。

C 型小罐　1 件。M57∶5，夹砂灰褐陶。尖唇，敛口，弧腹，平底，口沿外侧有一个稍高于口沿的竖桥耳。高 5.5、口径 4.2、底径 3.5 厘米（图一一八，5；图版四六，3）。

A 型小钵　1 件。M57∶6，夹砂黑褐陶。半球状，尖唇，侈口，弧腹，平底。高 4.0、口径 4.8、底径 3.3 厘米（图一一八，6；图版四六，4）。

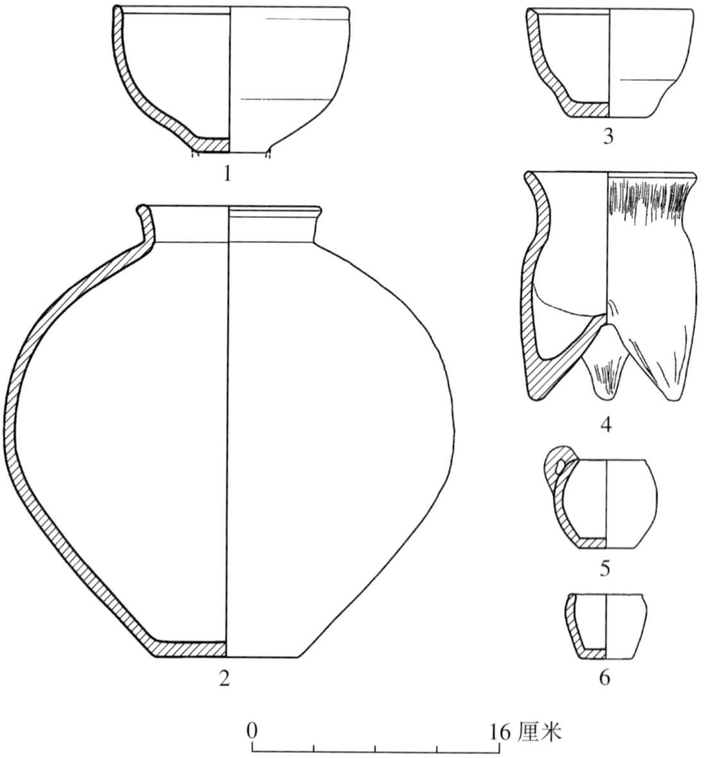

图一一八　M57 出土陶钵、壶、小钵、鬲、小罐

1. B 型钵（M57∶1）　2. A 型Ⅰ式壶（M57∶2）　3、6. A 型小钵（M57∶3、M57∶6）
4. 甲类 Aa 型Ⅰ式鬲（M57∶4）　5. C 型小罐（M57∶5）

4. 殉牲情况

墓坑的西南角距墓葬开口 0.40 米处出狗头骨 1 个。

5. 期别

早期。

M58

1. 墓葬结构

平面长方形。墓圹长 2.00、宽 0.84～1.00、深 0.44 米。墓向 46°。

2. 人骨及保存情况

单人葬，为 30 岁左右女性。人骨保存较差，面向东，仰身直肢葬。

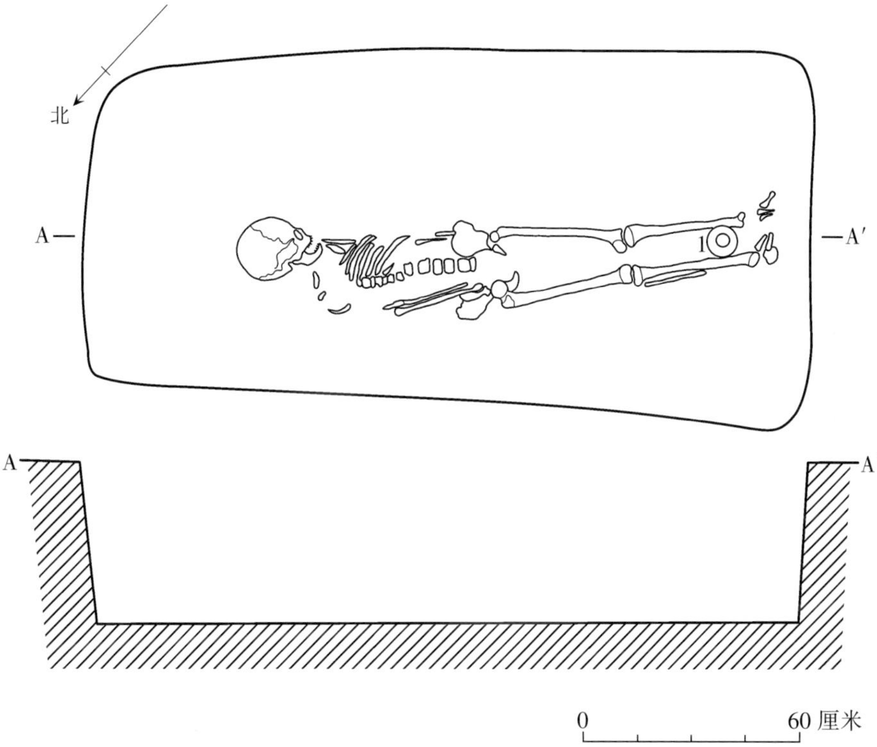

图一一九　M58 平、剖面图

1. 陶豆

3. 随葬品及出土位置

填土为灰土，土质细密、坚硬，无其他包含物。墓主的小腿骨之间出土陶豆 1 件（图一一九）。

豆　1 件。M58∶1，夹砂灰褐陶。圆唇，展沿，盘面斜弧，无明显柄，下段呈喇叭状。高 10.4、口径 11.2、底径 7.7 厘米（图一二〇；图版四七，1）。

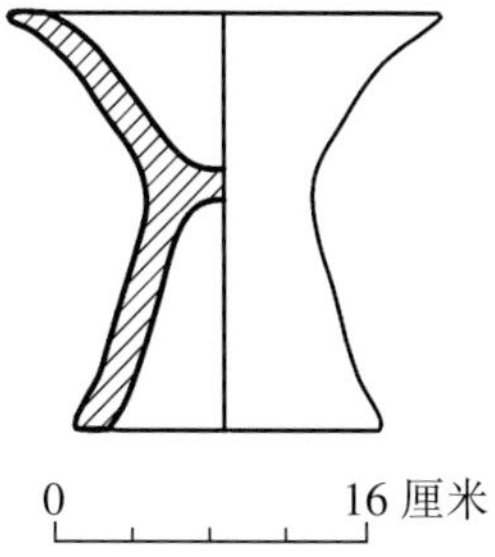

图一二〇　M58 出土陶豆（M58∶1）

4. 期别

晚期。

M59

1. 墓葬结构

平面近圆角长方形，墓坑南壁打破 H29。墓圹长 2.24、宽 0.84 ~ 1.06、深 0.58 米。墓向 35°。

2. 人骨及保存情况

单人葬，为 20 ~ 25 岁男性。人骨保存较好，面向西，侧身直肢葬。

3. 随葬品及出土位置

墓坑南部外侧紧贴墓壁有一圆角长方形器物坑。坑直壁，平底，东西长 0.52、南北宽 0.38、深 0.26 米，出土钵、罐、鬲各 1 件，钵覆扣罐上（图一二一；图版四五，2）。

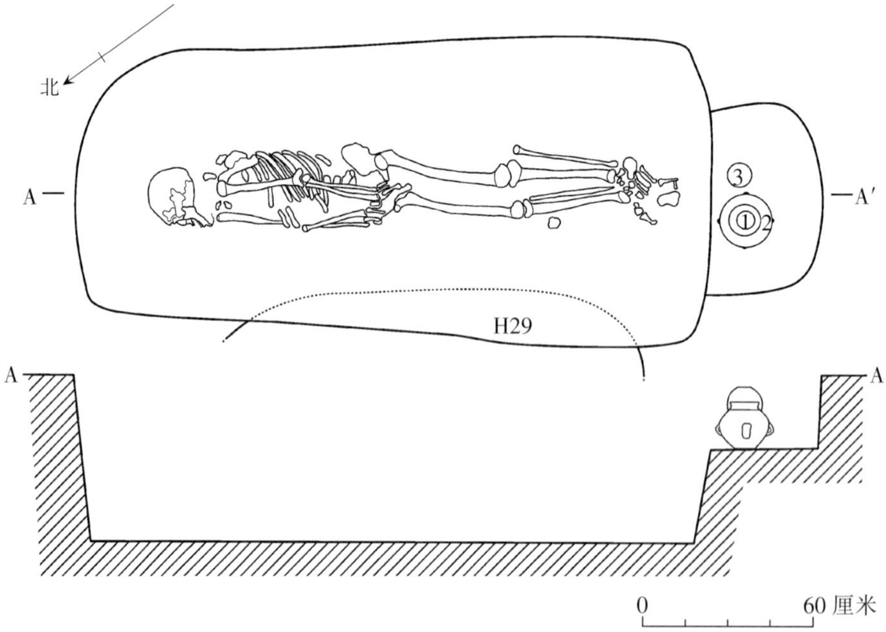

图一二一　M59 平、剖面图

1. 陶钵　2. 陶罐　3. 陶鬲

C 型钵　1 件。M59∶1，夹细砂红褐陶。圆唇，微敛口，口沿内抹斜，弧腹，平底。高 7.8、口径 11.8、底径 4.4 厘米（图一二二，1；图版四七，3）。

Cb 型罐　1 件。M59∶2，夹细砂红陶，器表施红陶衣。圆唇，侈口，球腹，平底，腹部最大径下有四个竖桥耳嵌入腹壁。高 15.9、口径 10.2、底径 7.0、最大腹径 17.4 厘米（图一二二，2；图版四七，4）。

甲类 B 型 Ⅰ 式鬲　1 件。M59∶3，夹细砂黑陶。圆唇，锥状空心足略弧，矮裆，裆部呈钝角，小平足跟。高13.8、口径12.0厘米（图一二二，3；图版四七，2）。

4. 期别

早期。

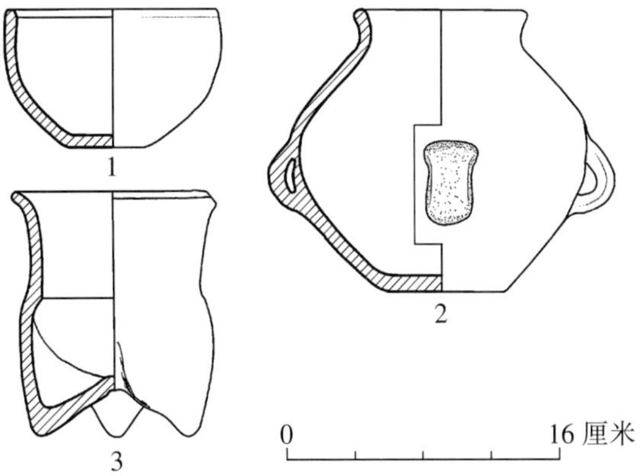

图一二二　M59出土陶钵、罐、鬲

1. C型钵（M59∶1）　2. Cb型罐（M59∶2）　3. 甲类B型Ⅰ式鬲（M59∶3）

M60

1. 墓葬结构

平面长方形。墓圹长2.10、宽0.80～0.95、深0.60米。墓向39°。

2. 人骨及保存情况

单人葬，为20～25岁男性。人骨保存较好，面向西，侧身屈肢葬（图一二三）。

3. 随葬品及出土位置

填土为灰土，土质细密、坚硬，无其他包含物。未出土遗物。

4. 期别

不明。

图一二三　M60平、剖面图

M61

1. 墓葬结构

平面近圆角长方形。墓圹长 2. 34、宽 1. 18 ~ 1. 20、深 1. 14 米。墓向 36°。

2. 人骨及保存情况

单人葬，为 25 岁左右男性。人骨保存较差，面向西，仰身直肢葬。

3. 随葬品及出土位置

填土为灰土，土质疏松。墓坑南部外侧紧贴墓壁有一圆角方形器物坑。器物坑直壁，平底，边长 0. 47、深 0. 39 米，出土钵 1 件、豆 1 件、壶 2 件，两壶分别为钵和豆所覆扣；小腿骨上出土罐 1 件（图一二四；图版四八，1）。

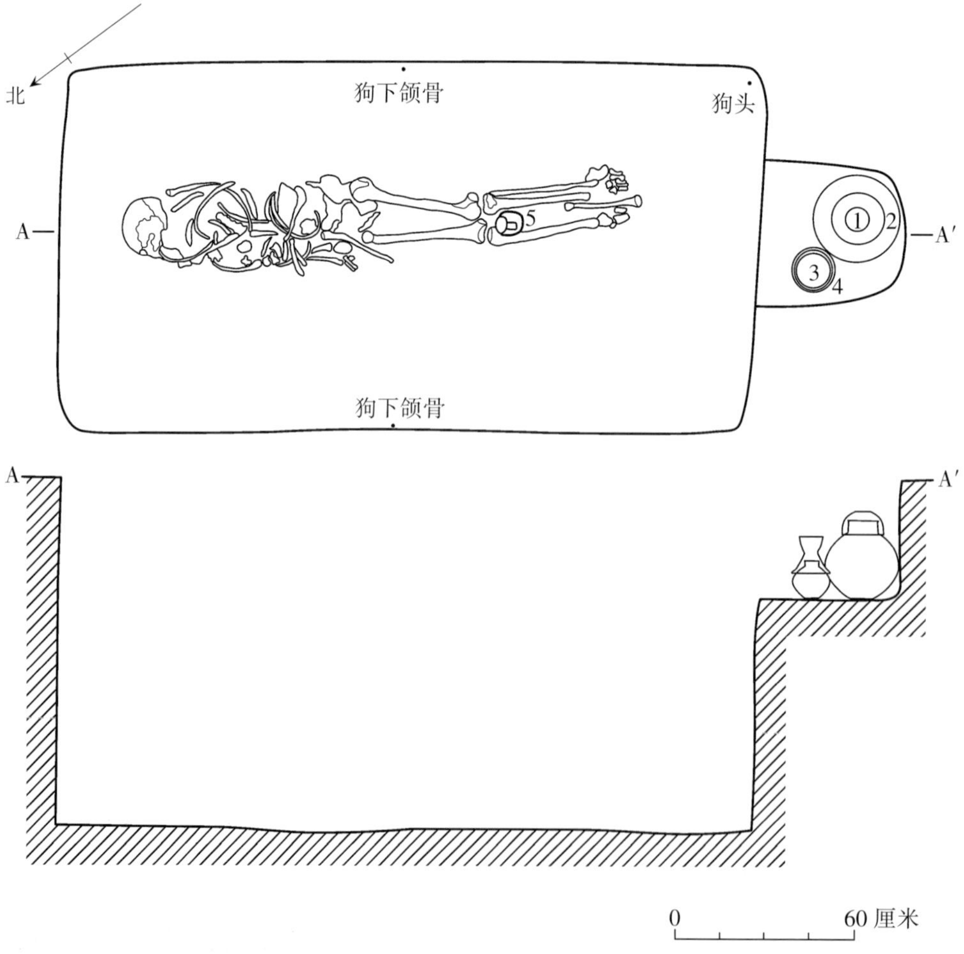

图一二四 M61 平、剖面图

1. 陶钵 2、4. 陶壶 3. 陶豆 5. 陶罐

C 型钵 1 件。M61∶1，夹砂红陶，器表施红陶衣。圆唇微外撇，侈口，弧腹，平

底。高 8.2、口径 14.8、底径 5.4 厘米（图一二五，1；图版四九，1）。

B 型Ⅲ式壶　2 件。均为夹细砂红陶，器表施红陶衣。圆唇微外撇，高领，口沿内抹斜，球腹，平底。M61∶2，口微敛。高 27.6、口径 10.8、底径 8.2、最大腹径 26.4 厘米（图一二五，2；图版四九，2）。M61∶4，高 13.0、口径 5.1、底径 5 厘米（图一二五，4；图版四九，3）。

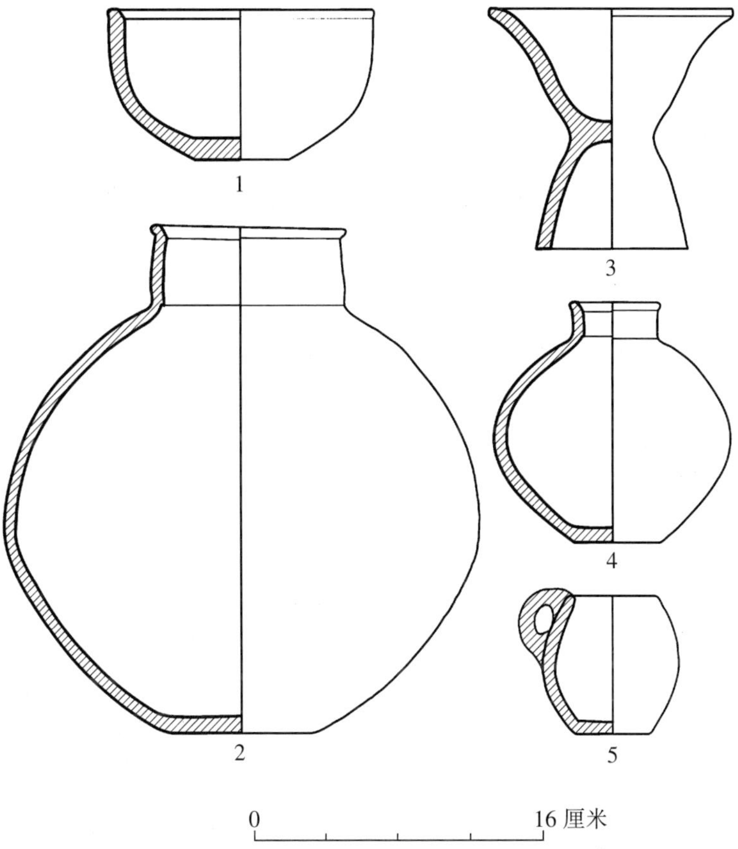

图一二五　M61 出土陶钵、壶、豆、小罐

1. C 型钵（M61∶1）　2、4. B 型Ⅲ式壶（M61∶2、M61∶4）
3. 豆（M61∶3）　5. C 型小罐（M61∶5）

豆　1 件。M61∶3，夹砂红陶，器表施红陶衣。上段盘状，圆唇，敞口，展沿，盘面微弧鼓，无明显柄，下段喇叭状。通高 13.0、口径 13.7、底径 8.5 厘米（图一二五，3；图版四八，2）。

C 型小罐　1 件。M61∶5，夹砂红褐陶，器表施红陶衣。圆唇，敛口，弧腹，平底，口沿外有一高于口沿的竖桥耳。高 7.5、口径 5.0、底径 4.1 厘米（图一二五，5；图版四九，4）。

4. 殉牲情况

墓坑的东南角距墓葬开口0.54米处出狗头骨1个，墓坑中部两侧距墓葬开口0.94米处各出狗下颌骨1个。

5. 期别

晚期。

M62

1. 墓葬结构

平面近“凸”形，有不规整的生土二层台。墓圹长2.10、宽0.56～0.86、墓口至墓底（人骨所在面）深0.32米。墓底西、北两侧有台，台最宽处0.20、以下挖0.15米。墓向46°。

2. 人骨及保存情况

单人葬，疑为男性，35岁左右。人骨保存较差，面向西，侧身直肢葬，左腿压在右腿上。

3. 随葬品及出土位置

墓主的右小腿骨外侧出土盂1件（图一二六）。

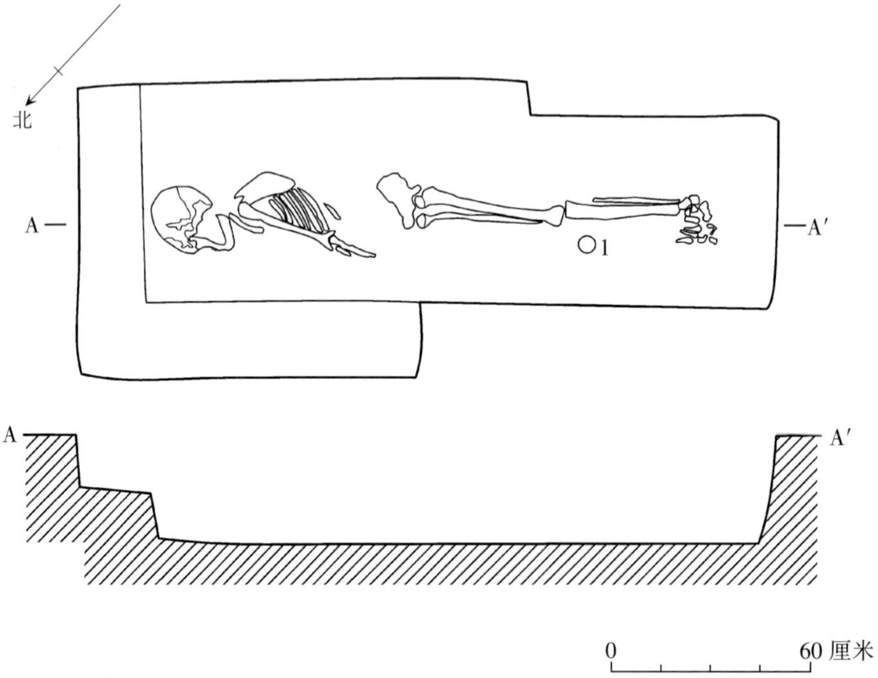

图一二六　M62平、剖面图

1. 陶盂

B 型盂　1 件。M62∶1，夹细砂黑褐陶。尖圆唇，敛口，口沿内抹斜，弧腹，平底。高 5.5、口径 5.4、底径 3.6 厘米（图一二七）。

4. 期别

早期。

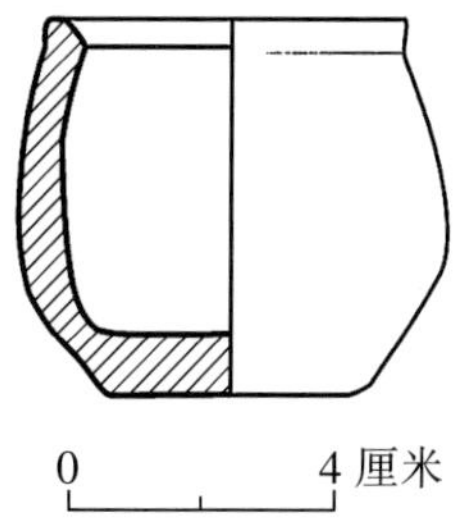

图一二七　M62 出土 B 型陶盂（M62∶1）

第四章　灰坑与灰沟资料

代海墓地发掘清理的30座灰坑，大小有别，形状各异，有圆形直壁坑、圆形圜底坑、椭圆形圜底坑、不规则椭圆圜底坑等。大者如H10，椭圆圜底坑，长径3.76、短径2.77米；小者如H19，圆形直壁坑，直径1.00、深0.25米。

灰沟有4条，处于墓地的外围，由于发掘区的限制，其总体长度不详。灰沟、灰坑总计出土完整陶器及小件石器、骨器、蚌器42件。

多数灰坑及灰沟内未出土遗物。拣选部分灰沟、灰坑进行介绍。

一　灰坑

H2

1. 形状结构

不规则椭圆形，直壁，底高低不平。长径2.40、短径0.94、深0.29米（图一二八，1；图版五〇，1）。

2. 坑内堆积及出土遗物

坑内为灰土，夹杂大量的草木灰，土质疏松，出夹砂灰陶片十多片，除一件可复原陶甗外，均为陶器残片，器形不可辨。

甗　H2∶1，夹砂红褐陶，手制。上端为罐形，侈口，圆唇，口沿内抹斜，弧腹。下端尖底袋足无实足根，溜肩，裆部呈锐角。细腰饰堆纹并有垂系，余素面。口径28.3、高54.0、腰径14.5厘米（图一二九，1；图版五一，1）。

3. 文化性质

属高台山文化。

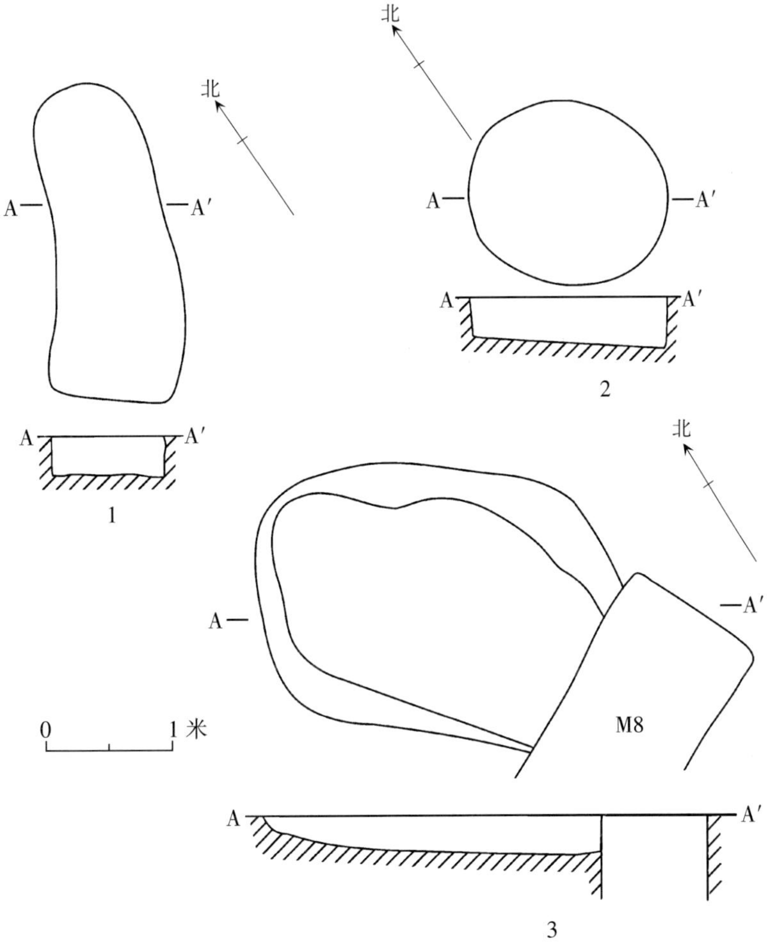

图一二八　灰坑平、剖面图

1. H2　2. H15　3. H8

H8

1. 形状结构

平面呈不规则椭圆形，坑壁较弧，圜底。长径3.30、短径2.20、深0.30米（图一二八，3；图版五〇，2）。

2. 坑内堆积及出土遗物

坑内为黑色砂质土，土质松软，出土大量陶片。以夹砂灰褐陶为主，红褐陶次之，少量为红衣陶和黑陶。多数素面，纹饰有绳纹、弦断绳纹。可辨陶器器形有罐、甗、鬲、甑、钵等，均为手制，可修复，共7件。还有石镞1件。

甑　H8∶1，泥质红陶。圆唇，敞口，斜腹，平底，底部有大小不等的圆孔，制作

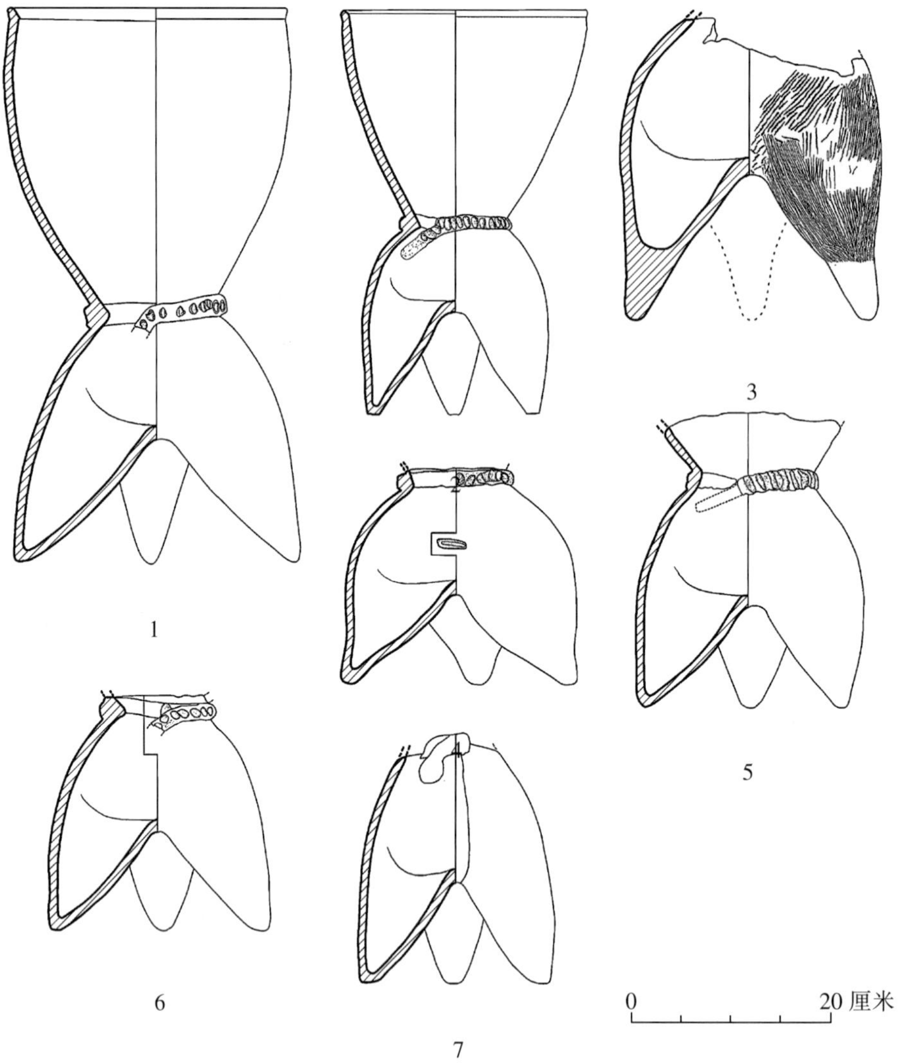

图一二九　灰坑出土陶甗

1. H2∶1　2. H26∶2　3. H10∶2　4. H22∶1　5. H8∶8　6. H26∶1　7. H10∶1

极不规整。素面。口径 23.1、高 14.0 ~ 15.8、底径 7.1 厘米（图一三〇，1；图版五一，2）。

钵　H8∶2，夹砂红陶，器表施红陶衣。圆唇，敞口，口沿内抹斜，弧腹，小平底。口径 17.6、底径 5.3、高 8.4 厘米（图一三〇，4；图版五一，4）。

罐　H8∶3，夹砂红褐陶。尖唇，敞口，鼓腹，平底。口径 9.6、腹径 12.0、底径 5.3、高 10.2 厘米（图一三〇，3；图版五二，1）。H8∶4，夹砂黑褐陶。尖唇，敞口，折腹，平底，有一个稍高于口沿的竖桥状耳。口径 6.2、腹径 10.3、底径 4.3、高 7.9 厘米（图一三〇，5；图版五二，2）。

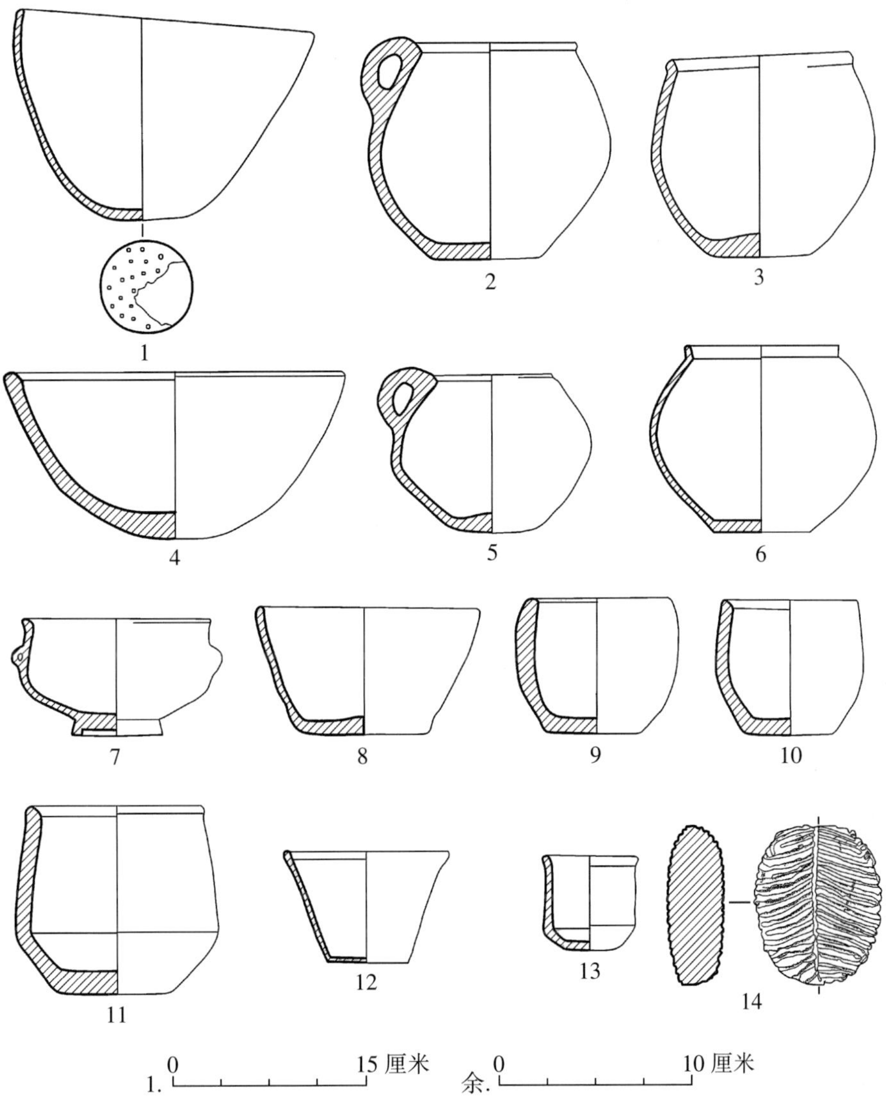

图一三〇　灰坑出土陶甑、钵、豆、饼、罐、盂

1. 甑（H8:1）　2、3、5、6. 罐（HG3:1、H8:3、H8:4、HG4①:6）　4、8. 钵（H8:2、H15:1）　7. 豆（H27:3）　9～13. 盂（H25:1、H27:1、HG3:6、HG4①:5、H27:2）　14. 饼（HG2:1）

鬲　H8:5，夹砂黑陶。尖唇，口沿内抹斜，高直领，锥状空心足，弧裆，裆部呈钝角。领部有不规整的五道凹弦纹。口径8.8、高11.5厘米（图一三一，2；图版五二，3）。

纺轮　H8:7，泥质红陶。圆饼状，一面周缘有一周划纹，自中部向周缘刻划有放射性纹，另一面中部凸起。直径5.4、孔径0.9、厚1.6厘米（图一三二，4；图版五二，4）。

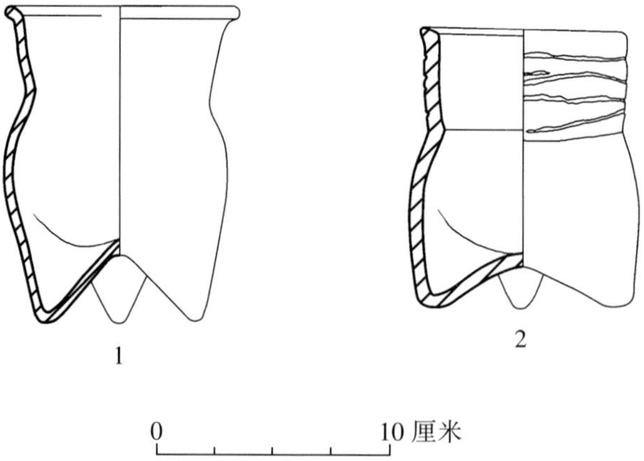

图一三一　灰坑出土陶鬲

1. H14∶1　2. H8∶5

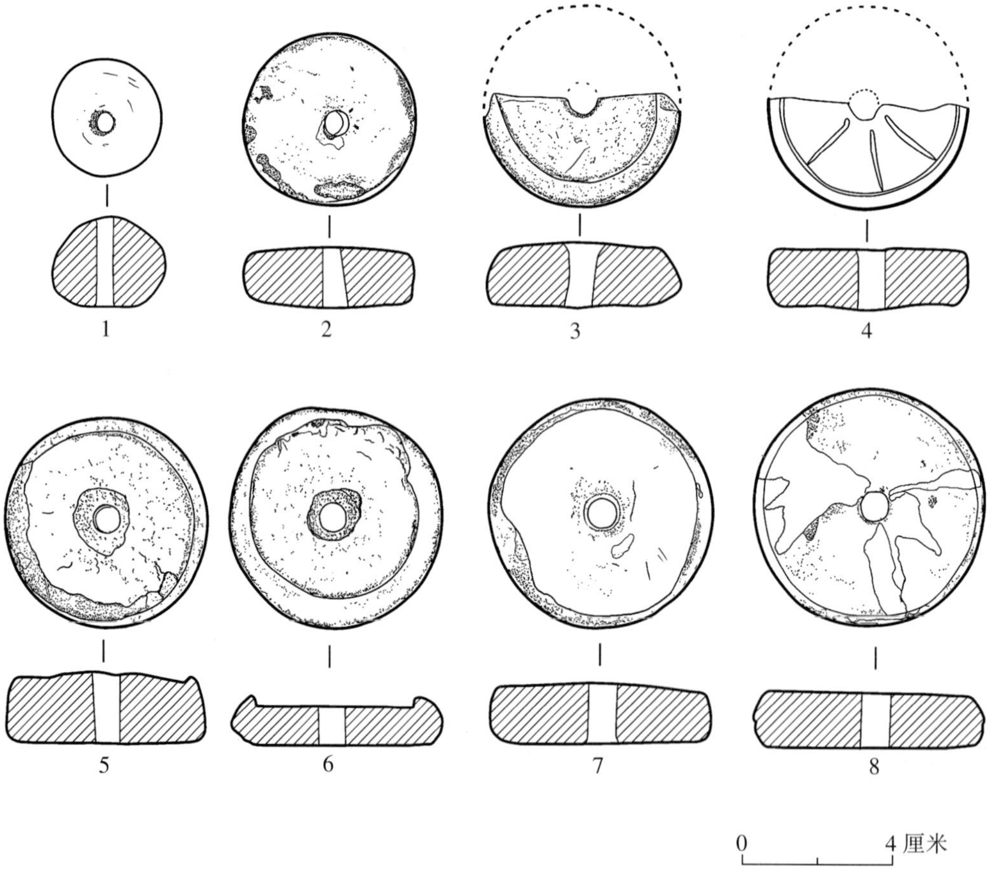

图一三二　灰坑出土陶纺轮

1. HG3∶2　2. H27∶4　3. H26∶3　4. H8∶7　5. HG4①∶2　6. HG4①∶1　7. H27∶5　8. H26∶4

甗　H8∶8（仅余鬲部），夹砂红褐陶。细腰，尖底袋足锥状，甗体最宽处位于中部，高裆。腰部饰指压纹的附加堆纹带。腰径13.1、存高28.3厘米（图一二九，5；图版五一，3）。

石镞　H8∶6，红色玛瑙，压制。平面呈三角形，凹底，通体布满疤痕。长1.6、厚0.35厘米（图一三三，1；图版五二，5）。

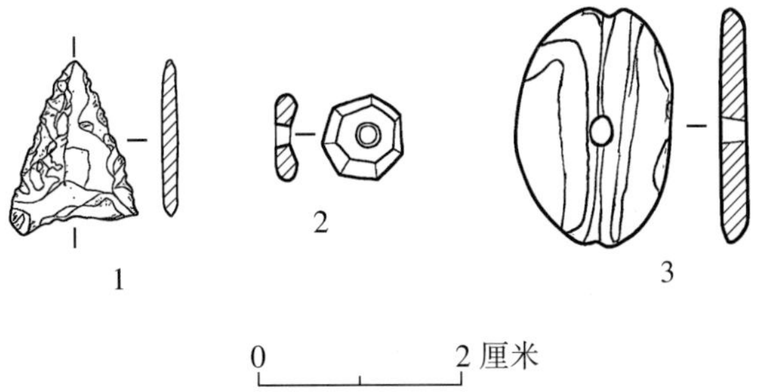

图一三三　灰坑出土石镞，玛瑙珠，蚌壳坠饰
1. 石镞（H8∶6）　2. 玛瑙珠（HG4①∶4）　3. 蚌壳坠饰（H25∶2）

3. 文化性质

属高台山文化。

H10

1. 形状结构

平面呈不规则椭圆形，坑壁不规整，坑底凹凸不平。长径3.77、短径2.76、最深1.03米（图一三四，1）。

2. 坑内堆积及出土遗物

坑内为黑花土，含有大量草木灰和少量猪骨，土质松软。出土大量陶片，以夹砂红褐陶为主，灰褐陶次之，还有少量红衣陶和黑陶。多数素面，少量陶片饰绳纹。可辨器形有3件，罐（底）1件、甗（鬲）2件。

甗　H10∶1（仅余鬲部），夹砂褐陶，手制。高分裆，尖底袋足瘦长呈漏斗状，裆缝贴附泥条。细腰饰堆纹并有垂系。存高24厘米（图一二九，7；图版五三，1）。H10∶2（仅余鬲部），夹砂黑褐陶，手制。圜底袋足弧鼓，最宽处位于中部，实足根，足尖外撇，实足尖先用榫卯的方法与袋足相接然后外侧包泥。通体饰绳纹。存高29.3厘米（图一二九，3；图版五三，2）。

3. 文化性质

属高台山文化。

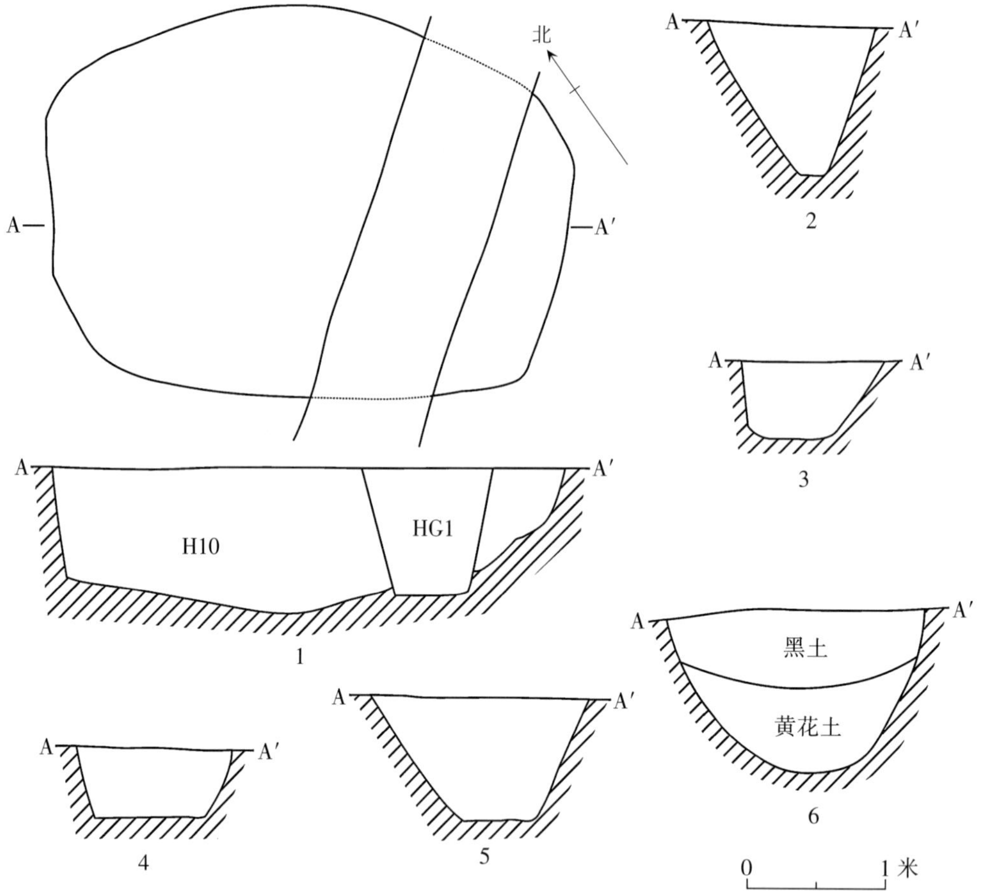

图一三四　灰坑、灰沟平、剖面图

1. H10 平、剖面图　2. HG1（T0502①下）剖面图　3. HG2（T0904①下）剖面图　4. HG3（T1310①下）剖面图　5. HG3（T0304①下）剖面图　6. HG4（T1510①下）剖面图

H14

1. 形状结构

平面呈圆角长方形，直壁，平底。长 2.20、宽 1.45～1.60、深 0.50 米。

2. 坑内堆积及出土遗物

坑内为灰土，土质疏松。出土少量陶片，以红褐陶为主，灰褐陶次之。多为素面陶，有少量的绳纹陶。可辨器形有瓮口沿（弦断绳纹加乳丁纹）1 件、罐口沿（圆唇、直口、泥条盘筑）（可复原）2 件、鬲（可复原）。

鬲　H14∶1，泥质黑陶，手制。圆唇，敞口，口沿微外展，高直领，锥状空心足，裆部呈锐角。通体抹光。口径 10.1、高 13.1 厘米（图一三一，1；图版五三，3）。

3. 文化性质

属高台山文化。

H15

1. 形状结构

平面略呈椭圆形，直壁，平底。长径1.60、短径1.40、深0.50米（图一二八，2）。

2. 坑内堆积及出土遗物

坑内为灰褐色土。出土少量陶片，以夹砂灰褐陶为主，红褐陶、黑褐陶次之；多为素面陶，有少量弦纹、绳纹、附加堆纹；可辨器形有罐（底）1件、鬲（足）1件、钵1件（可复原），还出土石斧1件。

钵　H15∶1，泥质黑褐陶，手制。圆唇，敞口，斜壁，内底中部稍鼓，素面。口径11.5、底径6.5、高6.4厘米（图一三〇，8；图版五三，4）。

斧　H15∶2，青色砾石，磨制。梯形，截面呈圆角长方形，直刃，正锋。长7.2、刃宽4.5、厚2.0厘米（图一三五，1；图版五二，6）。

3. 文化性质

不明。

H22

1. 形状结构

平面略呈椭圆形，弧壁，平底。长径2.60、短径2.30、深0.38米（图一三六，1）。

2. 坑内堆积及出土遗物

坑内填土较纯净，为黑褐色砂质土，土质疏松。其内仅出土甗（鬲）一件。

甗（仅余鬲部）　H22∶1，夹砂黑褐陶，手制。尖底袋足弧鼓，甗体最宽处位于中部。细腰。腰部饰有指压泥条的附加堆纹，裆隔较高，足尖微外撇。圆锥形实足不明显，裆部稍偏上有一个錾耳。素面。存高21厘米（图一二九，4；图版五四，1）。

3. 文化性质

属高台山文化。

H25

1. 形状结构

平面近圆角长方形，直壁，平底。长1.84、宽1.26、深0.45米（图一三六，2）。

2. 坑内堆积及出土遗物

坑内为黄褐色土，土质坚硬。出土少量陶片，以红陶为主，灰褐陶次之；素面为

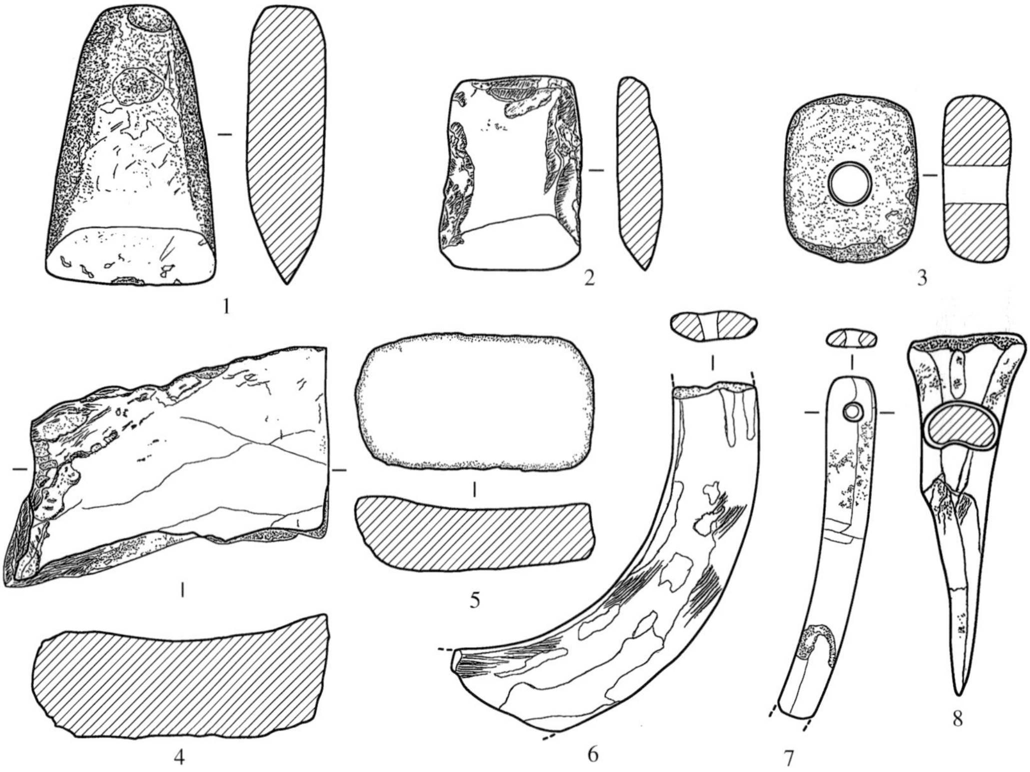

图一三五 灰坑出土石斧、纺轮，磨石，蚌壳坠饰，骨锥

1、2. 石斧（H15∶2、H28∶1） 3. 石纺轮（HG3∶3） 4、5. 磨石（HG3∶5、HG4①∶3）
6、7. 蚌壳坠饰（HG4①∶7、H28∶2） 8. 骨锥（HG3∶4）

主，绳纹较少。

盂 H25∶1，泥质红陶，手制。圆唇，敛口，弧腹，平底。素面。口径7.3、腹径8.5、底径4.9、高6.8厘米（图一三〇，9；图版五四，2）。

蚌壳坠饰 H25∶2，磨制。椭圆形，中孔，孔对钻，一面自上而下有一道凹槽。长径2.4、短径1.6、孔径0.2～0.4、厚0.35厘米（图一三三，3；图版五二，7）。

3. 文化性质

属高台山文化。

H26

1. 形状结构

平面呈圆形，斜直壁，平底。口径1.77、底径1.62、深0.49米（图一三六，3；

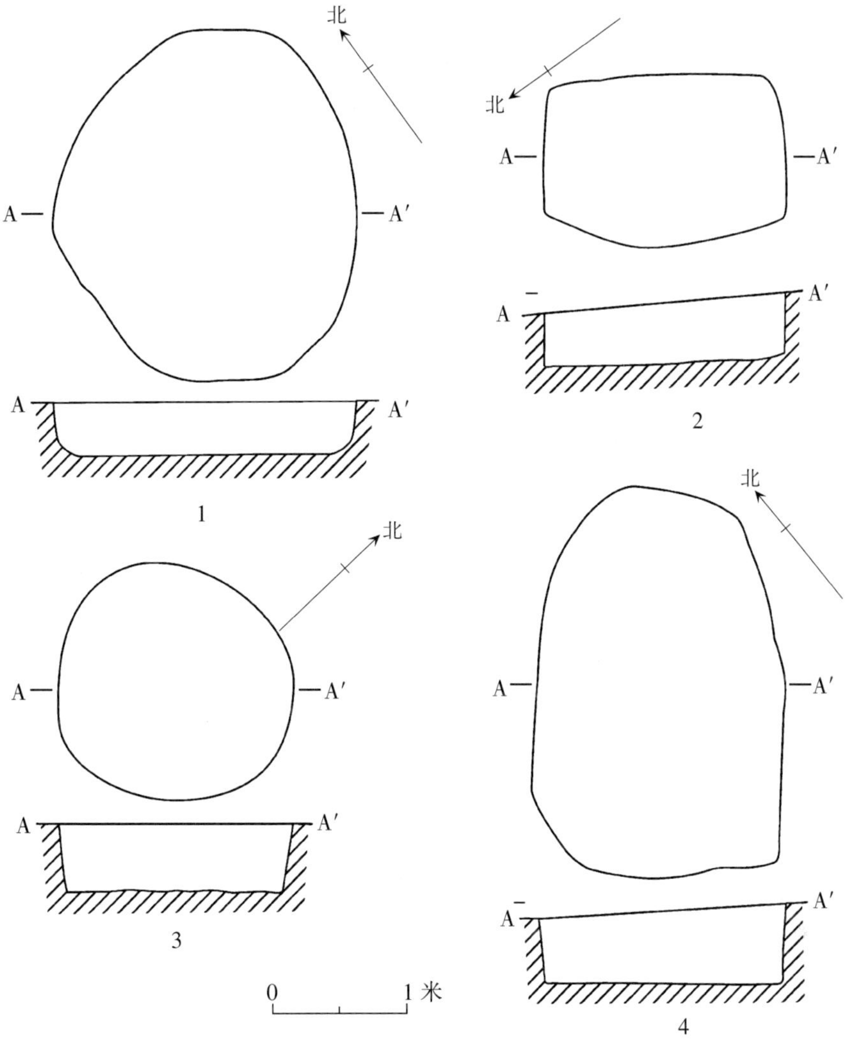

图一三六　灰坑平、剖面图

1. H22　2. H25　3. H26　4. H27

图版五五，2）。

2. 坑内堆积及出土遗物

坑内为灰褐色砂质土，土质疏松。出土大量陶片，以红陶、红褐陶为主，灰褐陶较少；多素面，亦有弦断绳纹；可辨器形有甗（鬲）1件、甗1件（可复原）、碗（圈足）1件、罐（口沿）1件等。另出土猪下颌骨一块。

甗（仅余鬲部）　H26∶1，夹砂红陶，手制。甗体肩部微外鼓，尖底袋足，细腰饰堆纹有垂系，素面。存高22.8厘米（图一二九，6；图版五四，3）。

甗　H26∶2，夹砂红褐陶，手制。上端圆唇，敞口，口沿内抹斜，腹部微弧，圆唇，下端无实足根，溜肩，细腰，裆部呈锐角。腰部饰堆纹，有垂系。口径24.5、腰径11.1、高39.5厘米（图一二九，2；图版五四，4）。

纺轮　H26:3，夹砂黄褐陶，手制。圆形，外边轮抹斜，素面。直径5.2、厚1.6、孔径1.2厘米（图一三二，3；图版五六，1）。H26:4，泥质红陶，手制。圆形，外边轮的中部有一周凹槽，中孔，截面呈圆角长方形。直径6.2、孔径0.8、厚0.8厘米（图一三二，8；图版五六，2）。

3. 文化性质

属高台山文化。

H27

1. 形状结构

平面近似椭圆形，直壁，平底。长径2.88、短径1.85、深0.47~0.58米（图一三六，4；图版五七，1）。

2. 坑内堆积及出土遗物

坑内为灰土，土质疏松。出土大量陶片。以灰褐陶为主，红褐陶次之；多素面，绳纹次之；可辨器形有甗、盂、豆、纺轮等。坑内还出土了牛腿骨、牛下颌骨、猪下颌骨各一块。

盂　2件。H27:1，夹砂黑陶，手制。尖唇，敞口，口沿内抹斜，弧腹，平底。素面。口径6.9、腹径7.7、底径4.6、高6.7厘米（图一三〇，10；图版五六，3）。H27:2，夹细砂黑陶，手制。圆唇，侈口，口沿微外展，近底部内折，平底，通体抹光。口径4.9、底径2.8、高4.5厘米（图一三〇，13；图版五六，4）。

豆　1件。H27:3，夹砂黑陶，手制。圆唇，敞口，折腹，圈足，折腹的上部有两个较小的桥状耳。素面。口径9.7、底径4.6、高5.9厘米（图一三〇，7；图版五六，5）。

纺轮　2件。H27:4，夹砂红陶，手制。圆饼状，外边轮中部有一周不规整的凹槽，一面微外鼓，另一面较平。直径4.7、孔径0.6、厚0.8厘米（图一三二，2；图版五六，6）。H27:5，夹砂黄褐陶，手制。圆饼状，中部有一圆孔。素面。直径6.0、孔径0.8、厚1.8厘米（图一三二，7；图版五八，1）。

3. 文化性质

属高台山文化。

H28

1. 形状结构

平面呈长方形，直壁，平底。长2.10、宽1.80、深0.70米（图版五七，2）。

2. 坑内堆积及出土遗物

坑内为灰土，夹杂大量的草木灰，土质疏松。出土大量陶片。以灰褐陶为主，灰陶次之；多素面，少量饰戳点纹；可辨器形有甗（足）1 件、罐（底）1 件、瓮（腹片）1 件。出土牛尾椎骨一块。

斧　H28∶1，磨制光滑。平面略呈长方形，直刃，正锋。长 5.0、宽 3.5、厚 1.2 厘米（图一三五，2；图版五八，2）。

蚌壳坠饰　H28∶2，白色蚌壳磨制。长条状，截面呈圆角长方形，一端有一对钻孔。存长 8.8、孔径 0.5、厚 0.5 厘米（图一三五，7；图版五八，3）。

3. 文化性质

属高台山文化。

二　灰沟

HG1

位于 T0301、T0401、T0501、T0502、T0602、T0603、T0703、T0704、T0803、T0804、T0905、T0906、T0907、T0908，并继续向北部延伸。

1. 形状结构

自坡上向下呈弧形长条状，截面呈倒梯形；发掘区内长 54 米左右，宽度不一，最宽处 1.22、最窄处 0.80、深 0.60 ~ 1.00 米，坡上部较浅，坡下部较深（图一三四，2）。

2. 沟内堆积及出土遗物

沟内堆积灰褐色土，土质细腻疏松。仅出土少量陶片。

3. 文化性质

属高台山文化。

HG2

位于 T0601、T0701、T0702、T0802、T0803、T0903、T0904、T0905、T1005、T1006、T1007、T1008，并继续向北部延伸。

1. 形状结构

与 HG1 相似且基本平行，自坡上向下呈弧形长条状，截面近似倒梯形；发掘区内长 51 米左右，宽度不一，最宽处 1.00、最窄处 0.60、深 0.35 ~ 0.54 米（图一三四，3；图版五九，1）。

2. 沟内堆积及出土遗物

沟内堆积灰褐色土，土质细腻疏松。仅出土少量陶片和一块陶饼。

饼 HG2∶1，夹砂红褐陶，手制。椭圆形，通体饰较深的粗绳纹，中部纵贯一道凹槽把绳纹分成两部分，长 8.0、宽 6.6、厚 2.9 厘米（图一三〇，14；图版五八，4）。

3. 文化性质

属高台山文化。

HG3

位于 T0102、T0103、T0202、T0203、T0303、T0304、T0404、T0907、T0908、T1008、T1108、T1109、T1209、T1210、T1211、T1311，并继续向北部延伸。中间未发掘，但经勘探得知，此灰沟中部并未中断。

1. 形状结构

长条状，横亘于墓区的西北部，截面呈倒梯形；发掘区内长 80 米（加上中部未发掘的一段），宽度不一，最宽处 1.15、最窄处 0.80、深 0.50～0.80 米不等（图一三四，4、5；图版五九，2）。

2. 沟内堆积及出土遗物

沟内堆积灰褐色土，土质细腻疏松。灰沟所涉及的探方多数未出陶片。T0203、T0303、T0304、T0404、T1209 内出土陶片较多，以红褐陶为主，红陶次之；素面为主，粗绳纹较少；可辨器形有瓮（口沿）2 件、罐（口沿，微侈，圆唇，绳纹，泥圈套接）1 件、罐（横桥耳、鋬耳）2 件、甗鬲足 1 件；可复原陶器有罐 1 件，盂 1 件，陶、石纺轮各 1 件；还出土骨锥、磨石各 1 件及少量牛骨、猪骨。

罐 1 件。HG3∶1，夹砂黑褐陶，手制。尖唇，敞口，口沿内抹斜。鼓腹，平底。有一个稍高于口沿的竖桥状耳。素面。口径 8.1、腹径 12.4、底径 5.2、高 10.8 厘米（图一三〇，2；图版六〇，1）。

盂 1 件。HG3∶6，夹砂黑褐陶，手制。尖唇，敞口，近底部折腹，平底。口径 9.2、腹径 10.5、底径 6.0、高 9.5 厘米（图一三〇，11；图版六〇，2）。

纺轮 2 件。HG3∶2，夹砂黑陶，手制。馒头形。直径 3.0、孔径 0.8、厚 2.5 厘米（图一三二，1；图版五八，5）。HG3∶3，青色砂岩，磨制。圆角长方形，中孔。长 4.3、宽 3.6、孔径 1.1～1.4 厘米（图一三五，3；图版五八，6）。

骨锥 1 件。HG3∶4，兽骨磨制而成，一端磨制成锥状。长 9.2 厘米（图一三五，8；图版六一，1）。

磨石 1 件。HG3∶5，黄色砂岩，打制。近似平行四边形，一面有长期使用所形成的光滑凹面。长17.2、宽9.6、厚4.6厘米（图一三五，4；图版六一，2）。

3. 文化性质

属高台山文化。

HG4

位于T1401、T1501、T1502、T1503、T1602、T1603、T1604、T1605，并继续向东北部延伸，最终延伸至自然冲沟内。

1. 形状结构

较直的长条状沟，截面呈倒梯形。发掘区内长25.00、宽1.86、深1.16～1.50米，坡上较深（图一三四，6；图版五九，3）。

2. 沟内堆积及出土遗物

沟内堆积土分两层，一层为黑土，深约0.55米，出土陶片较多，以红陶为主，灰褐陶次之，黑褐陶最少；素面为主，粗绳纹及细绳纹次之，弦断绳纹最少；可辨器形有瓮（腹片）1件、罐（鋬耳、桥耳）2件、甗（足）1件、盂（可复原）1件。还出土纺轮、磨石、玛瑙珠、蚌壳坠饰及少量的猪下颌骨、牛腿骨、牛踝骨等。二层为黄花土，深约0.60～0.90米，土质坚硬，未出土遗物。

盂　1件。HG4①:5（T1604），夹砂黑褐陶，手制。圆唇，敞口，斜腹，平底。素面。口径8.5、底径4.1、高5.6厘米（图一三〇，12；图版六〇，3）。

罐　1件。HG4①:6（T1604），夹砂红褐陶，手制。圆唇，敞口，弧腹，平底。口径8.0、腹径11.8、底径5.0、高9.2厘米（图一三〇，6；图版六〇，4）。

纺轮　2件。HG4①:1（T1501），夹砂红陶，手制。圆饼状，一面外缘有一周凸起的边棱。直径5.8、外边轮厚1.3、中厚1.1、孔径0.8厘米（图一三二，6；图版六一，3）。HG4①:2（T1502），夹砂黄褐陶，手制。圆饼状，一面外缘有一周凸起的边棱，另一面有三道由戳点组成的放射性。直径5.5、孔径0.7、厚1.7厘米（图一三二，5；图版六一，4）。

磨石　1件。HG4①:3（T1502），黄色砂岩磨制。圆角长方形，一面有长期使用所形成的光滑的凹面。长12.7、宽7.2、厚3.0厘米（图一三五，5；图版六一，5）。

玛瑙珠　1件。HG4①:4（T1603），磨制。七棱圆形，中部有一圆孔，孔径一面大一面小。直径0.8、孔径0.1～0.2厘米（图一三三，2；图版六一，6）。

蚌壳坠饰　1件。HG4①:7（T1604），贝壳，磨制。月牙形，宽长条，磨制规整，一端有一个对钻孔。长9.0、宽2.6、厚0.8厘米（图一三五，7；图版六一，7）。

3. 文化性质

属高台山文化。

三 小结

灰坑、灰沟出土的遗物较少，但出土的几件陶甗为我们辨识这几座灰坑、灰沟的年代及性质提供了可能。

首先从叠压打破关系分析，墓葬打破灰坑（M8 打破 H8；M59 打破 H29）；灰坑打破墓葬（H22 打破 M16、M17；H28 打破 M51、M52；H30 打破 M54、M55）；灰坑打破灰沟（H5、H6 打破 HG2）；灰沟打破灰坑（HG1 打破 H10、H11；HG2 打破 H4；HG3 打破 H3）；灰沟打破灰沟（HG3 打破 HG1、HG2）等。由此大体可以断定，H8 较早，H22 稍晚，H10 更晚一些。

其次从出土遗物看，H8、H26 出土的陶甗与彰武平安堡第三期遗存 A 型Ⅰ式甗[①]（H3094:4）、A 型Ⅱ式甗[②]（H3053:9）形制接近，无实足跟；H22（打破 M16、M17）出土的陶甗外表初步显示有不明显的实足跟，而 H10 出土的两件陶甗（仅余鬲部），一件无实足跟，一件有实足跟，器形均与高台山文化遗址出土的甗类似，唯实足跟甗通体施绳纹；另外 H8、H26 的甗足外撇较大，而 H10 的甗足则明显内收。

以往的研究成果表明，鬲（甗鬲）的发展趋势之一就是空心无实足跟向有实足跟发展，足由外撇向内收发展，而代海墓地几座灰坑出土的甗鬲也恰好验证了这一论点。

① 辽宁省文物考古研究所、吉林大学考古学系：《辽宁彰武平安堡遗址》图一六：1，《考古学报》1992 年第 4 期。

② 同上，图一六：2。

第五章　墓地综合分析

一　年代推定

此次清理的62座墓，相互之间无打破关系，虽然遗物出土位置稍有不同，但形制、葬俗以及出土遗物的风格比较一致，应属于同一时期。

代海墓葬所反映的文化内涵，与夏家店文化相比，有一定的相似之处。从出土陶器看，M47∶3鬲与敖汉旗大甸子AⅣ型2b式鬲①（M839∶3）形制接近；M57∶3鬲与敖汉旗大甸子BⅠ型1式鬲②（M303∶1）形制接近，也与内蒙古赤峰市敖汉旗范杖子③（M25∶6）B型鬲、内蒙古赤峰市二道井子遗址鬲④（F28∶6）形制接近；M2∶3陶鬲与敖汉旗大甸子BⅣa型鬲⑤（M35B∶1）形制接近；M6∶3鬲与敖汉旗大甸子C1式鬲⑥（M387∶5）形制接近。从出土环形铜环（M20∶3）看，形制也接近于以往夏家店下层文化出土的铜环，如大甸子出土的铜环、金环⑦（M516∶2）、河北易县下岳各庄出土的铜耳环⑧（H15∶13）。因此代海墓地的年代也应与大甸子墓地、范杖子墓地、二道井子遗址的年代接近，也就是夏家店下层文化的中期偏晚阶段，即历史纪年的夏末商初。

代海墓葬所反映的文化内涵，与高台山文化相比有一定的相似之处。第一，器物组合：钵、壶（罐）组合；葬俗：钵覆扣壶（罐）上的摆放方式。第二，遗物特征：

---

① 中国社会科学院考古研究所：《大甸子——夏家店下层文化遗址与墓地发掘报告》图三六：2，科学出版社，1998年。

② 同①，图四〇：1。

③ 内蒙古文物工作队：《敖汉旗范仗子古墓群发掘简报》图四：2，《内蒙古文物考古》第三期，1983年。

④ 内蒙古文物考古研究所：《内蒙古赤峰市二道井子遗址的发掘》图一一：1，《考古》2010年第8期。

⑤ 同①，图四〇：8。

⑥ 同①，图版三〇：4。

⑦ 同①，图版八六：7。

⑧ 拒马河考古队：《河北易县涞水古遗址试掘报告》图十七：8，《考古学报》1988年第4期。

钵、壶、罐以夹砂红褐陶为主，均手制，多素面且外表多施一层红陶衣，口沿内抹斜成尖唇。第三，具体到陶器个体，M30∶2 壶与新民公主屯后山遗址①的壶（M2∶1）形制接近。参考高台山文化墓葬的分期②，可推断此墓地为高台山文化早期。

墓地中几组存在叠压打破关系的遗迹也为我们辨识年代提供了佐证。这几组打破关系上文已述。参考高台山文化遗址的分期③，这几座灰坑（灰沟）均属于高台山文化早期的Ⅰ段和Ⅱ段，因此墓地的相对年代也应该属于这一历史阶段，即夏代晚期至商代早期。

这样，代海墓地在与夏家店下层文化及高台山文化两个方面的年代对比上也具有同一性，即夏晚商初这一时期。

二 文化性质与族属

综上，代海墓地既具有夏家店下层文化遗址的某些特点，又具有高台山文化的某些特点，体现出两种考古学文化在这一地区的融合。已有的研究成果也认为这两种考古学文化存在着密切的交往关系④，简述如下。

下辽河区高台山文化遗址和墓地中含有夏家店文化因素：1988 年辽宁省文物考古研究所与吉林大学考古学系联合进行的彰武县考古复查⑤发现的乙类第二组陶鬲（筒改鬲）被认为接近夏家店下层文化。

辽西区夏家店下层文化分布区的遗址、含有高台山文化因素的墓地有：1. 阜新平顶山石城址。位于代海墓地西南约 80 公里处，1988、1989 年辽宁省文物考古研究所与吉林大学考古学系进行的两次发掘确立了文化特征和相对年代清楚的三种文化遗存：第一种为夏家店下层文化；第二种为高台山文化；第三种为魏营子类型。其中很重要的发现是高台山文化与夏家店下层文化有过并存时期⑥。2. 大甸子夏家店下层文化墓地出有高台山文化陶器⑦。3. 敖汉旗范杖子夏家店下层文化墓地 A 墓区⑧被认为属高台

① 沈阳市文物管理办公室：《新民公主屯后山遗址试掘简报》，《辽海文物学刊》1987 年第 2 期。

② 赵宾福：《中国东北地区夏至战国时期的考古学文化研究》，科学出版社，2009 年。董新林：《高台山文化研究》，《考古》1996 年第 6 期。

③ 同上。

④ 朱永刚：《论高台山文化及其与辽西青铜文化的关系》，《中国考古学会第八次年会论文集》，文物出版社，1996 年。

⑤ 辽宁省文物考古研究所、吉林大学考古学系：《辽宁彰武县考古复查纪略》，《考古》1991 年第 8 期。

⑥ 辽宁省文物考古研究所、吉林大学考古学系：《辽宁阜新平顶山石城址发掘报告》，《考古》1992 年第 5 期。

⑦ 刘晋祥：《大甸子墓地乙群陶器分析》，《中国考古学研究——夏鼐先生考古五十周年纪念文集》，文物出版社，1986 年。

⑧ 内蒙古文物工作队：《敖汉旗范仗子古墓群发掘简报》图四：2，《内蒙古文物考古》第三期，1983 年。

山文化。4. 北票康家屯城址[①]第四层下石筑穴内夏家店下层文化典型陶器甗、鬲、尊、瓮与高台山文化典型陶器高领壶共存。

迄今为止，在高台山文化墓葬中基本未见三足器，而夏家店下层文化的墓葬则以三足器为主；高台山文化墓葬基本不见木质葬具或二层台，而夏家店下层文化墓葬多见木质、土坯葬具[②]及二层台。此墓地的发现以至发掘为我们了解这两种文化之间的关系提供了一份弥足珍贵的资料。至于两种文化各自的族属问题，以往研究较多，此不赘述。

① 辽宁省文物考古研究所：《辽宁北票市康家屯城址发掘简报》，《考古》2001 年第 8 期。

② 中国社会科学院考古研究所：《大甸子——夏家店下层文化遗址与墓地发掘报告》，科学出版社，1998 年。

附表

附表一

代海墓地墓葬登记表

单位：厘米

墓号	探方号	墓葬尺寸（长×宽×深）	墓主					随葬品		分期	备注
			墓向	性别	年龄	葬式	面向	陶器	其他		
M1	T0802	235×86～106×76	24°	1男 1女	男30～35 女35±	男侧俯身 女侧身 均直肢	女东 男西	甲类Aa型Ⅱ式鬲1 丙类A型Ⅰ式鬲1 A型小钵1 纺轮1	骨锥2	中期	被HG2打破
M2	T0801	215×97～100×67～71	20°	男	40～45	仰身直肢	西	钵朽 B型Ⅱ式壶1 甲类Aa型Ⅱ式鬲1		中期	
M3	T0601、T0701	221×90～122×100～112	24°	女	20～25	侧身直肢	东	B型钵1　A型罐1 鼎1		中期	被HG2打破
M4	T0901	240×112～140×104	36°	男	40～45	侧身直肢	西	钵朽 A型Ⅰ式壶1 甲类Ab型Ⅰ式鬲1		早期	
M5	T1001	236×104～126×97	13°	男	25～30	侧身直肢	西	钵朽　罐朽 甲类Aa型Ⅲ式鬲1		晚期	
M6	T1101	241×100～118×42～50	44°	女?	成年	侧身直肢	东	丙类B型Ⅱ式鬲1 B型小壶1 A型盂1		晚期	
M7	T1102	200×84～94×30～42	65°	女?	15～20	侧身直肢	东			不明	
M8	T1301	210×100～110×130～142	62°	女	15～20	仰身直肢	东	A型钵1 B型Ⅲ式壶1 A型小罐1	铜镞2	晚期	打破H8
M9	T1302	254×112～126×120	35°	男	17～20	俯身直肢	西	D型钵1 E型Ⅱ式罐1 甲类B型Ⅱ式鬲1		中期	有猪蹄1个

续附表一

墓号	探方号	墓葬尺寸(长×宽×深)	墓主					随葬品		分期	备注
			墓向	性别	年龄	葬式	面向	陶器	其他		
M10	T1101、T1201	232×76～104×32	74°	?	3±	直肢	西			不明	
M11	T0702	210×110×50	11°	女	45±	侧身直肢	东	丙类A型Ⅰ式鬲1		中期	被HG2打破
M12	T1203	260×96～104×120	38°	女?	成年	仰身直肢	东	甲类B型Ⅱ式鬲1		中期	
M13	T1403	210×90～92×86	19°	女	30～35	侧身直肢	东	D型钵1 罐1		晚期	
M14	T1203	230×116～126×46	26°	男	成年	侧身直肢	西			不明	
M15	T1203、T1204	260×108～132×100	26°	男?	30±	侧身直肢	西	B型钵1 A型Ⅱ式壶1 甲类B型Ⅱ式鬲1		中期	
M16	T1303、T1304	240×103×110	21°	女	15～20	侧身直肢	东	D型钵1 B型罐1		中期	被H22打破
M17	T1303东北角	258×98～110×115	33°	女	30～35	仰身直肢	东	C型钵1 C型Ⅰ式罐1		早期	被H22打破
M18	T1304北部	180×100～110×40	21°	幼儿	4±	仰身直肢	上	钵朽 罐朽		不明	
M19	T1404北部	240×100～127×70	9°	男?	20±	仰身直肢	东			不明	
M20	T1105	220×96～100×70	11°	男	35～40	仰身直肢	上	乙类A型Ⅲ式鬲1 B型小钵1	铜环1	早期	
M21	T1205、T1206	260×110～112×130	21°	男	30～35	侧身直肢	西	D型钵1 A型Ⅱ式壶1 丙类A型Ⅰ式鬲1 B型小钵1 A型小壶1		中期	有狗头1个

续附表一

墓号	探方号	墓葬尺寸（长×宽×深）	墓主					随葬品		分期	备注
			墓向	性别	年龄	葬式	面向	陶器	其他		
M22	T1205 东南角	230×100×68	10°	女？	40～45	仰身直肢	上	D 型钵 1 A 型Ⅱ式壶 1 甲类 Ab 型Ⅱ式鬲 1 甲类 B 型Ⅱ式鬲 1 B 型盂 1	蚌壳 坠饰 1	中期	
M23	T1204	208×28×36	15°	女？	40±	侧身直肢	东	丙类 B 型Ⅰ式鬲 1 C 型小罐 1		中期	
M24	T1305	182×36～43×30	34°	？	9±	侧身屈肢	西	丙类 B 型Ⅰ式鬲 1	蚌壳 坠饰 4、 海螺 坠饰 1	中期	
M25	T1405、T1406	240×118～166×100	32°	男	20～25	侧身直肢	西	钵（朽）1 A 型Ⅱ式壶 1 甲类 B 型Ⅱ式鬲 1		中期	
M26	T1505	255×86～104×100	14°	男	25～30	侧身直肢	西	C 型钵 1 B 型Ⅱ式壶 1 A 型小钵 1 乙类 A 型Ⅱ式鬲 1 B 型小罐 1		中期	
M27	T1106	304×120～130×150	29°	男	30～35	仰身直肢	西	C 型钵 1 B 型Ⅱ式壶 1		中期	
M28	T1206	214×90～94×70	11°	？	15～20	仰身直肢	东	C 型钵 1 B 型Ⅱ式壶 1 C 型盂 1 C 型小罐 1		中期	

续附表一

墓号	探方号	墓葬尺寸（长×宽×深）	墓主					随葬品		分期	备注
			墓向	性别	年龄	葬式	面向	陶器	其他		
M29	T1206 北部	240×90～110×100	21°	男	35～40	仰身直肢	西	D 型钵 1 B 型Ⅰ式壶 1 乙类 B 型Ⅰ式鬲 1		早期	
M30	T1306	252×90～108×120	13°	女	30～35	仰身直肢	东	C 型钵 1 C 型壶 1 甲类 Ab 型Ⅰ式鬲 1		早期	
M31	T1306	228×90～104×124	43°	女	40±	仰身直肢	东	C 型钵 1 A 型Ⅰ式壶 1 甲类 B 型Ⅰ式鬲 1 A 型小钵 1 A 型小壶 1 B 型盂 1		早期	
M32	T1406	216×100～122×104	35°	女？	25±	侧身直肢	东	C 型钵 1 Ca 型Ⅱ式罐 1 B 型小钵 1		中期	
M33	T1405、T1406	204×88～106×74	22°	女？	15～20	俯身直肢	西			不明	
M34	T1406、T1407	226×86～102×108	40°	男	17～20	仰身直肢	东	C 型钵 1 B 型罐 1 甲类 B 型Ⅰ式鬲 1		早期	
M35	T1506	208×104～110×35	29°	？	儿童	不详	不详	C 型钵 1 E 型Ⅰ式罐 1 甲类 B 型Ⅰ式鬲 1		早期	
M36	T1106、T1107	162×100～105×36	3°	？	婴儿	不详	东			不明	

续附表一

墓号	探方号	墓葬尺寸(长×宽×深)	墓主					随葬品		分期	备注
			墓向	性别	年龄	葬式	面向	陶器	其他		
M37	T1106、T1107、T1206	228×104~114×142	6°	男	30~35	侧身直肢	西	C型钵1 B型Ⅱ式壶1 甲类B型Ⅱ式鬲1		中期	
M38	T1207南部	226×116~120×108	21°	男	30~35	侧身直肢	西	C型钵1 D型Ⅰ式罐1		早期	
M39	T1307西部	235×100~102×110	42°	女?	成年	仰身屈肢	东	钵(朽)1 D型Ⅰ式壶1		早期	
M40	T1307	200×120~124×130	41°	上男 下女	男30± 女30±	侧身直肢 仰身直肢	男西 女东	C型钵1 E型Ⅲ式罐1 甲类Aa型Ⅲ式鬲1		晚期	
M41	T1307	190×75~80×65	26°	?	3±	仰身屈肢	西	钵(朽)1 罐(朽)1 B型盂1		早期	
M42	T1407	270×77~87×70	13°	男	成年	俯身直肢	西	C型钵1 B型Ⅰ式壶1		早期	
M43	T1407东北部	168×38~44×26	29°	?	3~5岁	仰身直肢	不详	D型小罐1		不明	
M44	T1107东北部	250×98~114×70	29°	女	30~35	侧身直肢	东	D型钵1 A型Ⅲ式壶1		晚期	
M45	T1207东北部	220×104×78	31°	男	30~35	侧身直肢	西	A型钵1 D型Ⅱ式罐1		中期	
M46	T1108	176×38~48×32	19°	?	15~20	侧身直肢	东	甲类Aa型Ⅰ式鬲1 A型盂1		早期	
M47	T1208	260×106~114×70	13°	男	25~30	侧身直肢	西	钵(朽)1 罐(朽)1 乙类A型Ⅰ式鬲1		早期	

续附表一

墓号	探方号	墓葬尺寸(长×宽×深)	墓主					随葬品		分期	备注
			墓向	性别	年龄	葬式	面向	陶器	其他		
M48	T1308 西部	260×106~120×38	34°	?	8±	侧身屈肢	东	A 型小钵 1		中期	
M49	T1308	202×84~106×38	22°	?	10±	仰身直肢	东	D 型钵 1 D 型Ⅱ式壶 1 A 型小壶 1	海贝 15 蚌壳坠饰 7	中期	
M50	T1308、T1408	236×102~110×88	27°	女?	成年	侧身屈肢	东	C 型钵 1 E 型Ⅲ式罐 1		晚期	
M51	T1407、T1408	274×92~108×160	32°	女	35~40	侧身屈肢	东	丙类 A 型Ⅱ式鬲 1 C 型盂 1		晚期	被 H28 打破
M52	T1408	228×88~104×68	38°	女	35±	仰身直肢	东			不明	被 H28 打破
M53	T1507	226×114~118×100	34°	女	35±	仰身直肢	东	C 型钵 1 B 型Ⅱ式壶 1 乙类 B 型Ⅲ式鬲 1		中期	
M54	T1508	210×110×50	71°	?	3±	侧身直肢	东	B 型盂 1	蚌壳坠饰 7	中期	被 H30 打破
M55	T1508	250×96~106×118	30°	男	20±	侧身直肢	西	C 型钵 1 A 型Ⅰ式壶 1 乙类 B 型Ⅱ式鬲 1	蚌壳坠饰 5	早期	被 H30 打破 有狗头 1 个
M56	T1508	210×86~112×90	25°	男	30~35	侧身直肢	西	C 型钵 1 Cb 型罐 1 丙类 B 型Ⅰ式鬲 1 A 型小钵 1		中期	有狗头 2 个
M57	T1608	248×102~108×108	39°	男	30±	侧身直肢	西	B 型钵 1 A 型Ⅰ式壶 1 甲类 Aa 型Ⅰ式鬲 1 A 型小钵 2 C 型小罐 1		早期	有狗头 1 个

续附表一

墓号	探方号	墓葬尺寸(长×宽×深)	墓主					随葬品		分期	备注
			墓向	性别	年龄	葬式	面向	陶器	其他		
M58	T1508、T1509	200×84～100×44	46°	女	30±	仰身直肢	东	豆 1		晚期	
M59	T1509	224×84～106×58	35°	男	20～25	侧身直肢	西	C 型钵 1 Cb 型罐 1 甲类 B 型Ⅰ式鬲 1		早期	打破 H29
M60	T1509	210×80～95×60	39°	男	20～25	侧身屈肢	西			不明	
M61	T1609	234×118～120×114	36°	男	25±	仰身直肢	西	C 型钵 1 B 型Ⅲ式壶 2 豆 1 C 型小罐 1		晚期	有狗头 1 个 狗下颌骨 2 个
M62	T1609、T1610	210×56～86×32	46°	男?	35±	侧身直肢	西	B 型盂 1		早期	

1. 罐　A 型:卵形腹;B 型:直口弧腹;C 型:侈口球腹,Ca 型无耳,Cb 型四耳;D 型:侈口折腹;E 型:直口鼓腹。
2. 壶　A 型:直领鼓腹;B 型:直领球腹;C 型:弧腹四耳;D 型:垂腹。
3. 钵　A 型:高台底半球形碗状;B 型:圈足半球形碗状;C 型:平底半球形碗状;D 型:折腹平底盘状。
4. 鬲　甲类鼓腹鬲:
　　甲类 A 型:斜领鼓腹。Aa 型,侈口。Ab 型,斜直口。B 型:直领鼓腹。
　　乙类:弧腹鬲;A 型:尊形。B 型:侈口无领。
　　丙类:筒腹鬲。A 型:无耳。B 型:有耳。
5. 钵　A 型:半球形;B 型:浅腹。
6. 壶　A 型:球腹;B 型:卵形腹。
7. 盂　A 型:敛口折腹;B 型:敛口弧腹;C 型:筒腹。
8. 罐　A 型:敛口端肩;B 型:敛口球腹;C:单环耳;D:筒腹。

附表二 墓主面向统计表

西向29	男25	1、2、4、5、9、14、15（?）、21、25、26（?）、27、29、37、38、40、42、45（?）、47、55、56、57、59、60、61、62（?）
	女1	33（?）
	不详3	10（幼儿）、24、41（幼儿）
东向30	女22	1、3、6（?）、7（?）、8、11、12（?）、13、16、17、23（?）、30、31、32（?）、39（?）、40、44、50（?）、51、52、53、58
	男2	19（?）、34
	不详6	28、36（幼儿）、46、48、49、54
向上3	男1	20
	女1	22?
	不详1	18（儿童）
	不详2	35（儿童）、43（幼儿）

附表三 墓主葬式统计表

侧身35	直肢30	男18	1、4、5、14、15（?）、21、25、26（?）、37、38、40、45（?）、47、55、56、57、59、62（?）
		女10	1、3、6（?）、7（?）、11、13、16、23（?）、32（?）、44、
		不详2	46、54
	屈肢5	男1	60
		女2	50（?）、51
		不详2	24、48
仰身23	直肢21	女10	8、12（?）、17、22（?）、30、31、40、52、53、58
		男7	2、19（?）、20、27（?）、29、34、61
		不详4	18（儿童）、28、43（幼儿）、49
	屈肢2	女1	39?
		不详1	41（幼儿）
俯身3	直肢3	男2	9、42
		女1	33?
	不详2	35（儿童）、36（幼儿）	
	直肢1	10（幼儿）	

附表四

灰坑、灰沟登记表

编号	位置	形状	填土及包含物	陶色	纹饰	出土器物	备注
H1	T0201、T0301、T0202、T0302	不规则椭圆形	灰褐色砂质土	十多片夹砂灰陶片			
H2	T0301	不规则椭圆形	灰土,夹杂大量草木灰	夹砂灰陶片		陶甗1(可复原)	
H3	T0404	圆形	灰褐土			陶甗1(盆)、甑1(底)	被HG3打破
H4	T0601	椭圆形	灰土,夹杂草木灰				被HG2打破
H5	T0601	不规则形状	灰土				打破HG2
H6	T0601	圆形袋状坑	灰土,夹杂少量草木灰				打破HG2
H7	T0704	椭圆形	灰褐土				
H8	T1201、T1301	不规则椭圆形	黑色砂质土	以夹砂灰褐陶为主,红褐陶次之,少量红衣陶和黑陶	多数素面,纹饰有绳纹、弦断绳纹	陶罐1、甗1(鬲)、鬲1、甑1、钵1,石镞1	被M8打破
H9	T0101	圆形	灰土,夹杂大量草木灰;猪下颌骨	少量陶片,夹砂灰褐陶为主,红褐陶次之	多数素面,少量的绳纹	罐2(尖唇直口、方唇)、甗1(足)、鼎1(足)	
H10	T0704、T0804	不规则椭圆形	黑花土,含有大量草木灰;少量猪骨	大量陶片,以夹砂红褐陶为主,灰褐陶次之	多数素面,少量的绳纹	甗2(鬲)、罐1(腹片)	被HG1打破
H11	T0903	圆形	灰土	以夹砂红褐陶为主,灰褐陶次之	多数素面,少量的绳纹	甗1(鬲片)	被HG1打破
H12	T0803、T0903	圆形	黑土				
H13	T1302	圆形	灰土	以夹砂红褐陶为主	绳纹为主	甗1(鬲片)、罐2(腹片)、圈足碗1(底)、	
H14	T1402	圆角长方形	灰土	以夹砂红褐陶为主,灰褐陶次之	多数素面,少量绳纹陶	瓮口沿1(弦断绳纹加乳丁纹)、罐口沿2(直口泥条盘筑圆唇)、鬲1(可复原)	

续附表四

编号	位置	形状	填土及包含物	陶色	纹饰	出土器物	备注
H15	T1302、T1402	椭圆形	灰褐色土	以夹砂灰褐陶为主，红褐陶、黑褐陶次之	多数素面，少量弦纹、绳纹、附加堆纹	罐2（底）、鬲1（足）、钵1（可复原）、石斧1	
H16	T1401	圆角长方形	灰土	夹砂红褐陶为主，夹砂灰褐、黑褐较少	多数素面，少量绳纹、弦纹	罐1（底）、鬲1（足）	
H17	T0404	圆形	灰土	少量陶片，夹砂红褐陶	素面	瓮1（腹片）、罐1（底）、甗1（盆腹片）	
H18	T0301	圆形	黑褐色砂质土	少量陶片，夹砂黑陶为主，几片夹砂红褐、灰褐陶片	多数素面，少量绳纹、附加堆纹		
H19	T0301	圆形	灰土				
H20	T0907	圆形	灰土；猪下颌骨	夹砂灰黑陶为主，红褐陶次之	多数素面，少量绳纹	鬲1（足）、罐1（直口口沿）、壶1（口沿）	被HG1打破
H21	T1003、T1004	椭圆	黑花土	少量陶片，以夹砂红褐陶为主	多数素面，少量绳纹		
H22	T1303、T1304	椭圆形	黑褐色砂质土			甗（鬲）1	打破M16、M17
H23	T1302、T1303	圆角方形	黄灰色土；猪腿骨、牛腿骨几块。	以红陶为主，灰褐陶次之，少量灰陶	多数素面，少量粗绳纹和弦断绳纹	瓮1（口沿）、罐1（口沿）、甗1（盆腹片）、碗1（圈足）	
H24	T1205、T1305						
H25	T1004、T1005	圆角长方形	黄褐色土	以红陶为主，灰褐陶次之	多数素面，绳纹较少	盂1、蚌壳坠饰1	
H26	T1407	圆形	灰褐色砂质土；猪下颌骨一块	以红陶、红褐陶为主，灰褐陶较少	多数素面，亦有弦断绳纹	碗1（圈足）、甗（鬲）1、甗1（可复原）、罐1（口沿）、陶纺轮2	

续附表四

编号	位置	形状	填土及包含物	陶色	纹饰	出土器物	备注
H27	T1209	椭圆形	灰土；牛腿骨、牛下颌骨、猪下颌骨各一块	灰褐陶为主，红褐陶次之	多数素面，绳纹次之	陶甗1（盆腹片）、盂1（可复原）、豆1（可复原）、纺轮2	
H28	T1408	长方形	灰土，夹杂大量的草木灰；牛尾椎骨一块	以灰褐陶为主，灰陶次之	多数素面，零星戳点纹	陶甗（足）1、罐（底）1、瓮（腹片）1，石斧1，蚌壳坠饰1	打破 M51、M52
H29	T1509	圆角方形	灰褐色土				被 M59 打破
H30	T1608	长条形	灰土				打破 M54、M55
HG1	T0301、T0401、T0501、T0502、T0602、T0603、T0703、T0704、T0803、T0804、T0905、T0906、T0907、T0908，并继续向北部延伸	弧形长条状	灰褐色土	少量陶片			打破 H10、H11、H20
HG2	T0601、T0701、T0702、T0802、T0803、T0903、T0904、T0905、T1005、T1006、T1007、T1008，并继续向北部延伸	弧形长条状	灰褐色土	少量陶片		陶饼1	打破 M1、M3、M11、H4 被 H5、H6 打破

续附表四

编号	位置	形状	填土及包含物	陶色	纹饰	出土器物	备注
HG3	T0102、T0103、T0202、T0203、T0303、T0304、T0404、T0907、T0908、T1008、T1108、T1109、T1209、T1210、T1211、T1311,并继续向北部延伸	长条状	灰褐色土;少量牛骨、猪骨	T0203、T0303、T0304、T0404、T1209内出土陶片较多,以红褐陶为主,红陶次之	多数素面,粗绳纹较少	瓮(口沿)1、侈口罐(微侈口、圆唇、绳纹、泥圈套接)1、罐1(横桥耳、鋬耳)、甗(鬲足)1、罐(可复原)1、盂(可复原)1、陶纺轮1、石纺轮1、骨锥1、磨石1	打破H3
HG4	T1401、T1501、T1502、T1503、T1602、T1603、T1604、T1605,并继续向东北部延伸	长条状	堆积土分两层,一层为黑土,二层为黄花土;少量的猪下颌骨、牛腿骨、牛踝骨	一层出土陶片较多,以红陶为主,灰褐陶次之,黑褐陶最少,	多数素面,粗绳纹及细绳纹次之,弦断绳纹最少	陶瓮(腹片)1、罐(鋬耳、桥耳,有的可复原)2、甗(鬲足)1、盂(可复原)1、纺轮2,磨石1,玛瑙珠1,蚌壳坠饰1	

附录

代海墓地出土人骨的人类学研究*

曾雯　聂颖　徐韶钢　魏东

代海墓地位于阜蒙县旧庙镇代海村西代海营子屯北约0.5公里处，南距阜蒙县约36公里，东距旧庙镇7.5公里。2009年7月至10月辽宁省文物考古研究所对代海墓地进行抢救性发掘，共清理墓葬62座，其年代初步判断为夏末商初，从文化性质上分析代海墓地既具有夏家店下层文化的某些特点，又具有高台山文化的某些特点，体现出两种考古学文化在此地区的融合。承蒙辽宁省文物考古研究所委托，将该批标本运至吉林大学边疆考古研究中心人类学实验室，交由我们进行一系列的体质人类学观测和比较分析。为深入了解和探索辽宁地区夏商时期古代居民的种族特征以及人群分布状况提供了一份极为珍贵的人类学资料。现将初步的研究结果报告如下。

一　性别与年龄

本文性别和年龄鉴定的方法主要依据吴汝康等[①]、邵象清[②]和朱泓等[③]在有关论著中提出的标准。

在全部64例骨骼标本中，性别确定者52例（倾向男性特征或倾向女性特征的个体归入两性个体统计），性别不明者12例，鉴定率为81.25%；其中男性为28例，女性有24例，已知性别个体的男女两性比为1.167∶1，男性的比例偏高。通常，在没有大规模战争的常规情况下，由人类正常生理机制决定的男女两性比应接近于1。这种男女比例不平衡现象出现的原因是多方面的，笔者推测可能与当时自然、社会因素以及代海墓地的具体情况有关，而且这种现象普遍存在于新石器时代和青铜时代的古代人群中。代海墓地出土人骨的性别和年龄分布情况见表一。

---

* 作者曾雯、聂颖、魏东：吉林大学边疆考古研究中心。徐韶钢：辽宁省文物考古研究所。

表一 代海组古代居民死亡年龄分布统计

年龄阶段	男性（%）		女性（%）		性别不详（%）		合计（%）	
婴儿期（0～2）	0	0.00	0	0.00	1	11.11	1	1.81
幼儿期（3～6）	0	0.00	0	0.00	5	55.56	5	9.09
少年期（7～14）	0	0.00	0	0.00	3	33.33	3	5.45
青年期（15～23）	8	30.8	5	25.00	0	0.00	13	23.64
壮年期（24～35）	15	57.7	10	50.00	0	0.00	25	45.45
中年期（36～55）	3	11.5	5	25.00	0	0.00	8	14.55
老年期（56～X）	0	0.00	0	0.00	0	0.00	0	0.00
合 计	26	100.00	20	100.00	9	100.00	55	100.00
未成年（年龄不详）	0		0		1		1	
成年（年龄不详）	2		4		2		8	
总 计	28		24		12		64	

由表一可以看出，年龄阶段明确者55例，具体年龄不详者9例，鉴定率为85.9%，而且代海组古代居民的年龄普遍偏低，从一定程度反映出当时生活条件之艰辛。代海组古代居民死亡年龄段主要集中在青年期和壮年期，死亡比例合计可达到69.09%，占据主要的比例；壮年期的死亡比例为45.45%，接近半数，是代海组古代居民的死亡高峰值；未成年夭折的比例较高，占全部样本总数的15.63%；中年期的死亡比例也达到14.55%；并没有发现老年个体。

二 观察与测量

1. 颅骨的形态观察

用于本文研究的颅骨标本共计26例，其中男性15例，女性11例，均系成年个体。颅骨非测量特征的观察标准依据《人体测量手册》④和《人体测量方法》⑤的相关描述，观察结果见表二。

在表二中所列出的20项非测量特征的观察结果中，我们发现本文的标本以卵圆形颅为主，眉弓不甚发达，较为简单的颅顶缝，眶形以圆形和椭圆形为主，梨状孔多数呈梨形且梨状孔下缘的形态以钝型者居多，犬齿窝欠发达，翼区皆为顶蝶型，齿弓形状为抛物线型，男性个体的颏形以方形为主，女性个体则是圆形居多，下颌圆枕出现率低，此外还存在较高的铲形门齿的出现率。

表二　　颅骨非测量特征观察统计表

观察项目	性别	体质特征	观察项目	性别	体质特征
颅形	男（15） 女（11）	卵圆形14，球形1 卵圆形10，球形1	梨状孔下缘	男（11） 女（8）	钝型4，鼻前沟型3，混合型2，鼻前窝型1，锐型1 钝型7，混合型1
眉弓凸度	男（15） 女（10）	微显2，稍显7，中等5，显著1 微显6，稍显3，中等1	鼻前棘	男（8） 女（5）	Broca Ⅱ级4，Broca Ⅲ级4 Broca Ⅱ级5
前额	男（14） 女（11）	中等7，倾斜7 平直4，中等7	犬齿窝	男（11） 女（10）	无3，弱4，中等3，显著1 无1，弱7，中等2
额中缝	男（15） 女（11）	无15 无11	鼻根区凹陷	男（8） 女（8）	1级8 0级4，1级3，2级1
颅顶缝 前囟段	男（15） 女（11）	愈合2，直线4，微波7，深波2 直线6，微波5	翼区	男（13） 女（9）	H型13 H型9
颅顶缝 顶段	男（15） 女（11）	微波8，深波6，锯齿1 微波4，深波6，锯齿1	齿弓形状	男（13） 女（10）	抛物线形13 抛物线形10
颅顶缝 顶孔段	男（15） 女（10）	愈合6，直线4，微波3，深波2 愈合1，直线2，微波6，深波1	腭圆枕	男（9） 女（6）	嵴状6，丘状2，瘤状1 丘状4，嵴状2
颅顶缝 后段	男（15） 女（11）	愈合1，直线2，微波11，锯齿1 愈合2，微波4，深波5	腭横缝	男（10） 女（5）	不规则型3，直线型2，愈合2，后突型2，前突型1 不规则型4，直线型1
乳突	男（15） 女（10）	小5，中等8，大2 特小2，小5，中等3	颏形	男（13） 女（11）	方形10，圆形2，尖形1 圆形7，尖形3，方形1
枕外隆突	男（15） 女（9）	稍显6，中等8，显著1 稍显8，中等1	下颌角区	男（15） 女（11）	外翻型9，直型6 外翻型7，直型4

续表二

观察项目	性别	体质特征	观察项目	性别	体质特征
眶 形	男（13） 女（9）	圆形5，椭圆形4，方形3，斜方形1 圆形3，椭圆形3，方形2，斜方形1	下颌圆枕	男（15） 女（11）	无15 无10，弱1
梨状孔形状	男（8） 女（10）	梨形6，心形2 梨形7，心形2，圆形1	铲形门齿	男（10） 女（8）	有10 有8

2. 颅骨的测量性特征

在本文研究的标本中可进行测量的共有14例个体，其中男性7例、女性7例，皆为成年个体。代海组男、女两性颅骨主要测量项目的平均值见表三，形态分类见表四。

表三　　代海组颅骨主要测量项目的平均值

长度：毫米　角度：度　指数：%

马丁号	项　目	男（例数）	女（例数）	马丁号	项　目	男（例数）	女（例数）
1	头长（g－op）	181.07（7）	174.26（7）	73	鼻面角（n－ns－FH）	89.38（4）	89.00（5）
8	头宽（eu－eu）	131.89（7）	127.14（7）	74	齿槽面角（ns－pr－FH）	62.25（4）	65.00（5）
17	头高（ba－b）	140.57（3）	136.22（5）	75	鼻梁侧角（n－rhi－FH）	71.50（3）	73.67（3）
21	耳上颅高（po－v）	118.33（4）	110.76（5）	77	鼻颧角（fmo－m－fmo）	140.71（3）	150.60（4）
9	最小额宽（ft－ft）	89.80（5）	87.93（7）		颧上颌角（zm－ss－zm）	128.38（2）	130.13（4）
23	颅周长（g－op－g）	507.98（6）	487.20（5）		鼻梁角（72－75）	14.17（3）	13.17（3）
24	颅横弧（po－b－po）	313.09（7）	296.70（5）		面三角（pr－n－ba）	67.04（2）	66.63（4）
25	矢状弧（arc n－o）	364.32（5）	351.83（3）		（n－pr－ba）	71.44（2）	72.15（4）

续表三

马丁号	项目	男（例数）	女（例数）	马丁号	项目	男（例数）	女（例数）
26	额矢弧 (arc n－b)	123.17（6）	121.92（6）		(n－ba－pr)	41.53（2）	41.22（4）
27	顶矢弧 (arc b－1)	124.37（7）	119.10（5）	8:1	颅指数	72.87（7）	72.99（7）
28	枕矢弧 (arc 1－o)	117.60（5）	114.50（4）	17:1	颅长高指数	76.83（3）	77.74（5）
29	额矢弦 (chord n－b)	109.75（6）	107.28（5）	17:8	颅宽高指数	107.38（3）	106.87（5）
30	顶矢弦 (chord b－1)	111.67（7）	106.17（5）	9:8	额宽指数	67.60（5）	69.17（7）
31	枕矢弦 (chord 1－o)	98.91（5）	94.35（4）	40:5	面突指数	97.13（2）	96.92（4）
5	颅基底长 (ba－n)	108.55（2）	99.88（4）	48:17	垂直颅面指数 (pr)	52.01（3）	50.87（4）
40	面基底长 (ba－pr)	105.28（2）	96.52（4）		(sd)	54.38（3）	52.69（4）
43	上面宽 (fmt－fmt)	102.58（3）	99.74（4）	48:45	上面指数（pr）	59.61（2）	—
45	颧宽（zy－zy）	130.85（2）	—		(sd)	61.61（2）	—
46	中面宽 (zm－zm)	103.97（2）	94.75（4）	52:51	眶指数 (mf－ek）左	80.34（4）	78.51（4）
47	全面高（n－gn）	127.48（3）	115.81（3）		右	81.46（3）	81.70（5）
48	上面高（n－pr）	74.62（5）	67.47（5）	52:51a	眶指数 (d－ek）左	86.35（2）	86.73（2）
	(n－sd)	77.52（5）	69.88（5）		右	86.05（2）	85.95（2）
50	眶间宽 (mf－mf)	19.14（4）	16.90（5）	54:55	鼻指数	49.54（5）	52.27（4）
51	眶宽 (mf－ek）左	42.96（4）	41.79（4）	SS:SC	鼻根指数	26.61（4）	21.32（5）
	右	43.65（3）	41.08（5）	63:62	腭指数	81.51（5）	91.06（3）

续表三

马丁号	项　目	男（例数）	女（例数）	马丁号	项　目	男（例数）	女（例数）
51a	眶宽（d－ek）左	39.85（2）	38.16（2）	45：（1＋8）/2	横颅面指数	81.59（2）	—
	右	41.18（2）	39.04（2）	17：（1＋8）/2	高平均指数	89.54（2）	89.98（5）
52	眶高　左	34.48（4）	32.81（4）	16：7	枕孔指数	80.41（1）	83.25（1）
	右	35.53（3）	33.55（5）	65	下颌髁间径	122.97（3）	115.89（5）
54	鼻宽	27.44（5）	31.61（4）	66	下颌角间径（go－go）	104.72（5）	96.23（6）
55	鼻高（n－ns）	55.70（5）	46.24（6）	67	下颌颏孔间径	51.24（6）	47.46（7）
SC	鼻最小宽	6.20（4）	4.88（5）	68	下颌体长	75.65（4）	71.54（7）
SS	鼻最小宽高	1.55（4）	1.04（5）	68－1	下颌体最大投影长	106.40（4）	102.70（7）
DC	眶内缘点间宽（d－d）	21.13（2）	20.92（2）	69	下颌颏联合高（id－gn）	36.31（5）	32.90（7）
11	耳点间宽（au－au）	118.15（6）	117.47（7）	70	下颌支高　左	56.72（4）	51.89（6）
60	齿槽弓长	53.00（5）	49.26（5）		右	59.89（6）	53.22（7）
61	齿槽弓宽	66.58（5）	63.09（5）	71a	下颌支最小宽 左	34.98（5）	31.71（7）
62	腭长（ol－sta）	46.01（5）	40.88（4）		右	36.24（6）	32.14（7）
63	腭宽（enm－enm）	37.47（5）	36.73（5）	MBH	下颌体高（M_1M_2）左	30.87（6）	27.13（7）
7	枕大孔长（ba－o）	35.95（2）	35.69（3）		右	30.48（6）	27.21（7）
16	枕大孔宽	29.59（1）	29.72（1）	MBT	下颌体厚（M_1M_2）左	17.58（6）	16.29（7）
32	额侧角Ⅰ（n－m－FH）	81.25（4）	85.58（6）		右	17.82（6）	16.53（7）

续表三

马丁号	项　　目	男（例数）	女（例数）	马丁号	项　　目	男（例数）	女（例数）
	额侧角Ⅱ（g－m－FH）	75.75（4）	81.25（6）	79	下颌角	124.70（5）	129.86（7）
	前囟角（g－b－FH）	45.25（4）	45.20（5）		下颌颏孔弧	61.78（6）	58.01（7）
72	总面角（n－pr－FH）	82.75（4）	83.70（5）	68∶65	下颌骨指数	61.32（3）	61.50（5）

表四　　代海组男女两性主要颅骨测量特征的形态分类出现

项目	性别	形态类型及出现例数					
颅指数		超长颅型	特长颅型	长颅型	中颅型	圆颅型	特圆颅型
	男（7）		1	5	1		
	女（7）		1	4	2		
颅长高指数		低颅型	正颅型	高颅型			
	男（3）			3			
	女（5）			5			
颅宽高指数		阔颅型	中颅型	狭颅型			
	男（3）			3			
	女（5）			5			
额宽指数		狭额型	中额型	阔额型			
	男（5）	2	2	1			
	女（7）	1	2	4			
鼻指数		狭鼻型	中鼻型	阔鼻型	特阔鼻型		
	男（5）	2	1	1	1		
	女（4）		2	2			
眶指数 L（mf－ek）		低眶型	中眶型	高眶型			
	男（4）	1	2	1			
	女（4）		4				
上面指数（sd）		特阔上面型	阔上面型	中上面型	狭上面型	特狭上面型	
	男（2）				1	1	
	女（0）						

续表四

项目	性别	形态类型及出现例数					
面突指数		突颌型	中颌型	正颌型			
	男（2）	2		1			
	女（4）		2	2			
腭指数		狭腭型	中腭型	阔腭型			
	男（5）	2	2	1			
	女（3）			3			

结合代海组颅骨测量性特征的分类结果来分析，代海组男性颅骨的主要体质特征可以概括为：长颅型、偏高的颅型和狭颅型；面部较高且狭。由面突指数来看，该组男性颅骨应属中颌型；额宽属中额型；鼻指数的平均值为49.54，属中鼻型；眶型为中眶型；腭指数为81.51，属偏狭的中腭型。

女性颅骨除了眉弓发育较弱，乳突较小，枕外隆突欠发达等反映性别差异的特征以外，其种族特征基本与男性相同，所不同的是与男性组相比，女性组具有更大的面部扁平度；额宽指数更大，为阔额型；鼻形更为宽阔；而且腭部为较为明显的阔腭型。

鉴于本文颅骨标本上所反映出欠发达的犬齿窝、较为简单的颅顶缝、不显著的鼻根区凹陷以及铲形齿的较高出现率等特点，我们推测该组颅骨应归属于现代亚洲蒙古人种的范围。

三 比较与分析

1. 与现代亚洲各类型蒙古人种的比较

为了进一步确定代海组标本的种系归属，我们将其与现代亚洲蒙古人种中的北亚、东北亚、东亚和南亚等四个区系类型[⑥]相比较，具体比较的测量值可见表五。

表五 代海组颅骨与现代亚洲蒙古人种各类型的比较（男性）

长度：毫米 角度：度 指数:%

马丁号	组别 项目	代海组	现代亚洲蒙古人种			
			北亚类型	东北亚类型	东亚类型	南亚类型
1	颅长（g－op）	181.07（7）	174.90－192.70	180.70－192.40	175.00－182.20	169.90－181.30
8	颅宽（eu－eu）	131.89（7）	144.40－151.50	134.30－142.60	137.60－143.90	137.90－143.90

续表五

马丁号	组别 项目	代海组	现代亚洲蒙古人种			
			北亚类型	东北亚类型	东亚类型	南亚类型
17	颅高（ba－b）	140.57（3）	127.10－132.40	132.90－141.10	135.30－140.20	134.40－137.80
9	最小额宽	89.80（5）	90.60－95.80	94.20－96.60	89.00－93.70	89.70－95.40
45	颧宽（zy－zy）	130.85（2）	138.20－144.00	137.90－144.80	131.30－136.00	131.50－136.30
48	上面高（n－sd）	77.52（5）	72.10－77.60	74.00－79.40	70.20－76.60	66.10－71.50
32	额角（n－m－FH）	81.25（4）	77.30－85.10	77.00－79.00	83.30－86.90	84.20－87.00
72	面角（n－pr－FH）	82.75（4）	85.30－88.10	80.50－86.30	80.60－86.50	81.10－84.20
77	鼻颧角	140.71（3）	147.00－151.40	149.00－152.00	145.00－146.60	142.10－146.00
8:1	颅指数	72.87（7）	75.40－ 85.90	69.80－79.00	76.90－81.50	76.90－83.30
17:1	颅长高指数	76.83（3）	67.40－73.50	72.60－75.20	74.30－80.10	76.50－79.50
17:8	颅宽高指数	107.38（3）	85.20－91.70	93.30－102.80	94.40－100.30	95.00－101.30
48:17	垂直颅面指数（sd）	54.38（3）	55.80－59.20	53.00－58.40	52.00－54.90	48.00－52.20
48:45	上面指数（sd）	61.61（2）	51.4－55.00	51.3－56.60	51.7－56.80	49.9－53.30
52:51	眶指数 R	81.46（3）	79.30－85.70	81.40－84.90	80.70－85.00	78.20－81.00
54:55	鼻指数	49.54（5）	45.00－50.70	42.60－47.60	45.20－50.20	50.30－55.50
SS:SC	鼻根指数	26.61（4）	26.90－38.50	34.70－42.50	31.00－35.00	26.10－36.10

在表五所列出的17个比较项目中，代海组除颅宽、颧宽、鼻颧角、颅宽高指数以及上面指数等五项略超出现代亚洲蒙古人种界值的上、下限以外，其余12项均落入其变异范围。由此可见，代海组颅骨的体质特征基本上没有超出现代亚洲蒙古人种的变异范围，这一结果与根据颅面部形态观察的结论完全相符。不得不指出，由于标本保存较差，能进行颧宽测量的标本仅有两例，且其数据较小，造成代海组主要面部数据超出现代亚洲蒙古人种的上、下限。与现代亚洲蒙古人种的各个主要分支相比较，本组标本仅有五项落入现代北亚蒙古人种界值范围之内，且上面高距离其界值的上限在1个单位以内，其余各项均较为明显超出其变异范围。代海组有八项落入现代东北亚蒙古人种的界值范围之内，且颅长以及颅高距离其界值范围在1个单位以内，其余的九项中颅宽和额角较为接近其界值范围。代海组落入现代东亚蒙古人种界值范围内的有七项，在其余的10项中，有颅高、上面高以及额角等三项与其界值较为接近。代海组

落入现代南亚蒙古人种界值范围内的有五项，且颅长及最小额宽与其界值的距离均在1个单位内，但其余各项中颅宽、颧宽、鼻颧角、垂直颅面指数、眶指数以及鼻指数等六项比较接近其界值范围。由以上的分析可知，代海组颅骨的基本体质特征与现代亚洲蒙古人种的东亚类型最为接近，其次为东北亚类型，且与南亚类型也存在一定程度的接近，而与现代蒙古人种的北亚类型则存在较大的形态距离。

2. 与亚洲各近代组的比较

为了进一步考察代海组古代居民与现代亚洲蒙古人种各个地区居民在种族类型上的渊源关系，我们共选择了华北组、抚顺组、华南组、爱斯基摩组、蒙古组、通古斯组等六个近现代颅骨组的18项指标与之比较（表六），采用计算本文标本与各对比组之间的平均数组间差异均方根函数值的方法进行比较分析[⑦]。计算结果见表七。

表六　　代海组与各近代颅骨组的比较（男性）

长度：毫米　角度：度　指数:%

马丁号	组别 项目	代海组	华北组（步达生）	抚顺组（岛五郎）	华南组（哈弗罗）	爱斯基摩组（杰别茨）	蒙古组（杰别茨）	通古斯组（杰别茨）	同种系标准差
1	颅长（g－op）	181.07	178.50	180.80	179.90	181.80	182.20	185.50	5.73
8	颅宽（eu－eu）	131.89	138.20	139.70	140.90	140.70	149.00	145.70	4.76
17	颅高（ba－b）	140.57	137.20	139.20	137.80	135.00	131.40	126.30	5.69★
9	最小额宽	89.80	89.40	90.80	91.50	94.90	94.30	90.60	4.05
45	颧宽（zy－zy）	130.85	132.70	134.30	132.60	137.50	141.80	141.60	4.57
48	上面高（n－sd）	77.52	75.30	76.20（pr）	73.82（pr）	77.50	78.00	75.40	4.15
51	眶宽（mf－ek）R	43.65	44.00	42.90	42.10（L）	43.40	43.20	43.00	1.67
52	眶高R	35.53	35.50	35.50	34.60	35.90	35.80	35.00（L）	1.91
54	鼻宽	27.44	25.00	25.70	25.25	24.40	27.40	27.10	1.77
55	鼻高（n－ns）	55.70	55.30	55.10	52.60	54.60	56.50	55.30	2.92
72	面角（n－pr－FH）	82.75	83.39	83.60	84.70	83.80	87.50	86.60	3.24
8:1	颅指数	72.87	77.56	77.30	78.75	77.60	82.00	78.70	2.67
17:1	颅长高指数	76.83	77.02	77.10	77.02	〈74.26〉	〈72.12〉	68.09	2.94

续表六

马丁号	项目 \ 组别	代海组	华北组（步达生）	抚顺组（岛五郎）	华南组（哈弗罗）	爱斯基摩组（杰别茨）	蒙古组（杰别茨）	通古斯组（杰别茨）	同种系标准差
17:8	颅宽高指数	107.38	99.53	100.00	97.80	〈95.95〉	〈88.19〉	86.68	4.30
9:8	额宽指数	67.60	64.69	〈65.00〉	〈64.94〉	〈67.45〉	〈63.29〉	62.25	3.29★
48:45	上面指数	61.61	56.80	56.80	55.67	〈56.36〉	55.01	53.25	3.30▲
52:51	眶指数 R	81.46	80.66	83.00	84.90	83.00	82.9（L）	81.50（L）	5.05
54:55	鼻指数	49.54	45.23	46.90	49.40	44.80	48.60	49.40	3.82

注：1. 标有〈〉的是根据平均数计算的近似值。2. 标有 ★ 的采用挪威组同种系标准差，标有 ▲ 的采用欧洲同种系标准差，其余采用埃及（E）组的标准差。3. 各近代颅骨组数据转引自注⑧。

表七 代海组与各近代对比组间的组差均方根值

对比组	华北组	抚顺组	华南组	爱斯基摩组	蒙古组	通古斯组
均方根值	0.92	0.88	1.14	1.21	1.90	1.95

从表七的计算结果来看，代海组与抚顺组之间的函数值最小，其次为华北组，且与华南组、爱斯基摩组之间也具有较小的函数值，而与蒙古组、通古斯组之间存在较大的函数值。这表明代海组在颅骨的基本形态特征方面与代表现代亚洲蒙古人种东亚类型的抚顺组以及华北组居民较为一致，也与代表现代亚洲蒙古人种南亚类型的华南组以及代表东北亚类型的爱斯基摩组存在着比较近的关系，而与代表现代亚洲蒙古人种北亚类型的蒙古组和通古斯组居民之间则存在较大差距。

3. 与各相关古代组的比较

为了进一步探讨代海组古代居民与各有关古代居民在人种类型上的关系，本文选择了与其时空范围相关的水泉组、平洋组、平安堡组、蔚县组、庙后山组、井沟子组、夏家店上层文化合并组、龙头山组、大甸子全组、小黑石沟组等 10 个古代颅骨组，通过计算每两组的欧氏距离系数（Dij 值）⑨来进行聚类分析。具体项目和数据见表八。欧氏距离系数比较的结果见表九。依照欧氏距离系数进行组间连接的聚类图见图一。

水泉组的人类学材料出土于内蒙古自治区赤峰市敖汉旗四家子镇水泉村的战国时期墓地。1995 年 7 月至 10 月，内蒙古自治区文物考古研究所与吉林大学考古学系合作，对该批墓葬进行了正式发掘。经初步研究证实，该组居民在颅面部基本体质特征上

表八　代海组与各古代颅骨组的比较(男性)

长度:毫米　角度:度　指数%

马丁号	项目 \ 组别	代海组	水泉组	平洋组	平安堡组	蔚县组	庙后山组	井沟子组	夏家店上层文化合并组	龙头山组	大甸子全组	小黑石沟组	同种系标准差
1	颅长(g－op)	181.07	183.33	190.54	188.50	175.11	192.80	184.43	181.19	178.28	176.57	175.00	5.73
8	颅宽(eu－eu)	131.89	143.08	144.60	135.75	142.37	144.00	147.88	136.20	137.29	143.68	137.00	4.76
17	颅高(ba－b)	140.57	141.83	140.11	141.65	138.58	143.50	131.50	140.70	137.16	141.17	141.83	5.69★
9	最小额宽	89.80	92.86	91.26	94.50	91.42	99.00	93.83	89.00	90.32	91.25	86.50	4.05
45	颧宽(zy－zy)	130.85	134.69	144.90	131.25	136.37	145.30	143.67	133.75	135.07	136.48	133.00	4.57
48	上面高(n－sd)	77.52	75.38	77.08	74.40	72.97	75.50	76.00	75.10	74.44	73.24	77.00	4.15
51	眶宽(mf－ek)R	43.65	44.23	43.74	43.20	42.44	44.60	43.34	42.80	42.03	43.17	43.33	1.67
52	眶高 R	35.53	32.66	33.91	34.75	32.66	32.60	32.84	34.44	33.30	33.40	33.73	1.91
54	鼻宽	27.44	27.54	28.90	24.50	25.96	25.90	27.66	28.08	26.43	27.12	27.90	1.77
55	鼻高(n－ns)	55.70	54.02	58.38	52.40	52.79	54.10	57.72	53.60	53.01	53.16	55.27	2.92
72	面角(n－pr－FH)	82.75	83.29	90.80	81.75	87.10	85.00	89.80	80.60	86.04	86.98	82.00	3.24
8:1	颅指数	72.87	78.09	75.89	72.01	81.32	74.80	80.39	75.06	77.18	81.69	78.31	2.67
17:1	颅长高指数	76.83	77.35	74.09	75.18	79.53	74.50	71.76	78.26	76.66	80.83	81.04	2.94
17:8	颅宽高指数	107.38	99.02	97.30	104.42	98.09	99.65	89.51	103.46	99.67	98.24	103.52	4.30
9:8	额宽指数	67.60	64.9	62.19	69.65	64.37	68.75	61.77	65.35	65.88	63.74	63.26	3.29★
48:45	上面指数	61.61	56.57	53.06	56.73	53.32	51.96	51.93	56.15	54.88	53.99	57.99	3.30▲
52:51	眶指数 R	81.46	73.86	77.77	80.47	77.05	74.94	75.88	80.48	79.35	77.76	78.02	5.05
54:55	鼻指数	49.54	51.14	49.4	46.92	49.39	48.02	47.99	52.43	50.07	51.02	50.69	3.82

注:标有 ★ 的采用挪威组同种系标准差,标有 ▲ 的采用欧洲同种系标准差,其余采用埃及(E)组的标准差。同种系标准差转引自注⑥。

表九 代海组与各古代对比组间的 Dij 值

	1	2	3	4	5	6	7	8	9	10	11
1	0.00										
2	19.05	0.00									
3	27.61	17.39	0.00								
4	13.14	16.45	24.01	0.00							
5	22.50	12.30	21.38	22.56	0.00						
6	28.60	17.77	14.28	20.43	24.33	0.00					
7	34.00	21.03	15.14	30.70	20.44	22.15	0.00				
8	10.55	12.55	22.64	13.28	15.72	24.00	28.21	0.00			
9	15.29	11.84	20.29	16.29	9.12	23.19	22.14	9.53	0.00		
10	22.52	11.04	20.35	22.62	4.37	23.59	21.20	15.20	10.74	0.00	
11	13.85	14.62	25.98	20.40	13.99	29.14	29.80	9.56	11.73	13.49	0.00

注：1 代海组　2 水泉组　3 平洋组　4 平安堡组　5 蔚县组　6 庙后山组　7 井沟子组　8 夏家店上层文化合并组　9 龙头山组　10 大甸子全组　11 小黑石沟组

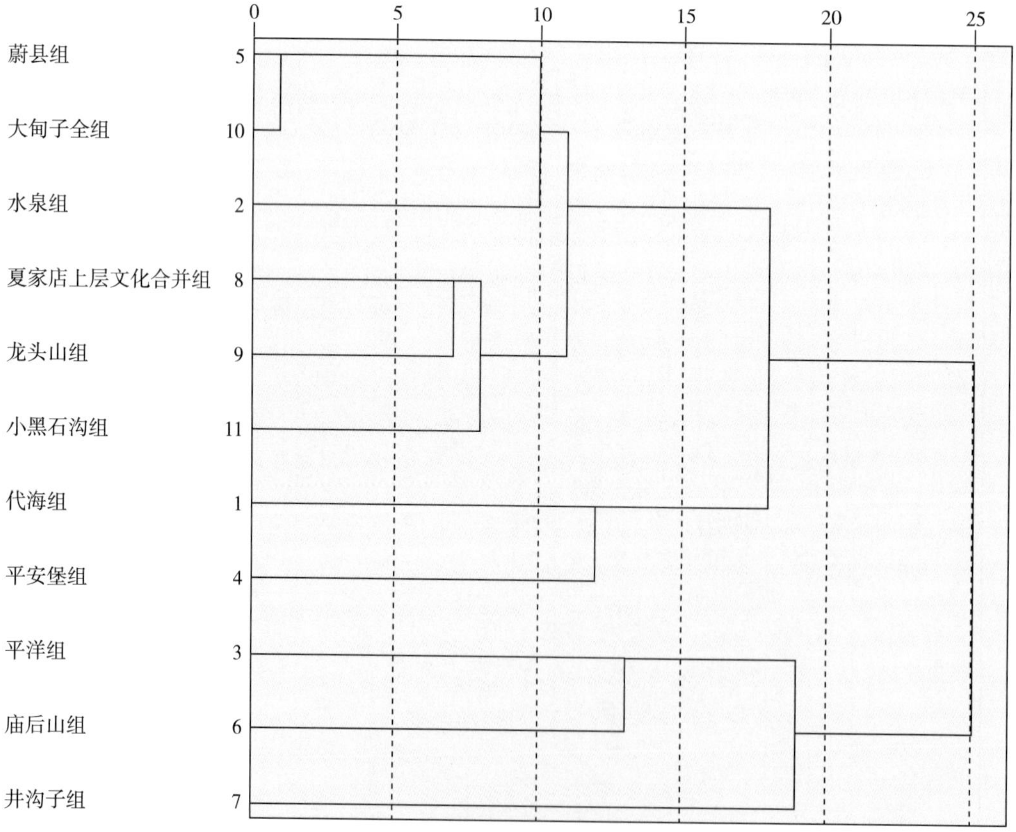

图一　代海组与各古代颅骨组聚类图

与现代亚洲蒙古人种中的东亚类型相对比较接近[10]。

平洋全组颅骨资料出自黑龙江省西南部泰来县平洋镇，包括砖厂和战斗两个墓葬。该批墓葬年代的上限为春秋晚期，下限为战国晚期。两个墓葬的文化性质相同，年代上彼此衔接。平洋组古代居民是一组同种系多类型的群体，其人种类型主要与东北亚蒙古人种接近，同时也与北亚蒙古人种和东亚蒙古人种有关[11]。

平安堡遗址位于辽宁省彰武县，属高台山文化遗存。该组古代居民在较高而偏狭的颅型、较大的上面高和较窄的面形等重要颅面部形态特征方面与现代东亚蒙古人种颇具一致性；但该组颅骨中，特别是该组的女性标本中具有较大的上面部扁平度，这一特点使其有可能与北亚蒙古人种或东北亚蒙古人种相对比[12]。

蔚县组包括夏家店下层文化壶流河类型的蔚县三关遗址和前堡遗址所出土的人类材料。朱泓先生认为两遗址出土的颅骨在体质上并无显著的差异，并将其合并为一组，称为蔚县夏家店下层文化合并组。该合并组颅骨的主要形态特征可归纳为：男性颅骨为圆颅型、接近中颅型的狭颅型和高颅型，较窄的额形，中等的颧宽，较低的上面型，偏宽的中鼻型，偏低的中眶型，平颌及齿槽突颌；女性颅型中宽高比为接近狭颅型的中颅型，阔鼻型，眶形较男性略高，其余各项均与男性相同。其体质特征显示出与蒙古人种的东亚类型存在较多的一致性，而与南亚类型、特别是与北亚和东北亚类型的体质有显著差异[13]。

庙后山组为在本溪市庙后山古墓葬中发掘和采集的一组颅骨，墓葬年代为青铜时代。经魏海波、张振标两位先生研究，认为庙后山青铜时代居民的主要体质特征为长颅型、正颅型结合狭颅型，阔上面型且相当扁平，与前苏联外贝加尔青铜时期居民以及日本北海道 8 至 12 世纪的大岬组居民最为相近[14]。朱泓先生对该组颅骨再分析后认为“庙后山青铜时代居民在基本种系特征上应归属于东亚蒙古人种范畴，但同时在某些个别的面部性状上又表现出明显的北亚人种或东北亚人种的影响”[15]。

井沟子遗址位于内蒙古赤峰市林西县双井店乡敖包吐村井沟子自然村北约 400 米处。朱泓先生与张全超博士对该墓地出土的颅骨进行了人类学考察：井沟子组男性颅骨的主要体质特征可以概括为圆颅型、偏低的正颅型和阔颅型，面部高、宽，颇大的面部扁平度，平颌型，狭额型，偏狭的中鼻型，中眶型，阔腭型。女性颅种族特征基本与男性相同，所不同的是上齿槽突度更为强烈一些，表现为突颌型、阔鼻型，面部扁平度相对要小。在种族类型上，“与北亚蒙古人种最为接近，而与亚洲蒙古人种的东亚类型，特别是与南亚类型之间存在着较大的形态距离”[16]。

夏家店上层文化合并组包括同属于夏家店上层文化的南山根、夏家店和红山后三组颅骨。朱泓先生通过比较，得出三组可以被认为属于同一体质类型的结果，并将三个颅骨组合并称为夏家店上层文化合并组。该组的主要颅面部形态特征为偏长的中颅型、高颅型和狭颅型，较窄的面宽、较陡直的前额、较阔的鼻形和较大的上面部扁平度。夏家店上层文化合并组的居民种族类型可概括为以东亚类型成分占主导地位的东亚、北亚蒙古人种的混血类型[17]。

龙头山青铜时代遗址位于赤峰市克什克腾旗境内。陈山先生对出土于这一遗址的人骨资料进行了人种学研究，认为其形态特征大致表现为以中颅、高颅和狭颅相结合，普遍的狭额型、中等偏阔的鼻型、略低的中眶型、偏狭的中上面型以及颇大的上面部扁平度等。在种族类型上与现代东亚蒙古人种最为接近，但是个别体质因素如较大的上面部扁平度与东亚蒙古人种区别明显，而与北亚蒙古人种存在某种程度的联系[18]。

大甸子墓地出土夏家店下层文化时期的人骨资料非常丰富，潘其风先生对这些人骨进行了观察与研究，认为大甸子组属于“同种系多类型的复合体性质”，主体上与东亚蒙古人种最为接近。并依据颅骨的形态把大甸子颅骨材料分为三组：第一分组的体质人类学特征接近东亚蒙古人种，具有中长头型，伴以高颅型和狭颅型，中等的上面高和颧宽，脸型相对狭长结合中鼻型和中眶型等特征。第二分组的形态特征为短的颅型伴以高颅型和中颅型，脸型较高而阔，上面部较为扁平，鼻梁较低，鼻型相对较阔，中低眶型及平颌型；第三分组集中了大甸子组中所有受到枕骨人工变形的颅骨，头型短而高，以特圆头型和超圆头型为主，伴以高颅型和中阔颅型，上面部较阔而扁平，偏宽的鼻型及中等偏低的眶型。第二分组与属于变形颅的第三分组在体质特征上属于同一类型，即主要成分与东亚蒙古人种接近，且存在北亚蒙古人种的基因成分[19]。

小黑石沟遗址位于内蒙古自治区赤峰市宁城县甸子乡境内老哈河南岸的台地上。1985 年 5 月至 9 月，内蒙古自治区文物工作队对该遗址进行了正式发掘，共清理夏家店上层文化墓葬 13 座。颅骨组的主要颅面部形态特征概括为长宽比例上的中颅型、长高比例上的高颅型和宽高比例上的狭颅型，中眶型和偏阔的中鼻型，面部较窄，为狭上面型，上面部扁平度较大，垂直方向上的面部突度较小，多为正颌型或中颌型。小黑石沟组与现代东亚蒙古人种比较相似，但是在很大的上面部扁平度上与现代东亚人种区别明显，而近似于现代北亚蒙古人种。朱泓先生把小黑石沟夏家店上层文化居民归入到“古华北类型”的范畴[20]。

通过表九的计算结果来看，代海组在体质特征上跟夏家店上层文化合并组最为接近，其次为平安堡组，再次为同属于夏家店上层文化的小黑石沟组和龙头山组，且代海组与水泉组以及夏家店下层文化的大甸子全组和蔚县组也存在一定程度的接近关系，而与平洋组、庙后山组以及井沟子组则存在较大的形态学差距。

从聚类图来看，代海组首先与高台山文化的平安堡组聚在一起，其次再与夏家店上层文化三组（夏家店上层文化合并组、小黑石沟组、龙头山组）聚类在一起，再次与夏家店下层文化两组（大甸子全组、蔚县组）和水泉组聚在一起，最后与庙后山组、平洋组以及井沟子组聚在一起。

四 小结

1. 代海组的颅骨资料出土于辽宁省阜新旧庙镇代海村西代海营子附近墓地，共发现64例骨骼标本，性别确定者52例，性别不明者12例，鉴定率为81.25%。其中男性为28例，女性有24例，已知性别个体的男女两性比为1.167∶1，男性的比例偏高。年龄阶段明确者55例，具体年龄不详者9例，鉴定率为85.9%，代海组古代居民的寿命普遍偏低，死亡年龄段主要集中在壮年期和青年期，从一定程度上反映出当时生活条件之艰辛。

2. 代海组的主要颅面部形态特征表明其属于亚洲蒙古人种范畴，并且与东亚蒙古人种表现出最多的接近关系，其次为东北亚蒙古人种和南亚蒙古人种。

3. 平均数组间差异均方根函数值的计算结果表明在近代对比组中，代海组与代表现代亚洲蒙古人种东亚类型的抚顺组和华北组之间的关系最为密切，且与华南组和爱斯基摩组也存在一定程度的相近性，而与蒙古组和通古斯组居民之间则存在较大差距。

4. 在与古代对比组的聚类分析中，代海组与朱泓先生所提出的“古华北类型”的平安堡组以及夏家店上层文化各组最先聚类，其次为夏家店下层文化各组及水泉组，而与朱泓先生所提出的“古东北类型”的庙后山组和平洋组的关系较远。综合考古学文化的初步研究结论，该人群的体质特征或也可以作为夏家店下层文化居民与高台山文化居民之间存在着相互交流融合的佐证。

注 释

① 吴汝康、吴新智、张振标：《人体测量方法》，科学出版社，1984年。

② 邵象清：《人体测量手册》，上海辞书出版社，1985年。

③ 朱泓：《体质人类学》，高等教育出版社，2004年。

④ 同②。

⑤ 同①。

⑥ 韩康信、潘其风：《安阳殷墟中小墓人骨研究》，《安阳殷墟头骨研究》，文物出版社，1984年。

⑦ 组间差异均方根的计算公式如下：

$$R = \sqrt{\frac{1}{n}\sum_{k=1}^{n}\frac{(x_{ik} - x_{jk})^2}{\delta^2}}$$

公式中i和j代表颅骨组，k代表比较项目，n代表比较项目数，δ为同种系标准差。其中，同种系标准差（δ）是借用莫兰特的埃及（E）组的各项标准差，该组由一批同种系的头骨所组成，该数据转引自韩康信、潘其风著的《安阳殷墟中小墓人骨的研究》。R值（组差均方根函数值）越小则表明两对照组之间在形态学上越相近。

⑧ 原海兵：《殷墟中小墓人骨的综合研究》，吉林大学博士学位论文，2010年4月。

⑨ 欧氏距离系数计算公式为：

$$Dij = \sqrt{\frac{\sum_{k=1}^{m}(xik - xjk)^2}{m}}$$

式中的 i、j 代表颅骨组，k 代表比较项目，m 代表项目数。Dij 值（欧氏距离系数）越小则表明两对照组之间在形态学上越为相近。

⑩ 朱泓、魏东：《内蒙古敖汉旗水泉遗迹出土的青铜器时代人骨》，东北亚史前文化的比较考古学研究，日本下田印刷株式会社，2002年。

⑪ 潘其风：《平洋墓葬人骨的研究》，《平洋墓葬》附录一，文物出版社，1990年。

⑫ 朱泓、王成生：《彰武平安堡青铜时代居民的种族类型》，《考古》1994年第2期。

⑬ 张家口考古队：《蔚县夏家店下层文化颅骨的人种学研究》，《北方文物》1987年第1期。

⑭ 魏海波、张振标：《辽宁本溪青铜时代人骨》，《人类学学报》1989年第4期。

⑮ 朱泓：《本溪庙后山青铜时代居民的种系归属》，《考古学文化论集》第四辑，文物出版社，1997年。

⑯ 朱泓、张全超：《内蒙古林西县井沟子遗址西区墓地人骨研究》，《人类学学报》2007年第2期。

⑰ 朱泓：《夏家店上层文化居民的种族类型及相关问题》，《辽海文物学刊》1989年第1期。

⑱ 陈山：《克什克腾旗龙头山青铜时代颅骨的人类学研究》，《人类学学报》2000年第1期。

⑲ 潘其风：《大甸子墓葬出土人骨的研究》，《大甸子》附录一，科学出版社，1996年。

⑳ 朱泓：《小黑石沟夏家店上层文化居民的人类学特征》，《青果集》，知识出版社，1998年。

后　记

代海墓地的发掘、出土遗存的整理分析以及发掘报告的编写都是由多人合作完成的。

领队为华玉冰，参加发掘工作的有辽宁省文物考古研究所的徐韶钢、赵少军、赵海山，中央民族大学考古专业研究生富宝财（现任职于齐齐哈尔市大学），阜新市文物管理办公室的王义、郭添刚、崔嵩。野外照相由徐韶钢完成。文物摄影由穆启文完成。陶器修复由赵海山完成。

室内绘图由赵海山、史晓英、华正杰、姚志勇、徐韶钢完成。在报告插图的制作过程中得到了赵少军、高振海、司伟伟、徐政的多方协助。

本报告由徐韶钢执笔。

吉林大学边疆考古研究中心的魏东先生及沈阳市文物考古研究所的陈山先生完成了墓地出土人骨的性别、年龄鉴定研究。李新伟先生翻译了报告的英文提要。

吉林大学边疆考古研究中心的赵宾福教授审阅了报告并提出了宝贵的修改意见。

发掘和整理工作得到了阜新市文化局、文物管理办公室，阜新市博物馆，阜新市巴新铁路项目部的大力支持和协助。在报告的编辑出版期间，得到了文物出版社的大力支持和帮助。

在报告即将出版之际，谨对以上付出辛勤劳动和汗水的全体专家和同事，对关心本报告编写和出版工作的单位、领导和个人，表示衷心的感谢。

由于时间和水平等原因，书中的错误和不足在所难免，敬请专家学者和同仁批评指正。

编　者

2012 年 11 月

Daihai Cemetery

(Abstract)

The Daihai 代海 Cemetery was found in a survey in 2006 before the construction of a local railway from Fuxin 阜新, Liaoning 辽宁 to Bayanwula 巴彦乌拉, Inner Mongolia. A large excavation was launched from July to November in 2009 by the Liaoning Provincial Institute of Cultural Relics and Archaeology and Fuxin City Administration Office of Cultural Relics. Some 62 burials, 5 ditches were unearthed, together with more than 200 artifacts.

The cemetery (N42°25′486″, E121°31′577″) is located about 500 m west of the Xidaihaiyingzi 西代海营子 Group of the Daihai Village, Jiumiao 旧庙 Township, Fuxin, Liaoning Province. It is on a slope 349 m above the sea level, with a small piece of woodland to its north, maintains about 400 m far more north, and a seasonal spring down the slope in the south.

All the burials were found under the surface soil (layer ①). The shaft pits are rectangular or round corner rectangular in shapes and 3° to 77° in orientation (77% are 11° to 39°). Besides two husband and wife burials, all the other burials have only one deceased. Some 24 female and 28 male can be identified. Most of the deceaseds lie on their side or back, facing to the east or the west. Most of the burials have a pit or a earth stand to their south to put offerings, usually a bowl and a pot, with the bowl bottom upward on the pot. Some burials own more offering such as the *li* 鬲 vessel. In some burials, the offerings, usually the li vessel, and also the *ding* 鼎 tripod and small pot, were put under the feet or beside the leg of the deceased.

The Dahai cemetery show both the characteristics of the Lower Xiajiadian 夏家店 culture (such as the Lower Xijiadian style *li* vessel) and the Gaotaishan 高台山 culture (such as the burials structure and the position of offerings, and the red cloth pottery). Hence the discoveries are important for the research on the relationship of the two cultures.

代海墓地全景（西南—东北）

1. M1（南—北）

2. 甲类 Aa 型Ⅱ式鬲（M1 ：1）

3. 丙类 A 型Ⅰ式鬲（M1 ：2）

M1 及出土陶鬲

1. A 型陶小钵（M1 ：3）

2. 骨锥（M1 ：4、M1 ：5）

3. 陶纺轮（M1 ：6）

4. B 型Ⅱ式陶壶（M2 ：2）

5. 甲类 Aa 型Ⅱ式陶鬲（M2 ：3）

陶小钵、纺轮、壶、鬲，骨锥

1. B 型钵（M3 ： 1）

2. A 型罐（M3 ： 2）

3. 鼎（M3 ： 3）

4. A 型 Ⅰ 式壶（M4 ： 2）

5. 甲类 Ab 型 Ⅰ 式鬲（M4 ： 3）

陶钵、罐、鼎、壶、鬲

1. M5（南—北）

2. M6（南—北）

M5、M6

1. 甲类 Aa 型Ⅲ式鬲（M5 ：3）

2. A 型盂（M6 ：1）

3. B 型小壶（M6 ：2）

4. 丙类 B 型Ⅱ式鬲（M6 ：3）

陶鬲、盂、小壶

1. M8（东—西）

2. A 型陶钵（M8 ：1）

3. B 型Ⅲ式陶壶（M8 ：2）

4. A 型陶小罐（M8 ：3）

5. 铜镞（M8 ：4、M8 ：5）

M8 及出土陶钵、壶、小罐，铜镞

1. M9（东—西）

2. D 型钵（M9 ：1）

3. E 型Ⅱ式罐（M9 ：2）

4. 甲类 B 型Ⅱ式鬲（M9 ：3）

M9 及出土陶钵、罐、鬲

1. M11（东—西）

2. M12（南—北）

M11、M12

1. 丙类 A 型 Ⅰ 式鬲（M11 ：1）

2. 甲类 B 型 Ⅱ 式鬲（M12 ：1）

3. D 型钵（M13 ：1）

4. 未分型罐（M13 ：2）

5. B 型钵（M15 ：1）

陶鬲、钵、罐

1. M15（北—南）

2. M16（北—南）

M15、M16

1. A 型Ⅱ式壶（M15 ： 2）

2. 甲类 B 型Ⅱ式鬲（M15 ： 3）

3. D 型钵（M16 ： 1）

4. B 型罐（M16 ： 2）

陶壶、鬲、钵、罐

1. M17（北—南）

2. M20（南—北）

M17、M20

1. C 型陶钵（M17 ： 1）

2. Ca 型 Ⅰ 式陶罐（M17 ： 2）

3. 乙类 A 型 Ⅰ 式陶鬲（M20 ： 2）

4. A 型陶小钵（M20 ： 1）

5. 铜环（M20 ： 3）

陶钵、罐、鬲、小钵，铜环

1. M21（北—南）

2. M22（南—北）

M21、M22

1. D 型钵（M21 ： 1）

2. B 型小钵（M21 ： 3）

3. A 型Ⅱ式壶（M21 ： 2）

4. A 型小壶（M21 ： 4）

陶钵、小钵、壶、小壶

1. 丙类A型Ⅰ式陶鬲（M21：5）

2. D型陶钵（M22：1）

3. A型Ⅱ式陶壶（M22：2）

5. A型蚌壳坠饰（M22：6）

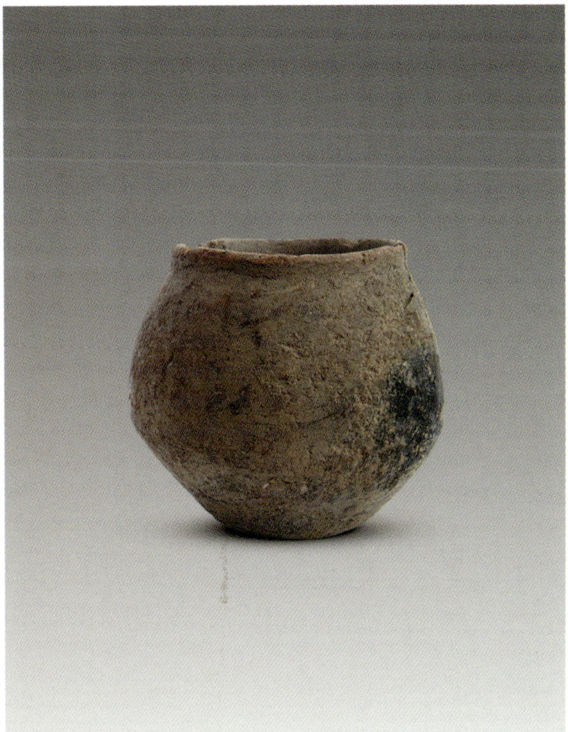

4. B型陶盂（M22：3）

陶鬲、钵、壶、盂，蚌壳坠饰

1. 甲类 B 型Ⅱ式鬲（M22 ∶ 4）

2. 甲类 Ab 型Ⅱ式鬲（M22 ∶ 5）

3. C 型小罐（M23 ∶ 1）

4. 丙类 B 型Ⅰ式鬲（M23 ∶ 2）

陶鬲、小罐

1. M23（南—北）

2. M24（南—北）

M23、M24

1. 丙类B型Ⅰ式陶鬲（M24：1）

2. C型蚌壳坠饰（M24：2～M24：4）、海螺坠饰（M24：5）、A型蚌壳坠饰（M24：6）

3. A型Ⅱ式陶壶（M25：2）

4. 甲类B型Ⅱ式陶鬲（M25：3）

陶鬲、壶，蚌壳坠饰，海螺坠饰

1. M26（东—西）

2. M30（北—南）

M26、M30

1. C 型钵（M26 ∶ 1）

2. B 型Ⅱ式壶（M26 ∶ 2）

3. A 型小钵（M26 ∶ 3）

4. 乙类 A 型Ⅱ式鬲（M26 ∶ 4）

5. B 型小罐（M26 ∶ 5）

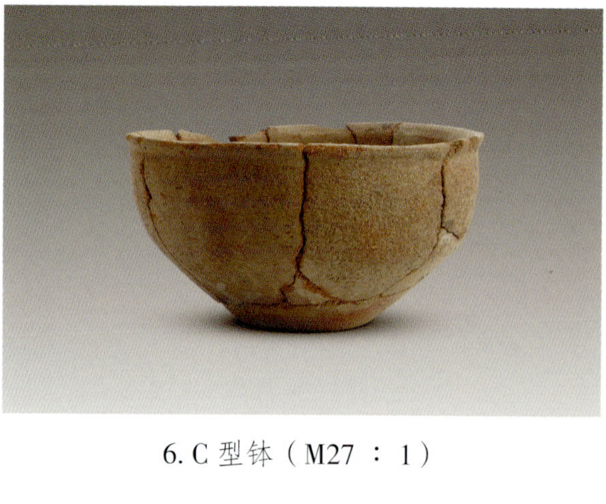

6. C 型钵（M27 ∶ 1）

陶钵、壶、小钵、鬲、小罐

1. B 型Ⅱ式壶（M27 ：2）

2. C 型钵（M28 ：1）

3. B 型Ⅱ式壶（M28 ：2）

4. C 型小罐（M28 ：3）

陶壶、钵、小罐

1. C 型盂（M28 ： 4）

2. D 型钵（M29 ： 1）

3. B 型 Ⅰ 式壶（M29 ： 2）

4. 乙类 B 型 Ⅰ 式鬲（M29 ： 3）

陶盂、钵、鬲、壶

1. C 型钵（M30 ：1）

2. C 型壶（M30 ：2）

3. 甲类 Ab 型Ⅰ式鬲（M30 ：3）

4. C 型小罐（M30 ：4）

陶钵、壶、鬲、小罐

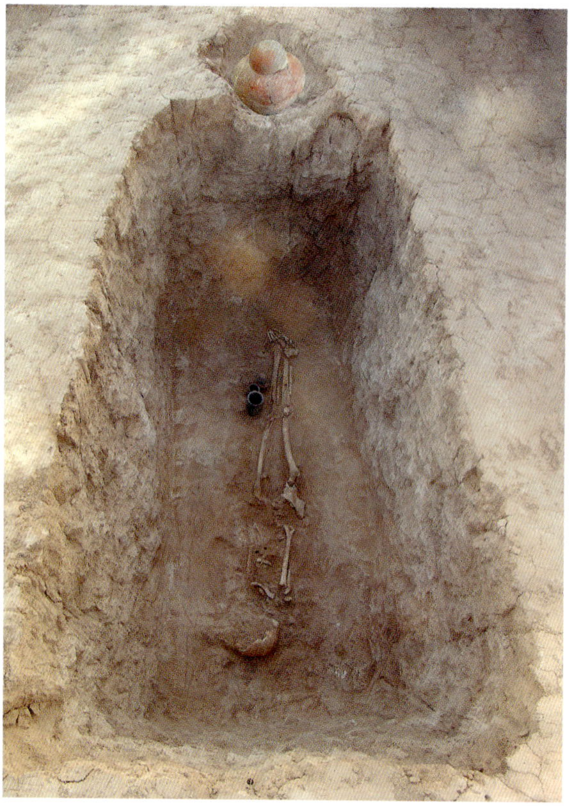

1. M31（北—南）

2. M32（南—北）

M31、M32

1. C 型钵（M31 ∶ 1）

2. A 型Ⅰ式壶（M31 ∶ 2）

3. B 型盂（M31 ∶ 3）

4. 甲类 B 型Ⅰ式鬲（M31 ∶ 4）

5. A 型小钵（M31 ∶ 5）

6. A 型小壶（M31 ∶ 6）

陶钵、壶、盂、鬲、小钵、小壶

1. C 型钵（M32 ：1）

2. Ca 型Ⅱ式罐（M32 ：2）

3. B 型小钵（M32 ：3）

4. C 型钵（M34 ：1）

5. B 型罐（M34 ：2）

6. 甲类 B 型Ⅰ式鬲（M34 ：3）

陶钵、罐、小钵、鬲

1. C 型钵（M35 ： 1）

2. E 型Ⅰ式罐（M35 ： 2）

3. 甲类 B 型Ⅰ式鬲（M35 ： 3）

4. C 型钵（M37 ： 1）

5. B 型Ⅱ式壶（M37 ： 2）

6. 甲类 B 型Ⅱ式鬲（M37 ： 3）

陶钵、罐、鬲、壶

1. M38（北—南）

2. M40（北—南）

M38、M40

1. C 型钵（M38 ：1）

2. D 型Ⅰ式罐（M38 ：2）

3. D 型Ⅰ式壶（M39 ：2）

4. C 型钵（M40 ：1）

5. E 型Ⅲ式罐（M40 ：2）

6. 甲类 Aa 型Ⅲ式鬲（M40 ：3）

陶钵、罐、壶、鬲

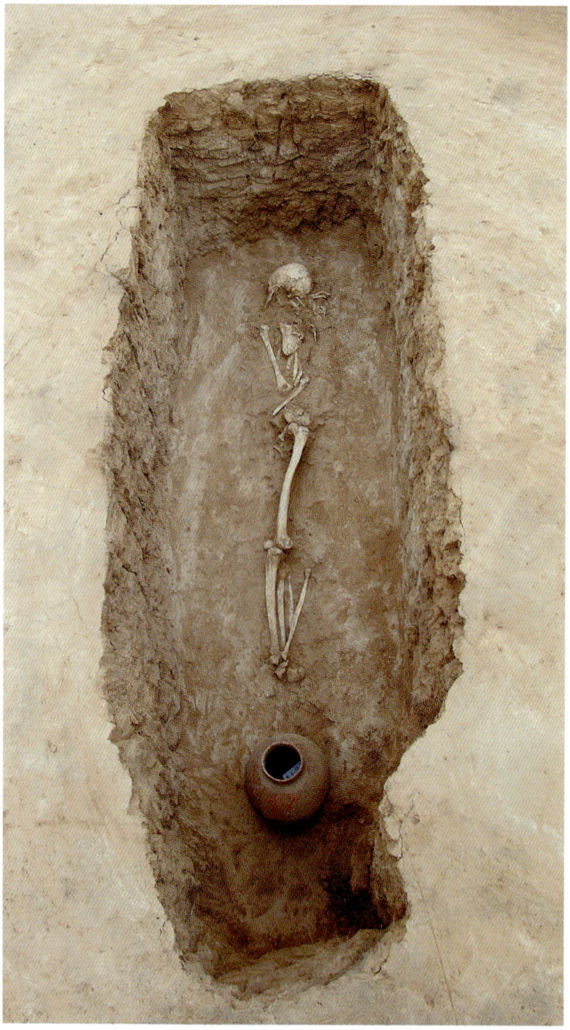

1. M42（南—北）

2. M44（南—北）

M42、M44

1. C 型钵（M42 ：1）

2. B 型Ⅰ式壶（M42 ：2）

3. D 型钵（M44 ：1）

4. A 型Ⅲ式壶（M44 ：2）

陶钵、壶

1. M45（南—北）

2. M46（南—北）

M45、M46

1. A 型钵（M45 ：1）

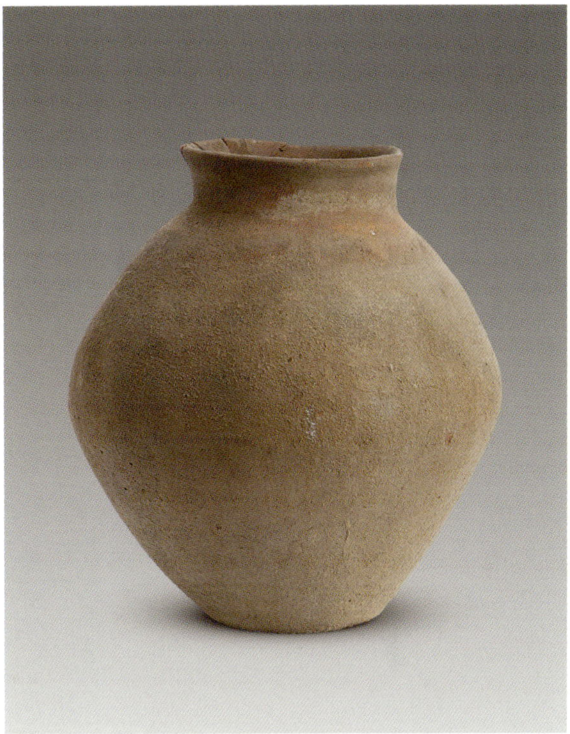

2. D 型Ⅱ式罐（M45 ：2）

3. 甲类 Aa 型Ⅰ式鬲（M46 ：1）

4. A 型盂（M46 ：2）

陶钵、罐、鬲、盂

1. M47（南—北）

2. M49（南—北）

M47、M49

1. 乙类 A 型 I 式陶鬲（M47 ：3）

2. 骨锥（M47 ：4）

3. D 型陶钵（M49 ：1）

4. D 型 II 式陶壶（M49 ：2）

陶鬲、钵、壶，骨锥

1. A 型陶小壶（M49 ：3）

2. C 型蚌壳坠饰（M49 ：4 ~ M49 ：10）

3. 海贝（M49 ：11 ~ M49 ：25）

4. 丙类 A 型Ⅱ式陶鬲（M51 ：1）

陶小壶、鬲，蚌壳坠饰，海贝

1. M51（南—北）

2. M53（北—南）

M51、M53

1. C型陶盂（M51：2）

2. C型钵（M53：1）

3. B型Ⅱ式壶（M53：2）

4. 乙类B型Ⅱ式鬲（M53：3）

陶盂、钵、壶、鬲

1. B 型陶盂（M54 ：1）

2. B 型蚌壳坠饰（M54 ：2 ~ M54 ：8）

3. C 型陶钵（M55 ：1）

4. A 型Ⅱ式陶壶（M55 ：2）

陶盂、钵、壶，蚌壳坠饰

1. M55（南—北）

2. M56（北—南）

M55、M56

1. 乙类 B 型 Ⅰ 式鬲（M55 ：3）

2. C 型蚌壳坠饰（M55 ：4 ~ M55 ：8）

3. C 型陶钵（M56 ：1）

4. Cb 型陶罐（M56 ：2）

陶鬲、钵、罐，蚌壳坠饰

1. A 型小钵（M56 ： 3）

2. 丙类 B 型 Ⅰ 式鬲（M56 ： 4）

3. B 型钵（M57 ： 1）

4. A 型 Ⅰ 式壶（M57 ： 2）

陶小钵、鬲、钵、壶

1. M57（北—南）

2. M59（北—南）

M57、M59

1. A 型小钵（M57 ：3）

2. 甲类 Aa 型Ⅰ式鬲（M57 ：4）

3. C 型小罐（M57 ：5）

4. A 型小钵（M57 ：6）

陶小钵、鬲、小罐

1. 豆（M58 ∶ 1）

2. 甲类B型Ⅰ式鬲（M59 ∶ 3）

3. C型钵（M59 ∶ 1）

4. Cb型罐（M59 ∶ 2）

陶豆、鬲、钵、罐

1. M61（南—北）

2. 豆（M61 ：3）

M61 及出土陶豆

1. C 型钵（M61 ： 1）

2. B 型Ⅲ式壶（M61 ： 2）

3. B 型Ⅲ式壶（M61 ： 4）

4. C 型小罐（M61 ： 5）

陶钵、壶、小罐

1. H2（西—东）

2. H8（西北—东南）

H2、H8

1. 甗（H2 ：1）

2. 甑（H8 ：1）

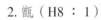

3. 甗（H8 ：8）

4. 钵（H8 ：2）

陶甗、甑、钵

1. 罐（H8 ： 3）

2. 罐（H8 ： 4）

3. 鬲（H8 ： 5）

4. 纺轮（H8 ： 7）

5. 石镞（H8 ： 6）

6. 石斧（H15 ： 2）

7. 蚌壳坠饰（H25 ： 2）

陶罐、鬲、纺轮，石镞、斧，蚌壳坠饰

1. 甗（H10 ：1）

2. 甗（H10 ：2）

3. 鬲（H14 ：1）

4. 钵（H15 ：1）

陶甗、鬲、钵

1. 甗（H22 ： 1）

2. 盂（H25 ： 1）

3. 甗（H26 ： 1）

4. 甗（H26 ： 2）

陶甗、盂

1. H23（东—西）

2. H26（东—西）

H23、H26

1. 纺轮（H26 ∶ 3）

2. 纺轮（H26 ∶ 4）

3. 盂（H27 ∶ 1）

4. 盂（H27 ∶ 2）

5. 豆（H27 ∶ 3）

6. 纺轮（H27 ∶ 4）

陶纺轮、盂、豆

1. H27（南—北）

2. H28（北—南）

H27、H28

1. 陶纺轮（H27 ： 5）

2. 石斧（H28 ： 1）

3. 蚌壳坠饰（H28 ： 2）

4. 陶饼（HG2 ： 1）

5. 陶纺轮（HG3 ： 2）

6. 石纺轮（HG3 ： 3）

陶纺轮、饼，石斧、纺轮，蚌壳坠饰

1. HG2（北—南）

2. HG3（西南—东北）

3. HG4（南—北）

HG2、HG3、HG4

1. 罐（HG3 ：1）

2. 盂（HG3 ：6）

3. 盂（HG4 ①：5）

4. 罐（HG4 ①：6）

陶罐、盂

1. 骨锥（HG3 ：4）

2. 磨石（HG3 ：5）

3. 陶纺轮（HG4①：1）

4. 陶纺轮（HG4①：2）

5. 磨石（HG4①：3）

6. 玛瑙珠（HG4①：4）

7.蚌壳坠饰（HG4①：7）

骨锥，磨石，陶纺轮，玛瑙珠，蚌壳坠饰

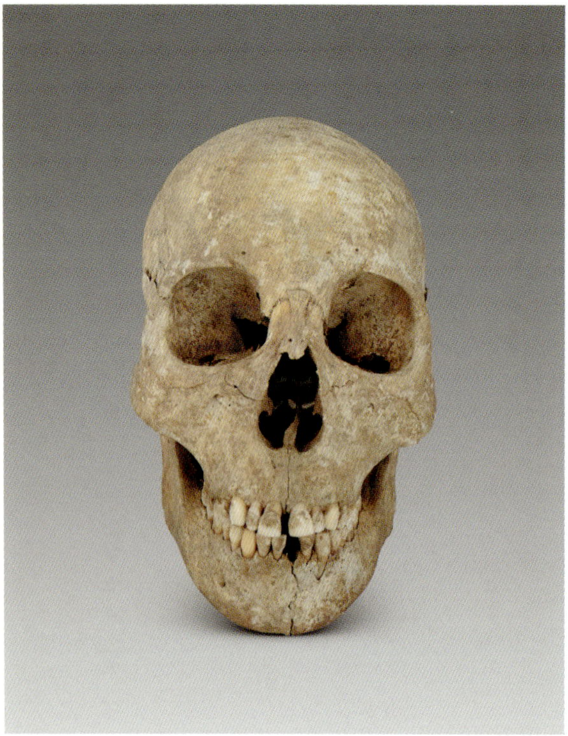

1. 正视

2. 侧视

3. 顶视

4. 后视

男性颅骨（M5）

1. 正视

2. 侧视

3. 顶视

4. 后视

女性颅骨（M8）

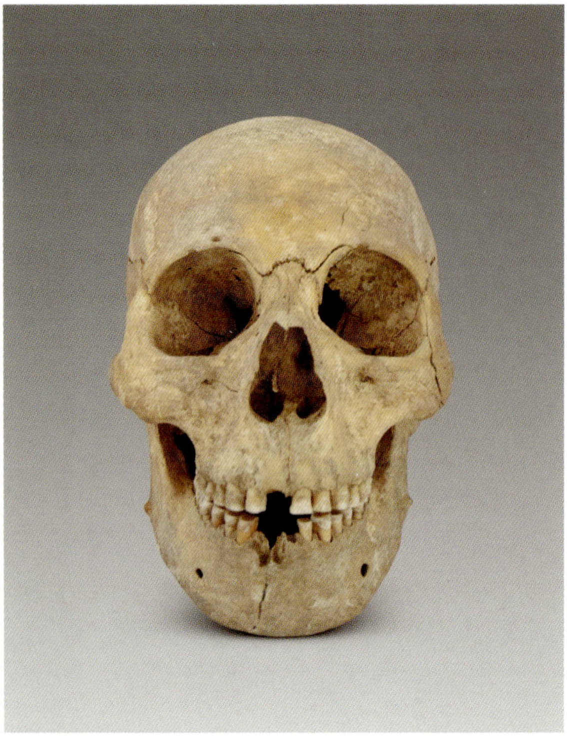

1. 正视

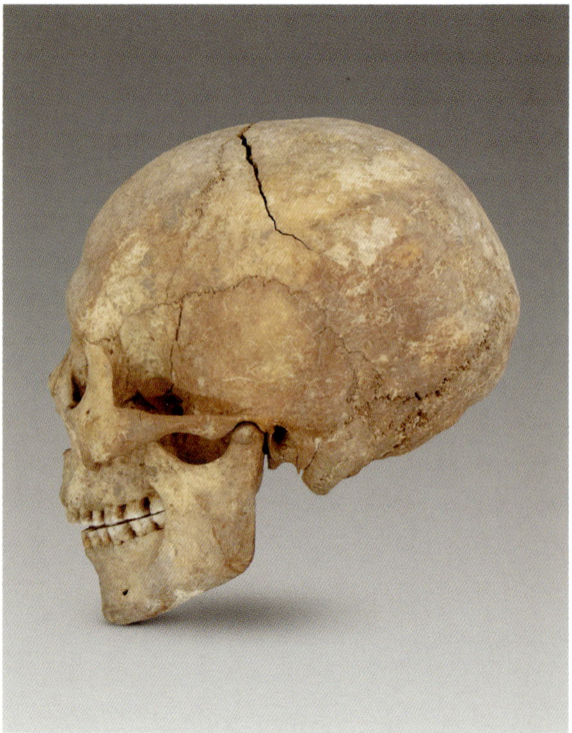

2. 侧视

3. 顶视

4. 后视

男性颅骨（M27）